高等职业教育铁道交通运营管理专业校企合作系列教材
高等职业教育“十三五”规划教材——轨道交通类

铁路线路与站场设备运用（第2版）

主　编○王金香
副主编○王　珏
主　审○李昌武

西南交通大学出版社
·成　都·

内容简介

本书主要介绍了铁路线路的平纵断面、轨道的组成、线路种类、股道、道岔编号、线路有效长等站场基础知识，分析了中间站、区段站、编组站等各种站型布置图，同时也介绍了高速铁路与重载铁路站场和铁路枢纽。

本书可供高等职业院校铁道交通运营管理专业、中等职业学校铁道运输专业的师生使用，也可作为铁路相关技术人员的参考用书。

图书在版编目（CIP）数据

铁路线路与站场设备运用 / 王金香主编. —2 版. —成都：西南交通大学出版社，2019.9

高等职业教育铁道交通运营管理专业校企合作系列教材. 高等职业教育“十三五”规划教材. 轨道交通类

ISBN 978-7-5643-7147-0

Ⅰ. ①铁… Ⅱ. ①王… Ⅲ. ①铁路线路－高等职业教育－教材②站场－车站设备－使用方法－高等职业教育－教材 Ⅳ. ①U2

中国版本图书馆 CIP 数据核字（2019）第 201662 号

高等职业教育铁道交通运营管理专业校企合作系列教材

高等职业教育“十三五”规划教材——轨道交通类

Tielu Xianlu yu Zhanchang Shebei Yunyong

铁路线路与站场设备运用

（第 2 版）

主　编 / 王金香

责任编辑 / 周　杨

封面设计 / 何东琳设计工作室

西南交通大学出版社出版发行

（四川省成都市金牛区二环路北一段 111 号西南交通大学创新大厦 21 楼　610031）

发行部电话：028-87600564

网址：http://www.xnjdcbs.com

印刷：四川煤田地质制图印刷厂

成品尺寸　185 mm × 260 mm

印张　13.75　　字数　340 千

版次　2019 年 9 月第 2 版　　印次　2019 年 9 月第 5 次

书号　ISBN 978-7-5643-7147-0

定价　45.00 元

课件咨询电话：028-81435775

第 2 版前言

《铁路线路与站场设备运用》（第 2 版）是根据我国铁路线路与站场的实际情况，结合中国铁路总公司 2014 版《铁路技术管理规程》、2017 版《铁路车站及枢纽设计规范》等文件，依据高等职业教育的培养目标，介绍了铁路线路的平、纵断面，轨道的组成，线路种类、股道、道岔编号、线路有效长等站场基础知识，分析了中间站、区段站、编组站等各种站型布置图，同时也介绍了高速铁路与重载铁路站场及铁路枢纽。

本书具有以下特点：

（1）以高职技能型人才培养为出发点，侧重铁路线路与站场设备运用。

（2）采用项目式编写体例，以任务为驱动。

（3）每个任务后都配有技能训练，每个项目后都配有丰富的思考题，便于学生复习所学知识。

（4）每个项目后配有拓展知识，有助于学生拓展知识面。

本书由天津铁道职业技术学院王金香担任主编，参加编写的人员有：天津铁道职业技术学院郑永奎（项目一、项目二）、天津铁道职业技术学院刘伟玲（项目三）、天津铁道职业技术学院郑永奎文佳（项目四、项目五）、天津铁道职业技术学院王金香（项目六、项目七任务一），北京局集团有限公司唐山车务段朱冬青（项目七任务二），天津铁道职业技术学院王珏（项目八）。本书由北京局集团有限公司塘沽站李昌武担任主审。

由于编者水平所限，书中难免有疏漏及不足之处，恳请读者批评指正。

编　者

2019 年 4 月

第 1 版前言

《铁路线路与站场设备运用》是铁道运输专业必修的专业基础课程之一，是专业知识学习过程中的首开课程。通过学习该课程，可以帮助学生了解铁路线路（铁路运输的重要设备之一）的作用、基本组成及在不同运输条件下铁路线路的基本技术要求，掌握铁路车站及铁路枢纽的作用、分类与各种车站平面布置的基本要求，并对区间、区段、车站、线路所、铁路枢纽等众多专业词汇有所了解，同时也为学生学习铁路运输专业课程打基础。

该教材的编制是因为我国铁路建设发展非常迅速，原有教材所采用的技术参数已经不适应今天教学的要求。为能跟上铁路建设的技术要求变化，该教材在编制过程中查阅了大量最新铁路线路修建的相关“规范、标准、指南”等，并且努力实现语言通俗、图文并茂，突出高等职业教育特色，使得本教材可读性强，又便于自学。

本书由天津铁道职业技术学院王珏担任主编，参加编写的人员有：天津铁道职业技术学院王珏（绪论、第二篇的第三章）、刘明秀（第一篇的第四章、第二篇的第四章、第五章）、宋玉佳（第一篇的第三章）、张文焕（第二篇的第一章、第二章），天津滨海快速交通发展有限公司苏哲（第一篇的第一章、第二章），中国铁路通信信号有限公司天津工程分公司刘丽娟（第二篇的第六章、第七章）。本教材由济南铁路局青（岛）荣（成）城际铁路建设指挥部高级工程师赵可良担任主审。

由于编者水平所限，书中难免会有疏漏之处，恳请广大师生与读者批评指正。

编　者

2013 年 8 月

目　录

项目一　线路平面和纵断面认知

【项目描述】

铁路线路是列车与机车车辆运行的基础，从铁路运营角度考虑，铁路线路最好是既平又直，这样可提高列车运行速度，增大牵引质量，节省运营费用，提高运输能力。但由于地形、地物、地质条件及资金投入等的限制，如将线路设计成既平又直的理想状态，几乎是不可能的。所以，铁路线路存在曲线和坡度，铁路线路的平面与纵断面坡度必须结合线路的具体情况，并按线路等级和《铁路线路设计规范》所规定的技术标准进行设计。

我国客货共线铁路线路等级，根据其在铁路网中的作用、性质、设计速度和客货运量分为Ⅰ、Ⅱ、Ⅲ、Ⅳ级。Ⅰ级铁路是指在铁路网中起骨干作用的铁路，或近期年客货运量大于或等于 20 Mt 者；Ⅱ级铁路是指在铁路网中起联络、辅助作用的铁路，或近期年客货运量小于 20 Mt 且大于或等于 10 Mt 者；Ⅲ级铁路是指为某一地区或企业服务的铁路，近期年客货运量小于 10 Mt 且大于或等于 5 Mt 者；Ⅳ级铁路是指为某一地区或企业服务的铁路，近期年客货运量小于 5 Mt 者。

【教学目标】

1. 知识目标

（1）掌握线路平面的组成要素。

（2）掌握曲线附加阻力的确定方法。

（3）掌握缓和曲线的概念。

（4）掌握线路纵断面的组成要素。

（5）掌握坡道附加阻力的确定方法。

（6）掌握限制坡度及换算坡度的概念。

2. 能力目标

（1）能识读线路的平面图。

（2）能识读线路的纵断面图。

（3）能计算曲线和坡道的附加阻力。

（4）能识别各种线路标志。

3. 素质目标

（1）培养学生谦虚、好学的能力。

（2）培养学生勤于思考、做事认真的良好作风。

（3）培养学生良好的职业道德。

任务一　线路平面认知

【相关知识】

铁路线路在空间的位置是用它的线路中心线来表示的，如图 1.1.1 所示，线路中心线是指路基横断面上距外轨半个轨距的铅垂线 *AB* 与路肩水平线 *CD* 的交点 *O* 在纵向上的连线。

线路的平面和纵断面不但确定了线路在空间的位置，同时也为路基、桥隧建筑及站场等其他设备的设置提供依据，也对铁路通过能力及输送能力的大小有直接的影响。

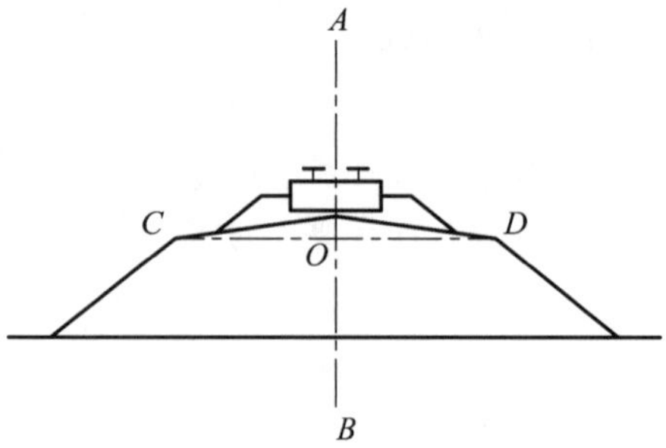

图 1.1.1　线路中心线位置示意图

线路中心线在水平面上的投影叫作线路平面。线路平面反映线路的直、曲变化状态。在线路平面设计时，为缩短线路长度并改善运营条件，应尽可能地设计为直线。但当线路遇到地形、地质与地物等障碍时，为减少工程造价和运营支出，还应当设置曲线。为使列车由曲线到直线或由直线到曲线运行平稳，还应单设置缓和曲线。所以，线路平面由直线、圆曲线以及连接直线与圆曲线的缓和曲线组成。

一、曲　线

1. 圆曲线

铁路线路在转向处所设的曲线应为圆曲线（如图 1.1.2 所示），其基本组成要素有：曲线半径（R）、曲线转角（α）、曲线长度（L）、切线长度（T）。

在线路设计时，一般是先设计出曲线转角（α）和曲线半径（R），再按下式计算出切线长度（T）与曲线长度（L）。

$$T = R\cdot\tan\frac{\alpha}{2}\qquad(\text{m})$$

$$L = \frac{\pi}{180}\cdot R\cdot\alpha\qquad(\text{m})$$

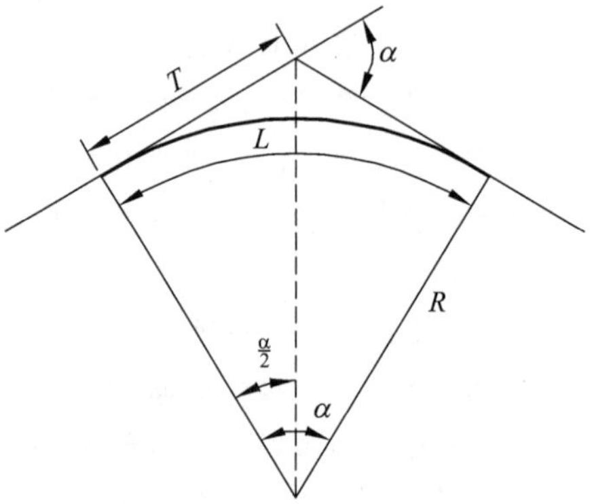

图 1.1.2　圆曲线要素图

曲线转角（α）的大小由线路走向、绕过障碍物的需要等因素确定。

圆曲线半径（R）的大小，反映了曲线弯曲度的大小。圆曲线半径越小，弯曲度越大，越有利于绕避障碍，但行车条件越差。一般情况下，曲线半径越大，行车速度可以越高，但工程量越大，工程费用就越高。因此，正确地选用曲线半径就显得十分必要。

影响曲线半径的因素很多，有地形条件、牵引机车种类，行车速度以及运输需求等，其中列车运行速度是选择最小曲线半径的主要依据。在设计线路时，可根据具体条件尽可能选用较大的半径。

在普速铁路上，由于旅客列车与货物列车的速度差较大，其最小曲线半径既要保证旅客列车的安全舒适，又要使货物列车通过曲线时不过于挤压和磨耗内轨，载运的货物不发生移位。为了保证线路的通过能力，并有一个良好的运营条件，我国《铁路技术管理规程》(简称《技规》)(普速铁路部分)规定Ⅰ、Ⅱ级铁路区间线路最小曲线半径见表 1.1.1。

表 1.1.1　铁路区间线路最小曲线半径

铁路等级	Ⅰ			Ⅱ	
路段设计行车速度/($km \cdot h^{-1}$)	200	160	120	120	80
最小曲线半径/m(工程条件一般)	3 500	2 000	1 200	1 200	600
最小曲线半径/m(工程条件困难)	2 800	1 600	800	800	500

高速铁路为保证列车运行应有速度和良好的舒适性，应选择较大的曲线半径。我国《技规》(高速铁路部分)规定高速铁路区间线路最小曲线半径见表 1.1.2。最大曲线半径为 12 000 m。

表 1.1.2　高速铁路区间线路最小曲线半径

路段设计行车速度/($km \cdot h^{-1}$)		工程条件	最小曲线半径/m
200	客运专线	一般	2 200
		困难	2 000
250	有砟轨道	一般	3 500
		困难	3 000
	无砟轨道	一般	3 200
		困难	2 800
300	有砟轨道	一般	5 000
		困难	4 500
	无砟轨道	一般	5 000
		困难	4 000
350	有砟轨道	一般	7 000
		困难	6 000
	无砟轨道	一般	7 000
		困难	5 500

2. 缓和曲线

(1)缓和曲线的性质与作用。

为保证列车运行安全，线路应平顺地由直线过渡到圆曲线或由圆曲线过渡到直线，以避免离心力的突然产生和消除，常需要在直线与圆曲线之间设置一个曲率变化的曲线，这个曲线就是缓和曲线，如图 1.1.3 所示。

缓和曲线的作用主要是：在缓和曲线范围内，从所衔接的直线一端起，其曲率（ρ）由无穷大逐渐减小到它所衔接的圆曲线半径（R），从而使车辆产生的离心力逐渐增加或减小（如图 1.1.4 所示），不至于造成列车强烈的横向摇摆，有利于改善运营条件，保证列车运行安全和平顺。

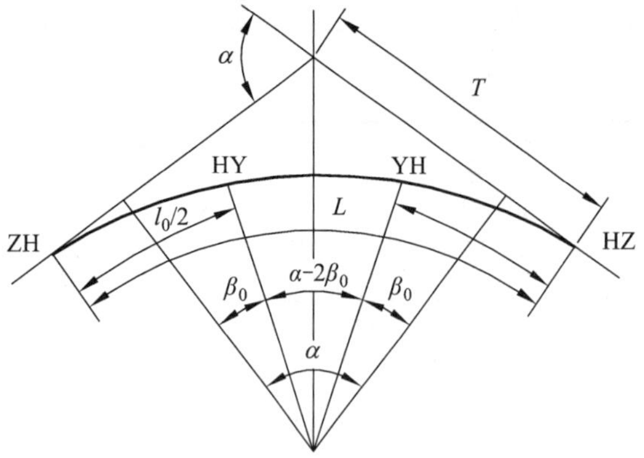

图 1.1.3　缓和曲线示意图

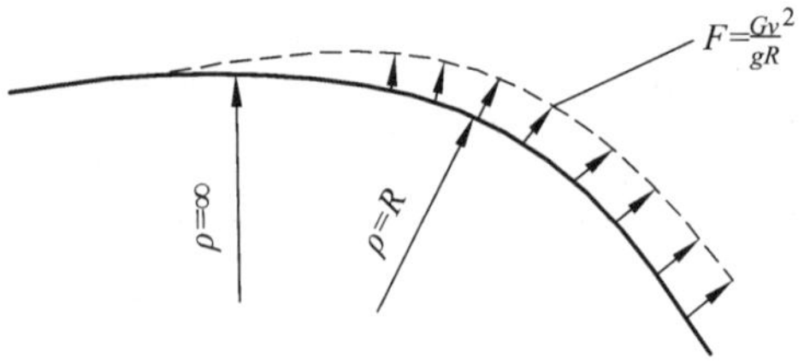

图 1.1.4　离心力变化示意图

（2）缓和曲线长度的确定。

缓和曲线的长度对列车的安全性、平顺性有直接影响。缓和曲线太短，将不利于行车的安全和平顺；但太长，又将给设置和养护带来困难。因此，缓和曲线的长度应根据曲线半径，结合该地段的行车速度和地形条件合理选用。有条件时，应尽量采用较长的缓和曲线，以便创造更有利的运营条件。

我国《铁路线路设计规范》对缓和曲线长度设置做了相应的规定（见表 1.1.3 和表 1.1.4），其长度应根据设计速度、曲线半径和地形条件合理选用。

表 1.1.3　缓和曲线长度

路段设计速度 /（$km \cdot h^{-1}$）			200		160		120		100		80	
工程条件			一般	困难	一般	困难	一般	困难	一般	困难	一般	困难
曲线半径/m	12 000	缓和曲线长度/m	40	40	40	40	20	20	20	20	20	20
	10 000		50	50	50	40	20	20	20	20	20	20
	8 000		70	60	60	50	30	20	20	20	20	20
	7 000		80	70	70	50	30	20	20	20	20	20
	6 000		90	80	70	50	30	20	20	20	20	20
	5 000		90	80	70	60	40	30	20	20	20	20
	4 500		100	90	70	60	40	30	30	20	20	20
	4 000		120	110	80	70	50	30	30	20	20	20
	3 500		140	130	90	70	50	40	40	20	20	20
	3 000		170	150	90	80	50	40	40	20	20	20
	2 800		180	170	100	90	50	40	40	30	20	20
	2 500		—	—	110	100	60	40	40	30	30	20
	2 000		—	—	140	120	60	50	50	40	30	20
	1 800		—	—	160	140	70	60	50	40	30	20
	1 600		—	—	170	160	70	60	50	40	40	20

续表

路段设计速度/（km·h^{-1}）			200		160		120		100		80	
工程条件			一般	困难	一般	困难	一般	困难	一般	困难	一般	困难
曲线半径/m	1 400	缓和曲线长度/m	—	—	—	—	80	70	60	40	40	20
	1 200		—	—	—	—	90	80	60	50	40	30
	1 000		—	—	—	—	120	100	70	60	40	30
	800		—	—	—	—	150	130	80	70	50	40
	700								100	90	50	40
	600								120	100	60	50
	550								130	110	60	50
	500										60	60

注：当采用表列数值间的曲线半径时，其相应的缓和曲线长度可采用线性内插值，并进整至 10 m。

表 1.1.4　高速铁路缓和曲线长度

曲线半径/m	曲线长度/m								
	设计速度/（km·h^{-1}）								
	350			300			250		
	（1）	（2）	（3）	（1）	（2）	（3）	（1）	（2）	（3）
12 000	370	330	300	220	200	180	140	130	120
11 000	410	370	330	240	210	190	160	140	130
10 000	470	420	380	270	240	220	170	150	140
9 000	530	470	430	300	270	250	190	170	150
8 000	590	530	470	340	300	270	210	190	170
7 000	670 680*	590 610*	540 550*	390	350	310	240	220	190
6 000	670 680*	590 610*	540 550*	450	410	370	280	250	230
5 500	670 680*	590 610*	540 550*	490	440	390	310	280	250
5 000	—	—	—	540	480	430	340	300	270
4 500	—	—	—	570 585*	510 520*	460 470*	380	340	310
4 000	—	—	—	570 585*	510 520*	460 470*	420	380	340
3 500	—	—	—	—	—	—	480	430	380
3 200	—	—	—	—	—	—	480	430	380
3 000	—	—	—	—	—	—	480 490*	430 440*	380 400*
2 800	—	—	—	—	—	—	480 490*	430 440*	380 400*

注：1.（1）、（2）、（3）分别对应超高时变率 f=25 mm/s、f=28 mm/s、f=31 mm/s。

2.*标志表示为曲线设计超高 175 mm 时的取值。

二、夹直线

为了保证列车运行安全与平稳，在两相邻曲线之间应设置一定长度的直线，这段直线就叫作夹直线。两相邻曲线转向相同就叫作同向曲线（如图 1.1.5a 所示），若转向相反则称为反向曲线（如图 1.1.5b 所示）。

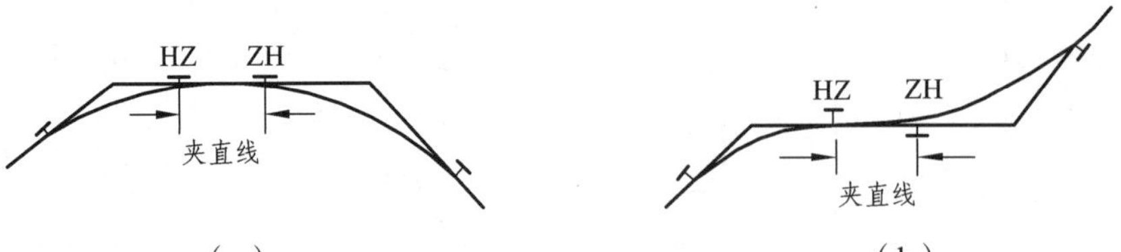

（a）　　　　（b）

图 1.1.5　相邻曲线间的夹直线示意图

车辆运行在同向曲线上，因相邻曲线半径不同，超高高度不同，车体内倾角度不同；车辆运行在反向曲线上，因相邻曲线超高方向相反，车体时而向左倾斜，时而向右倾斜。这两种情况都会造成车体摇晃震动，夹直线愈短，摇晃振动愈大。

为保证良好的运营条件，夹直线应尽量长些。特别是反向曲线间的夹直线应更长些，因为列车通过反向曲线时，其曲线单位附加阻力闭单个曲线增大，影响运行中列车的稳定与安全。根据运营实践，为保证旅客舒适，夹直线长度应保持 2 ~ 3 辆客车长度，困难条件下，也不应短于一辆客车长度。因此《铁路线路设计规范》规定了不同条件下的铁路线路两相邻曲线夹直线最小长度，客货共线铁路两相邻曲线间的夹直线最小长度见表 1.1.5。

表 1.1.5　夹直线最小长度　　单位：m

路段设计速度/（km·h^{-1}）		200	160	120	100	80
曲线长度/m	工程条件一般	160	1 300	80	60	50
	工程条件困难	120	80	50	40	30

在行车速度较高的线路上，为保证列车运行平稳，夹直线相应要求较长。高速铁路两相邻曲线间的夹直线最小长度应根据下列公式计算确定，并符合表 1.1.6 的规定。

一般条件下：$L \geqslant 0.8v$

困难条件下：$L \geqslant 0.6v$

表 1.1.6　高速铁路夹直线最小长度　　单位：m

设计速度/（km·h）$^{-1}$		350	300	250
曲线长度/m	工程条件一般	280	240	200
	工程条件困难	210	180	150

三、曲线附加阻力（W_r）

当列车通过圆曲线时，由于离心力的作用，外侧车轮的轮缘紧压外轨，使其磨耗增大。

又由于圆曲线外轨长于内轨，外轮在外轨上的滑行等原因，使得运行中的列车所受阻力比在直线上所受阻力大，两者之差即为曲线附加阻力，用 W_r 来表示。

曲线附加阻力与列车重量之比叫作单位曲线附加阻力，用 w_r 来表示，其计量单位为N/kN，它的大小通常用试验公式求得：

$$w_r = 600/R \quad (\text{N/kN})$$

式中 600——试验常数；

R——圆曲线半径（m）。

由于我们讨论的列车具有一定的长度，它在线路上运行时，又因曲线长度的不同而导致列车所受单位曲线附加阻力（w_r）的大小不一样。因此，我们必须分别讨论列车在不同曲线长度条件下所受的曲线附加阻力。

（1）圆曲线长度大于或等于列车长度。

当圆曲线长度（从 ZY 点到 YZ 点的长度）大于或等于列车长度，列车能够整列运行在圆曲线上（如图 1-1-6a 所示）运行时，其列车所受最大单位曲线附加阻力（w_r）可直接采用上式计算。

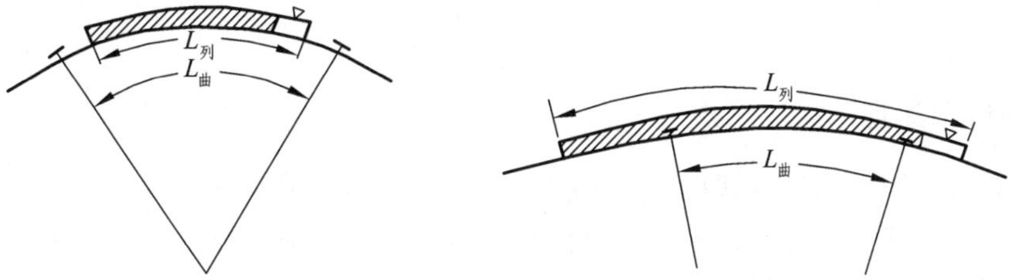

图 1.1.6 列车在曲线上运行示意图

（2）圆曲线长度小于列车长度。

当圆曲线长度小于列车长度，列车只有一部分能够在圆曲线上（如图 1.1.6b 所示）运行时，其列车所受最大单位曲线附加阻力（w_r）的计算为：

$$w_r = \frac{600}{R} \cdot \frac{L_r}{l} \quad (\text{N/kN})$$

式中 L_r——圆曲线长度（m）；

l——列车长度（m）。

【例 1.1.1】 已知一列车在线路平面上的运行情况如图 1-1-7 所示。其中：$R_1 = 1\,200$ m、$R_2 = 1\,000$ m、$l = 1\,000$ m（列车长）、$L_1 = 800$ m、$L_2 = 400$ m、$L_3 = 100$ m（夹直线）；求列车在运行过程中所受最大单位曲线附加阻力（w_r）。

解：根据分析，因 R_2 大于 R_1，所以当列车头部运行至曲线 L_2 的 YZ 点时，全列车所受的单位曲线附加阻力（w_r）为最大，则：

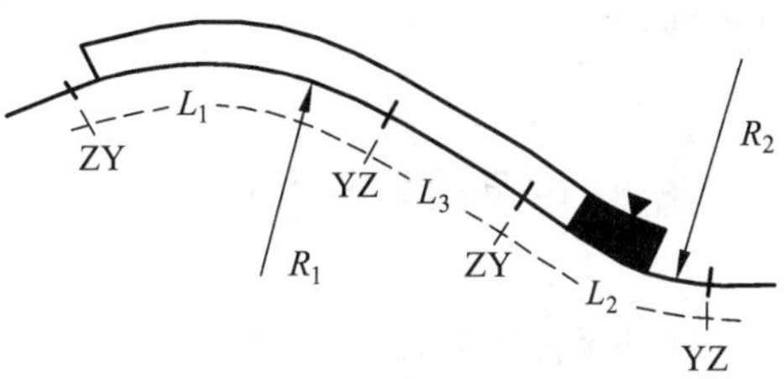

图 1.1.7 列车运行示意图

$$
\begin{aligned}
w_{\mathrm{r}} &= \frac{600}{R_2}\cdot\frac{L_2}{l}+\frac{600}{R_1}\cdot\frac{l-L_2-L_3}{l}\\
&= \frac{600}{1\,000}\cdot\frac{400}{1\,000}+\frac{600}{1\,200}\cdot\frac{1\,000-400-100}{1\,000}\\
&= 0.49\ (\mathrm{N/kN})
\end{aligned}
$$

答： 当列车头部运行至曲线 L_2 的 YZ 点时，全列车所受的单位曲线附加阻力（w_r）为 0.49 N/kN。

四、曲线地段对铁路运营工作的不利影响

由上可知，曲线阻力与曲线半径成反比。曲线半径越小，曲线阻力越大，运营条件就越差，说明采用大半径曲线对列车运行的影响较小。而小半径曲线亦具有容易适应地形困难的优点，对工程条件有利。因此，在设计铁路线路时必须根据铁路所允许的旅客列车最高运行速度，由大到小合理地选用曲线半径。为了测设、施工和养护的方便，曲线半径一般应取 50、100 的整倍数。现在我们来分析一下曲线对铁路运营工作所带来的不利影响。

1. 限制行车速度

列车通过曲线的最大允许速度 $v_{\max}=4.3\sqrt{R}$，列车通过曲线的最大允许速度与曲线半径的平方根成正比。曲线半径愈小，列车通过曲线的速度受到的限制也愈大，所受的离心力也越大，不利于列车快速通过曲线。

2. 增加轮轨磨耗

列车运行在曲线上时，由于内侧与外侧钢轨的长度不等，使车辆的内轮与外轮在钢轨上产生相对纵向滑行，钢轨与轮缘磨耗增加。曲线半径愈小，这种磨耗愈严重。

3. 增加轨道设备

列车运行在曲线上时，为防止外轮对外轨挤压而引起的轨距扩大，以及钢轨带动轨枕在道床上的横向移动，对小半径曲线地段的轨道应增加轨枕根数，加设轨距杆、轨撑。

4. 增加轨道养护维修费用

小半径曲线地段的轨距、方向都极易发生变位，因此养护维修工作量较大，增加了养护维修费用。

五、识别线路平面图

线路平面图是用一定的比例尺（1∶2 000 或 1∶10 000）和规定的符号，将线路中心线及线路两侧的地形与地物以水平投影的方式绘出的图，如图 1.1.8 所示。

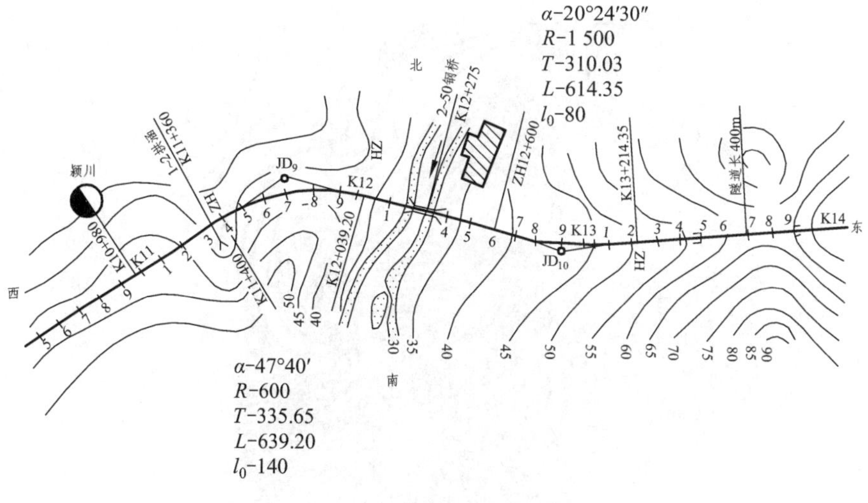

图 1.1.8　铁路线路平面示意图

1. **线路平面**

图中的粗实线为线路中心线，由图可以看出线路的走向及直、曲线情况。该段线路范围包括三段直线、两段曲线，虚线为隧道。

2. **线路里程标和百米标**

线路自起点开始每整千米处，注有线路里程标，如 K10 为设计里程 10 km 处。在整百米处注有百米标，如图中的 1、2、3 等。

3. **曲线要素及起、终点里程**

在各曲线内侧平行于线路注有曲线要素。曲线起点 ZH（直缓点）和终点 HZ（缓直点），HY（缓圆点）和 YH（圆缓点）的里程数应垂直于线路标注在曲线内侧。

4. **各种主要建筑物**

铁路沿线的桥梁、涵洞、隧道、车站等建筑物，应以规定的图例符号表示，并注明其所在位置的中心里程、类型及有关尺寸等。

5. **地形**

在平面图中用等高线来表示铁路线路经过地的地面起伏形状，通过等高线可以判断出地形的情况。如山顶的等高线闭合，且数值从中心向四周逐渐降低；盆地或洼地的等高线闭合，且数值从中心向四周逐渐升高；等高线重合处为悬崖；等高线越密集，地形越陡峭；等高线越稀疏，坡度越舒缓。

线路平面图是铁路设计、施工和运营非常重要的技术文件。

技能训练

识别线路平面图，如图 1.1.9 所示。

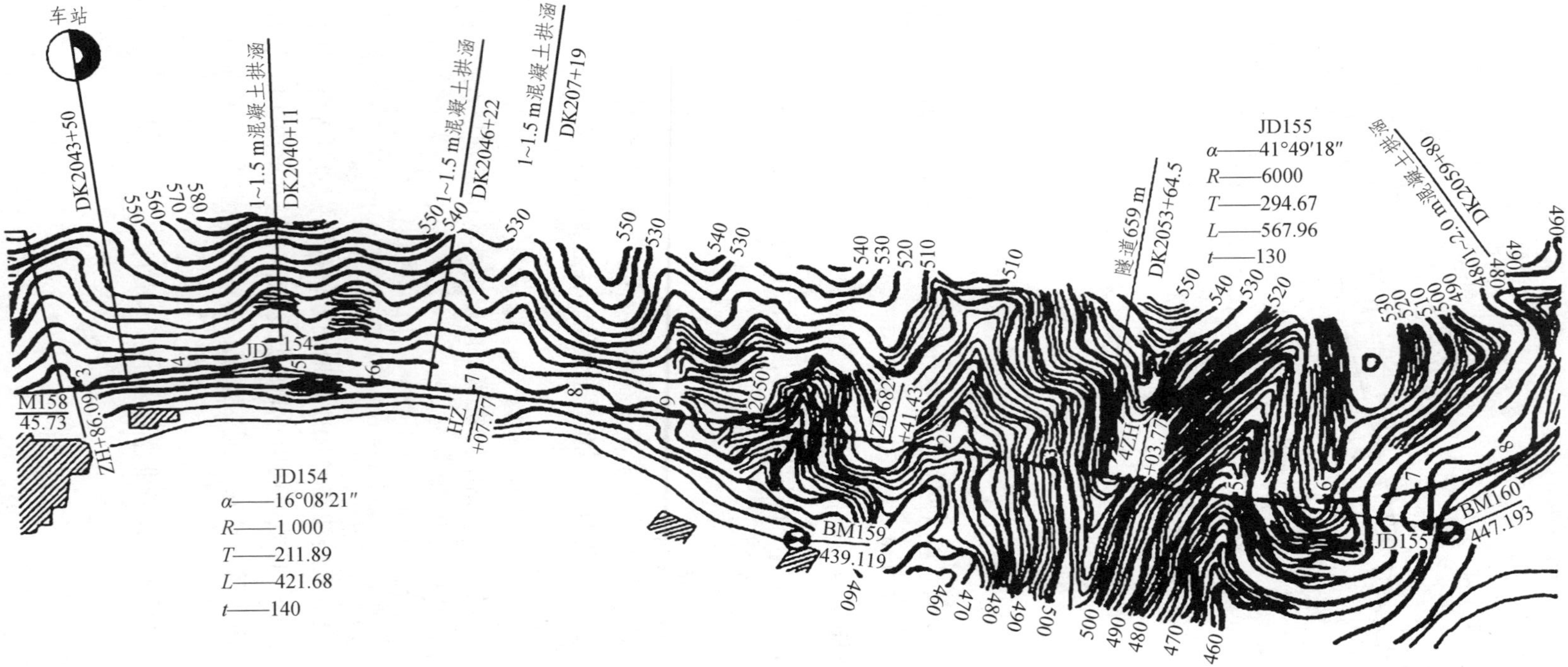
车站
DK2043+50
1~1.5 m混凝土拱涵
DK2040+11
1~1.5 m混凝土拱涵
DK2046+22
1~1.5 m混凝土拱涵
DK207+19
JD155
α——41°49′18″
R——6000
T——294.67
L——567.96
t——130
隧道659 m
DK2053+64.5
1~2.0 m混凝土拱涵
DK2059+80
JD154
α——16°08′21″
R——1 000
T——211.89
L——421.68
t——140
M158
45.73
ZH+86.09
HZ
+07.77
ZD682
+41.43
4ZH
+03.77
BM159
439.119
BM160
447.193
JD155
JD 154
2050

图 1.1.9　线路平面图

1. 说明改短线路的直线、曲线状况。
2. 写出曲线的起终点里程和曲线要素。

任务二　线路纵断面认知

【相关知识】

线路中心线纵向展直后在铅垂面上的投影叫作线路纵断面。为了适应地面的起伏，线路上除了平道以外，还修成不同的坡道。线路纵断面只表明线路的坡度变化。线路纵断面由平道、坡道及设于变坡点处的竖曲线组成。

一、坡道的坡度

坡道的陡与缓常用坡度来表示。坡度是坡道线路中心线与水平夹角（即坡道仰角α）的正切值。由于坡道的仰角（α）一般都比较小，为了便于计算，铁路线路的坡道则习惯用千分率（i‰）来表示，即某段坡道两端点的高差（H）与水平距离（L）之比，如图 1.2.1 所示。

$$i‰ = \tan\alpha = \frac{H}{L}$$

铁路线路根据地形的变化，可分为上坡、下坡和平道。上、下坡是按列车运行方向来区分的，通常用“+”号表示上坡，用“－”号表示下坡，平道用“0”表示。例如，+6‰是表示坡度为6‰的上坡，其意为线路每 1 000 m 的水平距离升高 6 m；－6‰则表示为坡度为 6‰的下坡，其意为线路每 1 000 m 的水平距高降低 6 m。

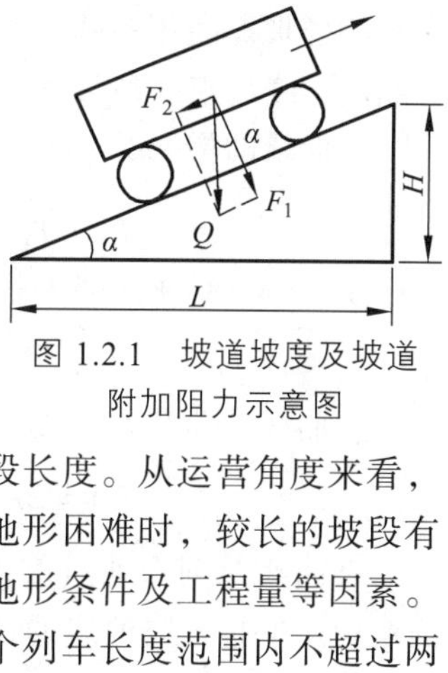

图 1.2.1　坡道坡度及坡道附加阻力示意图

相邻两坡段的交点叫作变坡点；相邻变坡点间的距离叫作坡段长度。从运营角度来看，纵断面坡段越长，变坡点越少，越有利于列车运行的平稳，但在地形困难时，较长的坡段有时会增加工程量。因此，在具体设计时，应综合考虑运营条件、地形条件及工程量等因素。一般情况下，纵断面坡段长度不短于远期列车长度的一半，使一个列车长度范围内不超过两个变坡点，以减少变坡点附加力的叠加而引起列车运行的不平稳。所以《铁路线路设计规范》规定，客货共线铁路的旅客列车设计速度为 200 km/h 的路段，坡段长度一般条件下不宜小于600 m，且不宜连续使用；困难条件下不应小于 400 m，且不应连续使用。旅客列车设计速度为 160 km/h 的路段，坡段长度一般条件下不宜小于 400 m，且不应连续使用两个以上。旅客列车设计速度小于 160 km/h 的路段，坡段长度应符合表 1.2.1 的规定。

表 1.2.1　最小坡道段长度　　单位：m

远期到发线有效长度	1 050 及以上	850	750	650
最小坡道段长度	400	350	300	250

高速铁路为满足列车运行平稳和旅客舒适性的要求，设计坡段大于一个列车长度以上的

长坡段比较好。《铁路线路设计规范》规定，高速铁路正线宜设计较长的坡段。最小坡段长度一般条件下不应小于 900 m，且不宜连续使用；困难条件下不应小于 600 m，且不应连续使用。列车全部停站的车站两端坡段长度不应小于 400 m。

二、竖曲线

车辆经过变坡点时，将产生振动和竖向加速度，从而引起旅客的不舒适；同时由于坡度变化，车辆在经过凸凹地点时，使得相邻车辆同时处在不同的坡道上，而产生车钩上下错移，并使车钩遭受一种附加应力的作用。当相邻坡段坡度代数差过大，则附加应力也会过大，而两车钩上下错移量就将过大，则可能发生断钩、脱钩等事故，如图 1.2.2 所示。

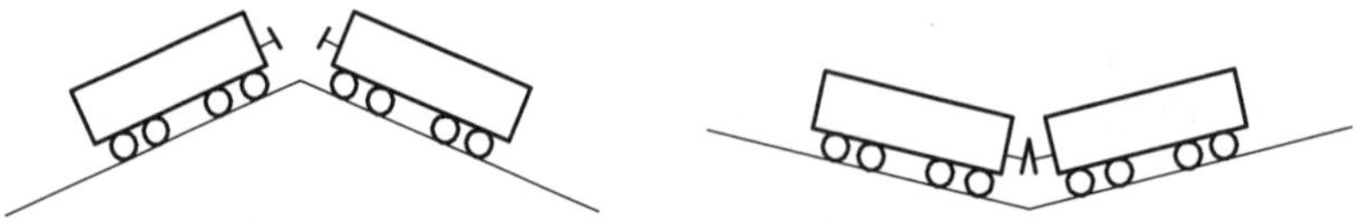

（a）　　　　（b）

图 1.2.2　车辆经过变坡点的状态

为保证列车运行平稳，防止脱钩、断钩，当相邻坡道段的坡度代数差超过一定数值，就应在相邻坡段间用一圆顺曲线连接，使列车顺利地由一个坡道段过渡到另一个坡道段，这个在纵断面变坡点处所设置的圆曲线就叫作竖曲线，如图 1.2.3 所示。

竖曲线的切线长（$T_{竖}$）可由下式计算：

$$T_{竖}=R_{竖}\cdot\tan\frac{\alpha}{2}$$

$$\approx\frac{1}{2\,000}\cdot R_{竖}\cdot\Delta i\ （m）$$

竖曲线的曲线长（$L_{竖}$）可由下式计算：

$$L_{竖}\approx 2T_{竖}\ （m）$$

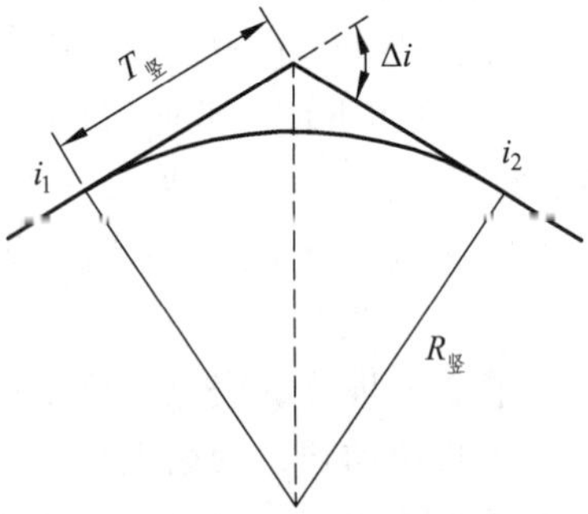

图 1.2.3　竖曲线示意图

竖曲线对列车通过变坡点的运行条件改善起着决定性的作用。但是，竖曲线的设置是有一定限制的。因此，《铁路线路设计规范》规定：路段设计速度为 160 km/h 及以上的地段，当相邻地段的坡度差大于 1‰时，竖曲线半径不得小于 15 000 m。路段设计速度小于 160 km/h，相邻坡道段的坡度差大于 3‰时，竖曲线半径不得小于 10 000 m。

在高速铁路上，为了改善列车通过变坡点的行车条件，提高旅客舒适度。《高速铁路设计规范》也对竖曲线的设置做了具体规定。其规定为：

（1）正线相邻坡道段的坡度差大于或等于 1‰时，应采用圆曲线型竖曲线，最小竖曲线半径应根据设计速度按表 1.2.2 和 1.2.3 选用，其最大竖曲线半径不应大于 30 000 m，最小竖曲线长度不得小于 25 m。

表 1.2.2　高速铁路最小竖曲线半径

设计行车速度/（km · h^{-1}）	350	300	250
最小竖曲线半径/m	25 000	25 000	20 000

表 1.2.3　限速地段最小竖曲线半径

设计行车速度/（$km \cdot h^{-1}$）	200	160	120	80
最小竖曲线半径/m	15 000	15 000	10 000	5 000

（2）竖曲线（或变坡点）起终点与平面曲线起终点间的最小距离不宜小于 20 m。竖曲线（或变坡点）与缓和曲线、道岔均不应重叠设置。

（3）竖曲线与平面圆曲线不宜重叠设置，困难条件下重叠设置时，最小曲线半径应符合表 1.2.4 的规定。

表 1.2.4　高速铁路竖曲线与平面圆曲线重叠设置时的最小曲线半径

设计行车速度/（$km \cdot h^{-1}$）		350	300	250
平面最小曲线半径/m	一般条件	7 000	5 000	3 500
	困难条件	6 000	4 500	3 000
最小竖曲线半径/m		25 000	25 000	20 000

三、坡道附加阻力（W_i）

由于有了坡道，就给列车运行带来了不良的影响。列车在坡道上运行时，会受到一种由坡道引起的阻力，这一阻力称为坡道附加阻力。从图 1.2.1 可以看出，列车在坡道上行驶时，其重量 Q 可以分解为 F_1 和 F_2 两个分力，其中 F_1 为垂直于坡面的正压力；F_2 平行于坡面的下滑力，也是列车上坡运行必须克服的运行阻力，这就是坡道附加阻力，用 W_i 来表示。

根据三角函数关系得：

$$W_i = Q \cdot \sin\alpha(\text{kN}) = 1\ 000Q \cdot \sin\alpha(\text{N})$$

因线路坡度的夹角很小（如 $i = 30$ 时，α 仅为 1°44′），而 α 很小时 $\tan\alpha \approx \sin\alpha$，因此：

$$W_i \approx 1\ 000 \cdot Q \cdot \tan\alpha(\text{N})$$

又因 $i‰ = \tan\alpha$，则

$$W_i \approx i \cdot Q(\text{N})$$

坡道附加阻力与列车重量之比叫作单位坡道附加阻力，用 w_i 来表示。其计量单位为 N/kN，它的计算为：

$$w_i = \frac{W_i}{Q} = i(\text{N}/\text{kN})$$

根据公式推导所知，列车在坡道上运行时所受单位坡道附加阻力（w_i）在数值上等于坡度千分数 i。例如上坡道坡度为 6‰，则单位坡道附加阻力 $w_i = 6$ N/kN，若下坡道坡度为 6‰，则单位坡道附加阻力 $w_i = -6$ N/kN。

因此，在铁路设计与应用时，我们可以根据铁路坡度的大小直接了解列车在坡道上运行所受的单位坡道附加阻力大小。坡道坡度越大，列车和上坡时的坡道阻力也就越大，同一台

机车（在列车运行速度相同的条件下）所能牵引的列车重量也就越小。

列车在线路上运行时，会因坡道长度的不同而导致列车所受单位坡道附加阻力（w_i）的大小不一样，我们必须分别讨论列车在不同坡道长度条件下所受的坡道附加阻力。

1. 坡道段长度大于或等于列车长度

当坡道段长度大于或等于列车长度时，列车能够整列运行在同一坡道段上，如图 1.2.4（a）所示，列车所受最大单位坡道附加阻力（w_i）可直接采用上式计算。

2. 坡道段长度小于列车长度

当坡道段长度小于列车长度时，列车只有一部分能够在坡道段上运行，如图 1.2.4（b）所示，列车所受最大单位坡道附加阻力（w_i）的计算为：

$$w_i = i \cdot \frac{L_i}{l} (\text{N/kN})$$

式中　L_i——坡道段长度（m）；

　　　l——列车长度（m）。

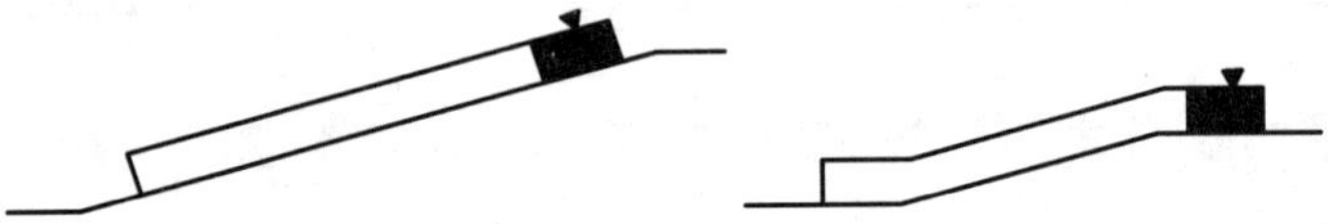

（a）　　　　（b）

图 1.2.4　列车在坡道段上的运行示意图

3. 列车同时跨多个坡道段

当列车同时跨多个坡道段运行时，列车所受最大单位坡道附加阻力（w_i）的计算为：

$$w_i = i_1 \cdot \frac{L_i^1}{l} + i_2 \cdot \frac{L_i^2}{l} + \cdots \ (\text{N/kN})$$

【例 1.2.1】已知一列车在线路纵断面上的运行情况如图 1.2.5 所示。其中：$L_1 = 300$ m，$i_1 = 4$；$L_2 = 300$ m，$i_2 = 0$；$L_3 = 500$ m，$i_3 = 6$；$l = 1\ 000$ m（列车长）。求列车在运行过程中所受最大单位坡道附加阻力（w_i）。

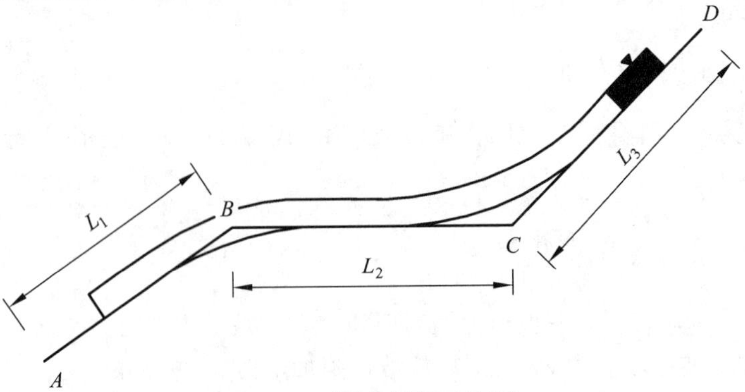

图 1.2.5　列车运行示意图

解：根据分析，因 i_3 大于 i_1，所以当列车头部运行至 D 点时，全列车所受的单位坡道附加阻力（w_i）为最大，则：

$$
\begin{aligned}
w_i &= i_3 \cdot \frac{L_3}{l} + i_2 \cdot \frac{L_2}{l} + i_3 \cdot \frac{l - L_3 - L_2}{l} \\
&= 6 \times \frac{500}{1\,000} + 0 + 4 \times \frac{1\,000 - 500 - 300}{1\,000} \\
&= 3.8\ (\mathrm{N/kN})
\end{aligned}
$$

答：当列车头部运行至 D 点时，全列车所受的单位坡道附加阻力（w_i）为 3.8 N/kN。

四、换算坡度（$i_{换}$‰）

如果在坡道上同时存在曲线，列车在坡道上运行时所遇到的单位附加阻力应为单位曲线附加阻力与单位坡道附加阻力之和，用 $w_{总}$ 表示。

$$w_{总} = w_i + w_r (\mathrm{N/kN})$$

注意：单位坡道附加阻力上坡取“+”，下坡取“－”。

前面已证明，单位坡道附加阻力在数值上等于该坡道的坡度千分数，因此，这个总的单位附加阻力也可用一个相当的坡道附加阻力代替，这个相当的坡道称为换算坡道。换算坡道的坡度称为换算坡度，其坡度千分数为：

$$i_{换} = 1 + w_r\ (‰)$$

由此可知，当坡道上有曲线时，列车上坡运行时坡道就显得更陡；而下坡运行时，坡道则显得平缓了。

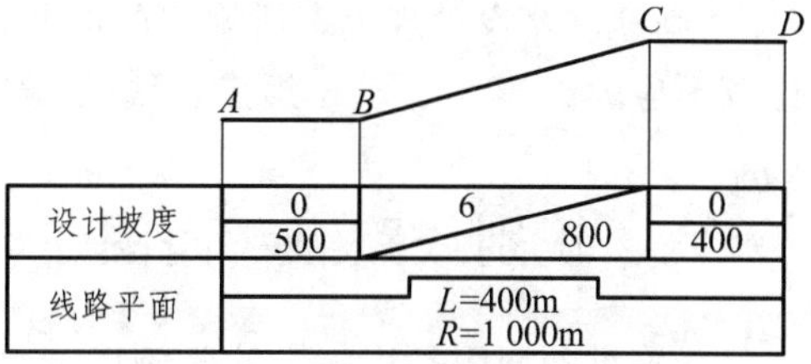

图 1.2.6 某区段纵断面示意图

【例 1.2.2】 已知某区段线路平面纵断面示意图如图 1.2.6 所示，列车长 800 m，求列车运行在 BC 段的换算坡度。

解：

1. 列车上坡运行

因： $i_{换}^{BC} = w_r + w_i = \frac{600}{1\,000} \times \frac{400}{800} + 6 = 6.3$

所以： $i_{换}^{BC}‰ = 6.3‰$

2. 列车下坡运行

因： $i_{换}^{CB} = i + w_r = -6 + \frac{600}{1\,000} \times \frac{400}{800} = -5.7$

所以： $i_{换}^{CB}‰ = -5.7‰$

答：BC 段的上坡换算坡度为 6.3‰，下坡换算坡度为 5.7‰。

五、限制坡度（i_x‰）

限制坡度是指某个区间或区段内对牵引重量起限制作用的坡道的坡度，即用一台机车牵引规定重量的货物列车，并以规定的计算速度进行匀速运行时所能爬上的最大坡度。它是铁路线路纵断面设计最主要的技术标准。如何选择限制坡度是一个非常重要的问题，因为限制坡度大小的选择直接影响线路修建的工程造价与线路修建后的运营效率。

一条铁路线路的限制坡度越小，机车牵引重量越大，运营效率越高。但采用过小的限制坡度，又可能造成土石方工程量的增加，提高线路造价。因此，线路的限制坡度应根据铁路等级、牵引机车种类与型号、地形类别等比选确定，并应与其衔接铁路的限制坡度、牵引定数相协调。

为了满足运输要求和保证行车安全,《铁路线路设计规范》规定客货共线的铁路最大限制坡度见表 1.2.5。

表 1.2.5　限制坡度（i_x‰）

线路等级		Ⅰ			Ⅱ		
地形类别		平原	丘陵	山区	平原	丘陵	山区
牵引种类	电力	6%	12%	15%	6%	15%	20%
	内燃	6%	9%	12%	6%	9%	15%

当线路在高程障碍比较集中的越岭地段，当采用全线统一的限制坡度时，会引起工程费用的增加时，经过比选，也可以采用大于限制坡度的加力牵引坡度，加力牵引坡度是指在大于限制坡度的坡道地段，为统一全区段的列车重量标准，采用两台或多台机车牵引的坡度。

《高速铁路设计规范》所规定的区间正线最大坡度为 20‰，在困难条件下，经技术经济比较不应大于 30‰；动车组走行线的最大坡度不应大于 35‰。

六、识别线路纵断面图

线路纵断面图是用一定的比例尺（水平方向为 1∶10 000、垂直方向为 1∶1 000）和规定的符号，把平面图上的线路中心线展直后投影到铅垂面上，并注有线路平面和纵断面有关资料的图，如图 1.2.7 所示。

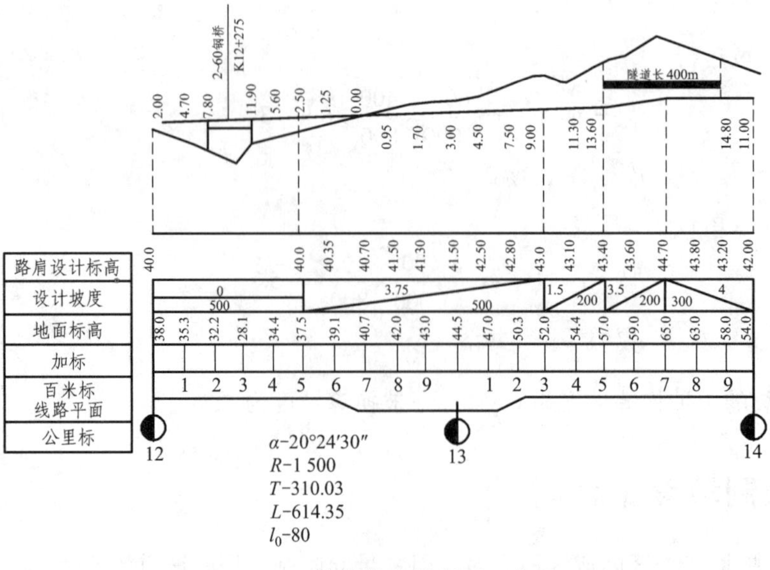

图 1.2.7　铁路线路纵断面示意图

铁路线路纵断面图由图和表两部分组成。

1. 图部分

线路纵断面图的上部分为图部分，表示线路纵断面概貌和沿线主要建筑物特征。

图中细实线为地面线，粗实线为设计线。设计线上方数字为路基填方高度，下方数字为路基挖方深度（m）。路基填挖高度等于地面标高与路肩设计标高之差。图上还用符号和数字注明各主要建筑的位置、类型和有关尺寸。

2. 表部分

线路纵断面图的下部分为表部分（即资料部分），是对线路的位置、高程、平面概况、地质概况等的说明。

（1）连续里程。一般以线路起点车站的旅客站房中心为零起算，在每一整公里处注明里程。

（2）线路平面。线路平面是表示线路直、曲变化的示意图。凸起部分表示右偏角曲线，凹下部分表示左偏角的曲线，凸起与凹下的斜线转折点依次为 ZH、HY、YH、HZ 点。在 ZH 和 HZ 点处注有距前百米标的距离。曲线要素应注于曲线内侧。两相邻曲线间的水平线为直线段。从纵断面上可看出曲线所在处的坡度情况。

（3）百米标及加标。在两公里标之间的整百米处注百米标数。在百米标之间地形突变点应标注加标其数字为距前百米标的距离，单位均为 m。

（4）地面标高。在百米标和加标处标注地面标高。

（5）设计坡度。竖直线表示变坡点，两竖线间向上或向下的斜线、水平线分别表示上坡、下坡和平道。线上所注数字为坡度值（i），线下所注数字为坡段长度（m）。

（6）路肩设计标高。在各变坡点、百米标、加标处标注上路肩设计标高，精度为 0.01 m。

（7）工程地质特征。扼要填写沿线各路段重大不良地质现象、主要地层构造等情况。

线路纵断面图是铁路线路设计、施工、运用非常重要的技术文件。

技能训练

换算坡度计算：已知《技规》规定：进站信号机外、制动距离内，进站方向为超过 6‰ 的下坡道，而接车线末端无隔开设备时，禁止办理相对方向同时接车和同方向同时发接列车。试按图 1.2.8 所示，检算该站能否办理相对方向同时接车和同方向同时发接列车作业。

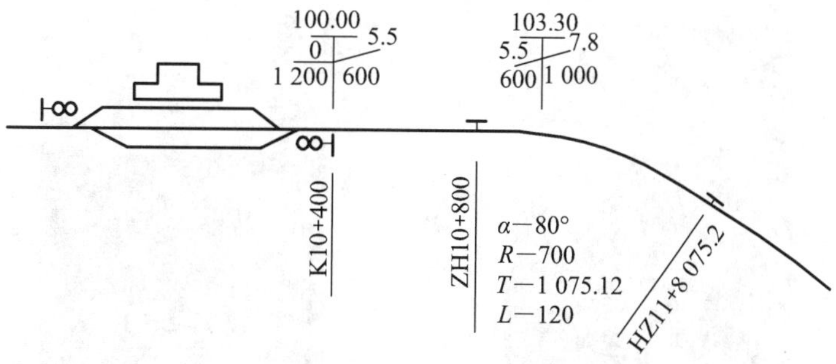

图 1.2.8　某线路平面示意图

任务三　线路标志识别

【相关知识】

为满足行车和线路养护维修及司机等工作的需要，在铁路沿线设有许多用来表明铁路建筑物及设备位置和线路技术状态的标志，称为线路标志。线路标志应设在其内侧距线路中心线不小于 3.1 m 处（警冲标除外）。线路标志按计算公里方向设在线路左侧。双线区段须另设线路标志时，应设在列车运行方向左侧。

常见的线路标志有：

1. 公里标、半公里标

公里标、半公里标（见图 1.3.1）：用来表明铁路线路的计算里程。设在一条线路自起点计算每一整公里、半公里处。

2. 曲线标

曲线标（见图 1.3.2）：为曲线的技术参数，其上面标明有曲线的有关要素（曲线长度、缓和曲线长度、曲线半径、超高、加宽）。设在线路某条曲线的中点处。

图 1.3.1　公里标、半公里标

图 1.3.2　曲线标

3. 圆曲线和缓和曲线始终点标

圆曲线和缓和曲线始终点标（见图 1.3.3）：设在直线进入缓和曲线、缓和曲线进入圆曲线，圆曲线进入缓和曲线，缓和曲线进入直线的各点之处。在标志上分别写明缓圆、圆缓或直缓、缓直字样，标明所向方向或为直线，或为缓和曲线，或为圆曲线。车站内安设的要求同公里标；在桥梁上用木板或铁板写好挂在人行道栏杆上；在隧道内用油漆写于隧道边墙上。

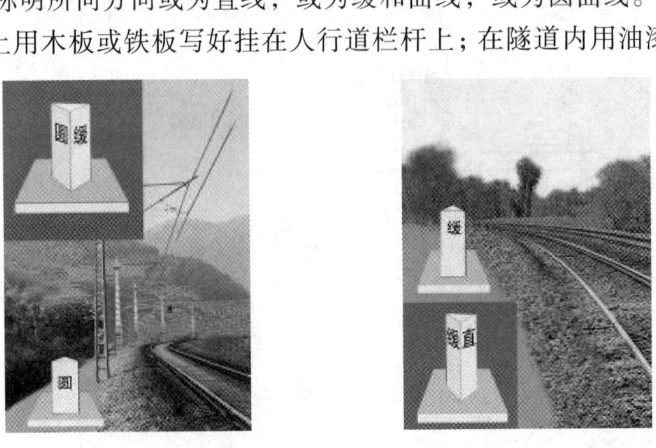

图 1.3.3　圆曲线和缓和曲线始终点标

4. **坡度标**

坡度标（见图 1.3.4）:设在线路坡度的变坡点处，两侧各标明其所向方向的上、下坡值及其长度。水平线表示坡度为 0，箭头朝上表示上坡，朝下表示下坡。箭头后面的数字示坡度值，以千分率表示，下面的数值表示这个坡度的长度，以米为单位。

图 1.3.4　坡度标

5. **桥梁标**

桥梁标（见图 1.3.5）：设在桥梁中心里程（或桥头）处，标明桥梁编号和中心里程。

6. **管界标**

管界标（见图 1.3.6）：设在铁路局、工务段、领工区、养路工区、供电段、电力段的管辖地段的分界点处，线路计算里程方向左侧距轨头外侧不小于 2m 处，两侧标明所向的单位名称。

图 1.3.5　桥梁标

图 1.3.6　管界标

技能训练

请识别图 1.3.7 中的线路标志。

图 1.3.7　线路标志

复习思考题

1. 铁路线路在空间的位置是如何表示的？何谓线路平面？何谓线路纵断面？
2. 线路平面组成要素有哪些？单位曲线附加阻力如何确定？
3. 何谓缓和曲线？缓和曲线的特征和作用是什么？
4. 相邻曲线间为什么要设置夹直线？夹直线最短长度是如何规定的？
5. 小半径曲线对铁路运营工作有何不利影响？
6. 线路纵断面有哪些组成要素？
7. 何谓坡道的坡度？
8. 何谓竖曲线？竖曲线的设置应避开哪些地方？
9. 单位坡道附加阻力如何确定？换算坡度如何确定？
10. 何谓限制坡度、加力牵引坡度？
11. 何谓线路平面和线路纵断面图？平、纵断面图上有哪些内容？
12. 铁路沿线常见的线路标志有哪些？

【拓展知识】

等高线

等高线指的是地形图上高程相等的相邻各点所连成的闭合曲线。把地面上海拔高度相同的点连成的闭合曲线，并垂直投影到一个水平面上，并按比例缩绘在图纸上，就得到等高线，如图 1.3.8 所示。等高线也可以看作是不同海拔高度的水平面与实际地面的交线，所以等高线是闭合曲线。在等高线上标注的数字为该等高线的海拔。

在等高线图上，两相邻等高线的高程差称为等高线间隔或等高距（如图 1.3.8 中的 h）；两相邻等高线间的水平距离称为等高线的平距（如图 1.3.8 中的 d）。

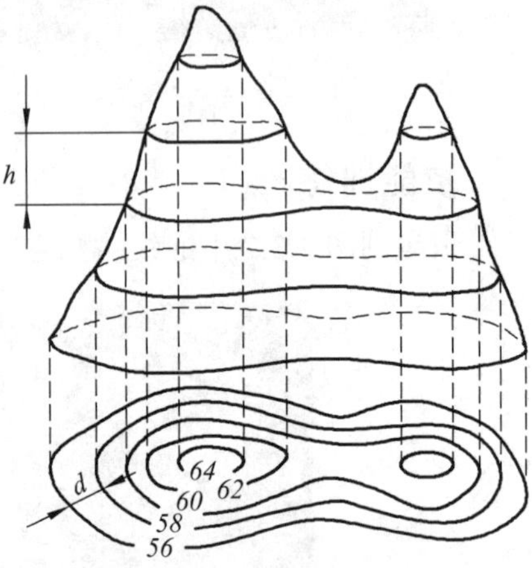

图 1.3.8　等高线示意图

等高线在图上的特征为：位于同一等高线上各点的高程相等；等高线越密，地面坡度越陡峻，等高线越疏，地面坡度越平缓，等高线平距相等的地方坡度均匀；山脊线和山谷线均与等高线垂直相交；几条等高线重叠处为峭壁。

我国规定以黄海平均海水面为等高线高程的起算面，作为零点高程。在局部工作中，可任意假设一个高程起算面，由此测定其他点的高程。

典型地形的等高线形状有：山头、山脊、山谷、鞍部、洼地等，如图 1.3.9 所示。

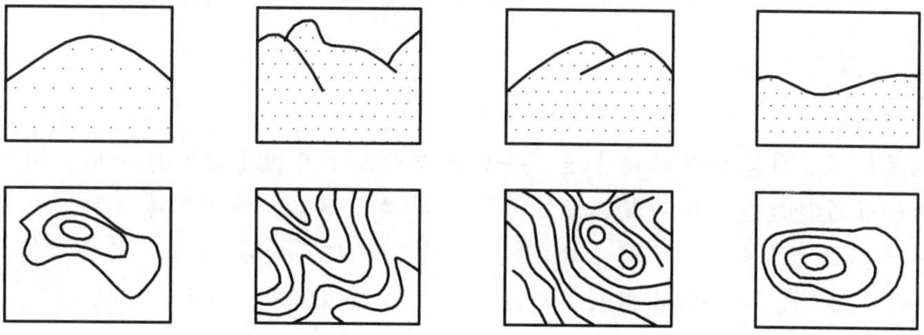

（a）山头　（b）山脊、山谷　（c）鞍部　（d）洼地

图 1.3.9　典型地形的等高线示意图

项目二　铁路线路组成认知

【项目描述】

我国幅员辽阔，铁路线路绵延千里。一条铁路线路不可避免要经过山川、河流、城镇等障碍物，为绕开或跨越这些障碍物，就需要修建桥梁、隧道、涵洞等建筑物，另外，我国地质复杂，地势多变，各地气候不同，修建同一条线路的路基也有不同的形式，本项目主要介绍路基、桥隧建筑物、轨道的作用及组成及轨道平顺技术标准，使读者对铁路线路的组成有进一步的了解和认识。

【教学目标】

1. 知识目标

（1）熟悉路基的基本形式。

（2）了解各类桥隧建筑的组成及分类。

（3）熟悉轨道的组成和作用。

（4）掌握钢轨的轨距。

（5）掌握道岔的组成和道岔辙叉号数。

2. 能力目标

（1）识别各类桥隧建筑。

（2）用中心线表示各类道岔。

（3）绘制普通单开道岔示意图。

3. 素质目标

（1）培养学生分析和解决问题的能力。

（2）培养学生的安全意识、质量意识。

（3）培养学生自我约束的能力和爱岗敬业的工作作风。

任务一　路基及桥隧建筑物认知

【相关知识】

供铁路列车和机车车辆运行的线路称为铁路线路，简称线路。它由路基、桥隧建筑物、轨道组成一个整体工程结构，是机车车辆和列车运行的基础，直接承受机车车辆轮对传来的压力。

一、路　基

路基是轨道的基础，是铁路线路的重要组成部分。它直接承受轨道的重量，承受轨道传来的机车车辆及其载荷的压力。路基质量对整个线路质量和行车安全有很大的影响。因此，路基必须填筑坚实，基床要强化处理，并经常保持干燥、稳定和完好状态，以保证铁路运输安全畅通。路基面的宽度应满足轨道铺设、附属构筑物设置及线路养护维修作业的需要。同时，路基两侧应留有足够宽度的铁路用地，保证路基稳定，满足维修检查通道、栅栏设置绿色通道建设及防沙工程的要求。

路基主要由路基本体、防护加固设施、排水设施三部分组成。

（一）路基本体

路基上铺设轨道的部分叫作路基本体。随着地面的起伏，一条铁路线路的路基通常是经过或开挖，或填筑，或半填半挖而成。

1. 路基横断面形式

垂直于线路中心线的路基断面叫作路基横断面。

路基的横断面形状因路段填挖方式的不同有：路堤式路基、路堑式路基、不填不挖式路基、半堤式路基、半堑式路基、半堤半堑式路基等六种断面形式。

（1）路堤：路堤是指线路标高高于天然地面，经填方的方式修筑而成的路基，如图 2.1.1 所示。

（2）路堑：路堑是指线路标高低于天然地面，经挖方的方式修筑而成的路基，如图 2.1.2 所示。

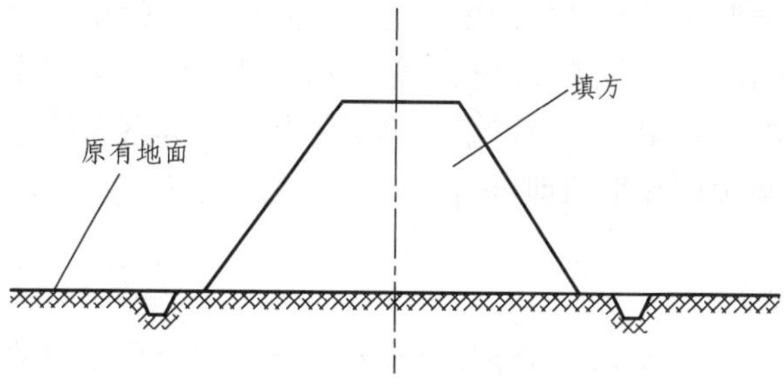

图 2.1.1　路堤式路基

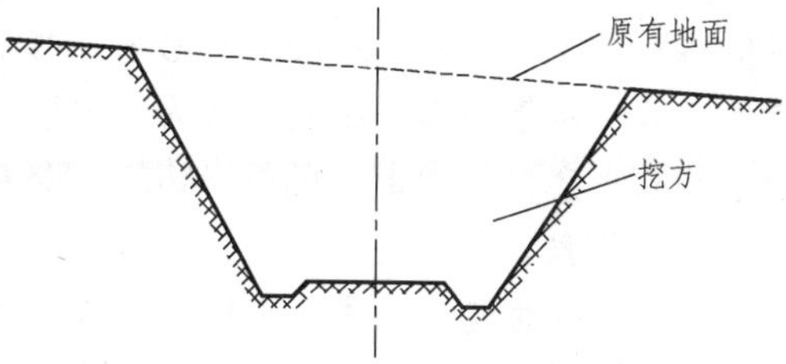

图 2.1.2　路堑式路基

（3）不填不挖：不填不挖是指线路标高与天然地面相同，无须填方和挖方的路基，如图 2.1.3 所示。

（4）半路堤：半路堤是指路基的一侧需在天然地面上经填方修筑而成的路基，如图 2.1.4 所示。

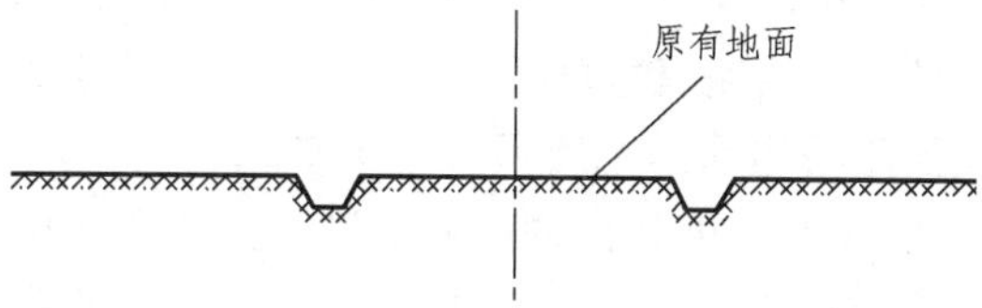

图 2.1.3　不填不挖式路基

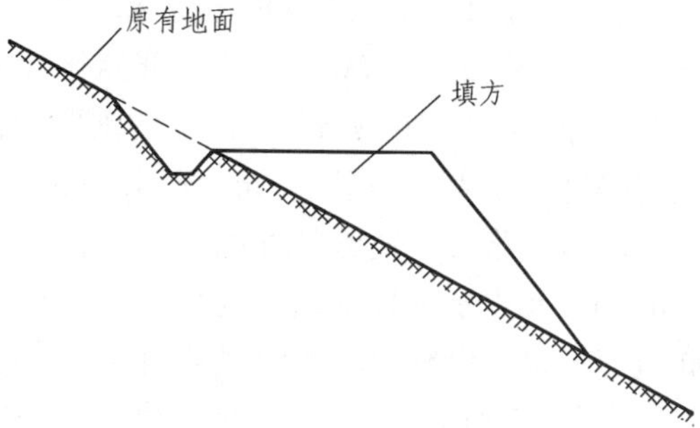

图 2.1.4　半路堤式路基

（5）半路堑：半路堑是指路基的一侧需在天然地面上经挖方修筑而成的路基，如图 2.1.5 所示。

（6）半堤半堑：半堤半堑是指路基的一侧需在天然地面上填方修筑，而另一侧则在天然地面上挖方修筑而成的路基，如图 2.1.6 所示。

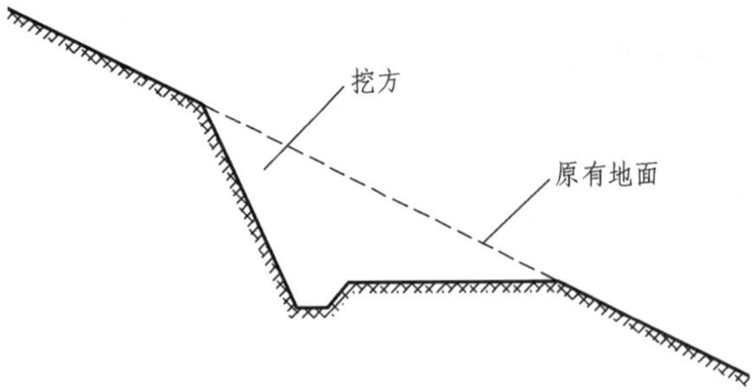

图 2.1.5　半路堑式路基

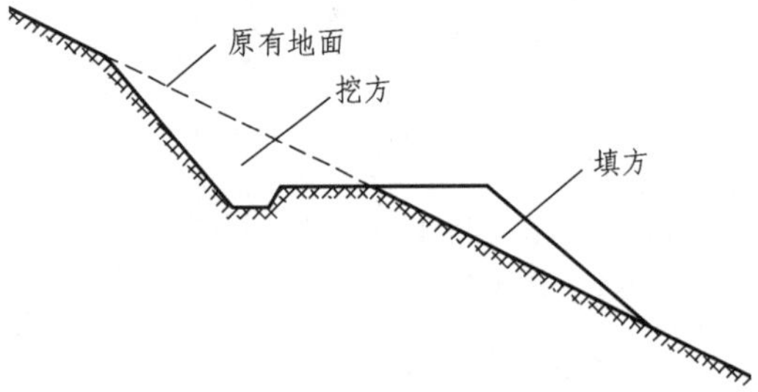

图 2.1.6　半堤半堑式路基

2. 路基本体的组成

在路基横断面中，路基本体是由路基顶面、路肩、路床、边坡、基底几部分构成。

（1）路基顶面。

路基顶面是指能直接在其上面铺设轨道的部分。在路堤中路基顶面即为路堤堤身的顶面，也称路堤顶面；在路堑中，路基顶面是指堑体开挖后形成的构造面。

路基顶面形状可分为有路拱与无路拱两种形式。路拱的作用是迅速排除道床下的积水，以保持路基面的干燥。一般由非渗水土修筑的路基顶面应设路拱，单线路基顶面的路拱做成梯形，双线路基顶面的路拱形状为三角形。如果是用岩石或渗水土修筑的路基，降落在路基面上的雨水会自行渗走，可不修路拱，路基面做成水平面即可。

（2）路肩。

路肩是指路基顶面中，道床覆盖以外的部分。

① 路肩的作用。路肩的作用是保护路堤受力的堤心部分，防止道砟失落，保持路基面的横向排水，供养护维修人员作业行走避车，放置养护机具，防洪抢险临时堆放砂石料，埋设各种标志、通信信号、电力给水设备等。

② 路肩标高。路肩应保证在洪水期间不致被淹而影响行车，以及在地下水或地面积水达到最高水位时，不致因洪水上升到基床，使土的含水量增加而减低基础的强度和承载力或者发生冻胀、翻浆冒泥等病害。

③ 路肩的宽度。路基面上道床坡脚至路基面边缘的水平距离称为路肩宽度。《技规》规定:普速铁路有砟轨道路肩宽度，线路设计速度为 200 km/h 区段的路肩宽度不应小于 1.0 m；线路设计速度为 160 km/h 及以下的铁路，位于路堤上的路肩宽度不应小于 0.8 m，位于路堑上的路肩宽度不应小于 0.6 m。牵出线的中心线至路肩边缘的宽度不得小于 3.5 m。

高速铁路有砟轨道路肩宽度：线路设计速度为 200 km/h 区段的路肩宽度不应小于 1.0 m；250 km/h 及以上区段双线不应小于 1.4 m，单线不应小于 1.5 m。无砟轨道路肩宽度：根据无砟轨道形式、电缆槽和接触网基础类型等确定。

④ 路肩加宽的原因。新近交付运营的铁路，由于高填土的自然沉落或列车荷载的作用引起沉陷，使纵断面发生变化，在整治病害的同时，应根据需要加宽路肩；既有提速线路，路

肩宽度不符合规定要求，应根据需要加宽；线路维修作业中，养路机械化作业普及地段，需逐步加宽路肩；无缝线路地段的路基宽度，应根据道床宽度相应加宽。

（3）基床。

铁路路基面以下受到列车动荷载的作用和受水文、四季气候变化影响的深度范围称为基床。基床分为表层和底层，如图 2.1.7 所示。

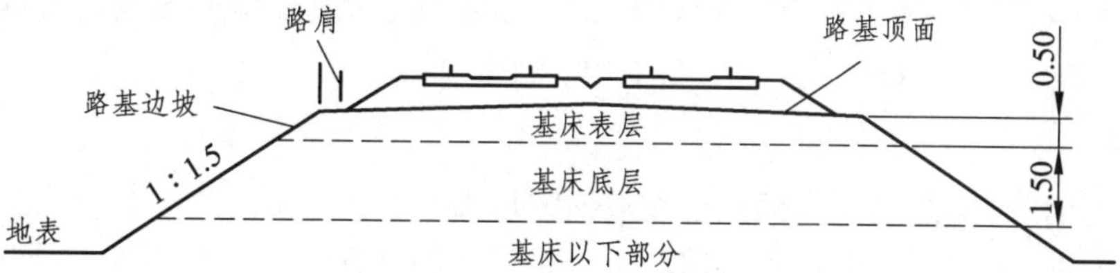

图 2.1.7　基床的组成

（4）边坡。

路基横断面两侧的边线称为路基边坡。路基边坡分为路堤边坡和路堑边坡。

① 路堤边坡。用土石填筑的路堤，两边要有适当的坡度也能保持稳定，不向下塌滑。坡度的大小与路堤高低、填料性质有关，通常为 1 : 1.5 ~ 1 : 1.75（即边坡高度与边坡水平投影之比）。路堤很高时，可以分段采用不同的坡度，上部较陡，下部较缓，以确保路堤的温度。

② 路堑边坡。由于路堑边坡受雨水冲刷且地下水渗透比路堤边坡严重，尤其对于地质不良的路堑或深路堑，边坡陡缓的合理选定关系到边坡的稳定和行车安全。因此，路堑边坡应根据工程、水文条件、边坡高度等因素综合确定。通常情况，对均质黏土、黏砂土采用 1 : 1.1 ~ 1 : 1.5 的坡度；中粗砂采用 1 : 1.5 ~ 1 : 1.75 的坡度。

（5）基底。

基底是路堤填土的天然地面受填土自重及轨道、列车动载影响的土体部分。

（二）路基排水设施

路基最怕水的浸泡和冲刷，如果不及时排水，路基就会松软、下沉、甚至损坏，危及行车安全。路基排水设施主要包括地面排水设施和地下排水设施。各种排水设施要互相配合，形成排水网，使排水畅通。

1. 地面排水设施

对于路基有危害的地面水，应采取拦截引排等措施，以及将它们引泄到路基范围以外。

常用的路基地面排水设施，路堤有纵向排水沟或取土坑；路堑有侧沟、截水沟、天沟等。

（1）排水沟。

排水沟用以排除路堤范围内的地面水。当地面较平坦时，设于路堤两侧，当地面较陡时，应设于迎水一侧，如图 2.1.8 所示。当有取土坑时，可用取土坑代替排水沟，在路堤天然护道外，可设置单侧或双侧排水沟，也可利用取土坑排水。平坦地面或反坡排水地段的坡度可减少至千分之一。

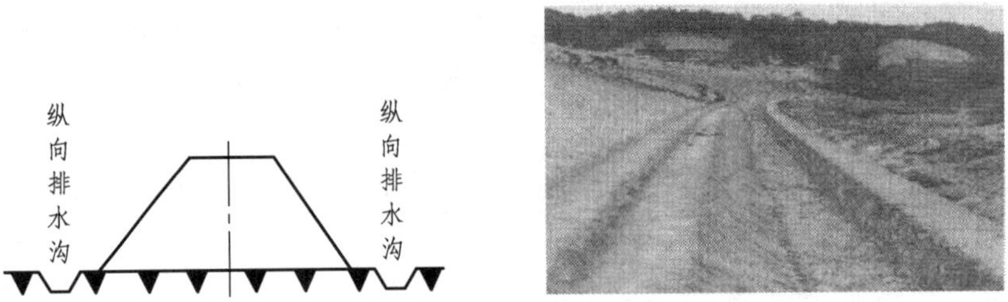

图 2.1.8　排水沟

（2）侧沟。

路堑地段用以排除路基面和路堑边坡坡面的地面水，设于路基两侧或一侧（半路堑），用于公路时称边沟，如图 2.1.9 所示。路堑应于路肩两侧设置侧沟，堑顶外可设置单侧或双侧天沟，路堑边坡平台截水海的设置应符合规范要求。

（3）天沟。

天沟设于路堑堑顶边缘以外，可设置一道或几道，用于截排堑顶上方流向路堑的地表水，示意图如图 2.1.9 所示，实景图如图 2.1.10 所示。

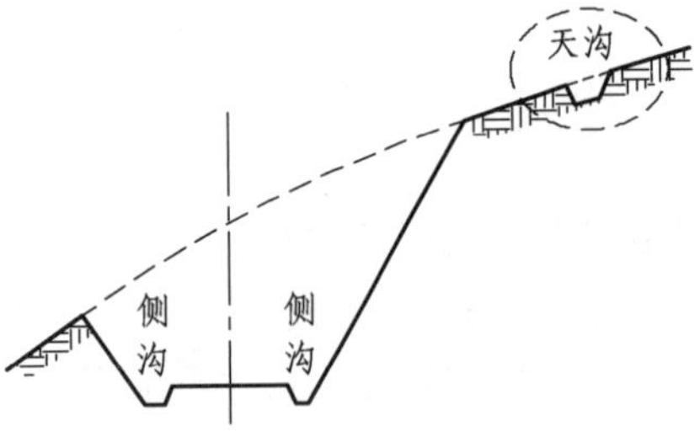

图 2.1.9　天沟和侧沟

图 2.1.10　天沟实景图

地面横坡明显地段的排水沟，天沟可在横坡上方一侧设置，当地面横坡不明显时，宜在路基两侧设置，路堑顶部无弃土堆时，天沟内边缘至整顶的距离不宜大于 5 m。当沟内采取加固防渗措施时，距离不应小于 2 m。

侧沟、天沟、排水沟的横断面，应有足够的过水能力。当不需按流量计算时，可采用路堑地段的侧沟底宽 0.4 m、深度 0.6 m，干旱少雨地区或硬质岩石地段的侧沟深度可减少至 0.4 m。

（4）截水沟。

截水沟设在台阶形路堑边坡的平台上，用于截排边坡平台以上坡面的地表水。

2. 地下排水设施

路基范围内的地下水及其活动，往往给路基的稳定性带来很大的危害。例如，对于一般的黏性土及泥质岩石的路堑，由于地下水的存在，增加了路基土体中的含水量，降低了其抗剪强度，在列车荷载及其他外力的作用下，产生路基病害或严重变形；地下水浸湿基床土，将引起翻浆冒泥、冻胀、路肩隆起等基床病害；地下水在边坡中的活动，可引起表土滑动、溜坍等边坡变形。

（1）明沟和排水槽。

明沟和排水槽（见图 2.1.11 和图 2.1.12）侧壁有渗水孔，是兼排地面水及地下水的排水设备。主要用于拦截、引排地下埋藏不深（一般在 2 ~ 3 m）的潜水及上层滞水，并可兼排地表水。明沟的深度一般不超过 1.2 ~ 1.5 m，明沟通常采用梯形断面，沟壁边坡用浆砌片石铺砌。排水槽通常采用矩形断面，底宽 0.6 ~ 1.0 m，浆砌片石砌筑。

图 2.1.11 明沟实景图

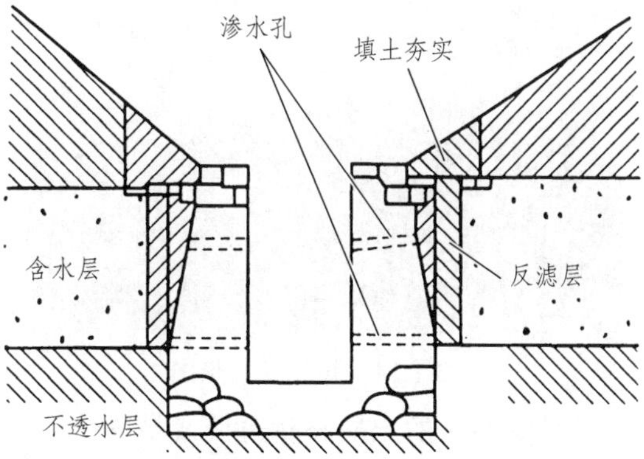

图 2.1.12 排水槽

（2）边坡渗沟和支撑渗沟。

边坡渗沟用于疏干潮湿的边坡和引排边坡局部出露的上层滞水或泉水，适用于边坡不陡于 1∶1 的土质路堑边坡。平面形状可作条带形、分岔形和拱形（见图 2.1.13）等。局部湿土或泉水出露处，宜用条带形布置，对于较大范围湿土，宜用分岔形布置。

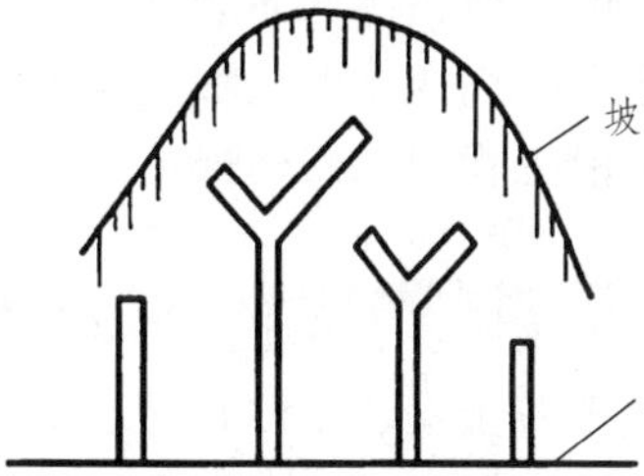

（a）条带形和分岔形布置

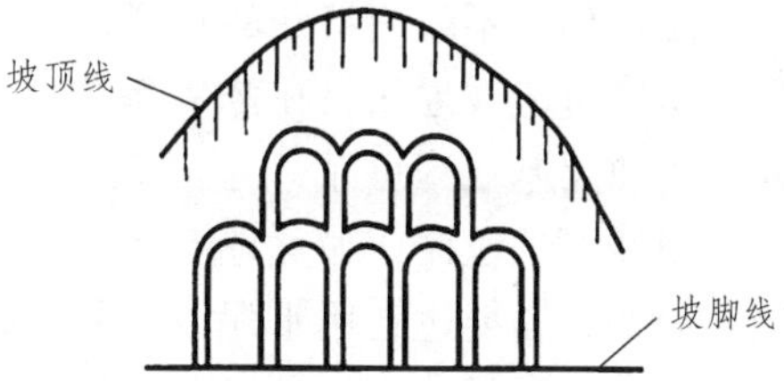

（b）拱形布置

图 2.1.13 边坡渗沟

支撑渗沟主要起支撑可能滑动的不稳定土体或山坡，排除在滑动面附近活动的地下水，兼起排除地下水和疏干土壤中水的作用。

（3）截水渗沟和引水渗沟。

截水渗沟用于拦截地下水，引水渗沟用于引排山坡、洼地或路基内的地下水。渗沟底部设置矩形或圆形排水通道，渗沟出水口通常为重力式挡墙的端墙。

除此之外，还有无砂混凝土渗沟、渗水隧洞、集水渗井等排水设备。

（三）路基防护加固设施

1. 路基边坡破坏最主要的原因

路基边坡破坏最主要的原因是水的影响。因此，坡面防护主要就是保护路基边坡表面免受雨水冲刷，减小温度及湿度变化的影响，防止或延缓软弱石土表面的风化、剥落等演变过程，从而保护路基边坡的整体稳定性。

2. 边坡防护类型

为保证路基的坚固稳定，对手自然因素作用易被破坏的边坡可选用水泥砂浆、干砌或浆砌片石护坡，铺草皮或植树、喷浆或喷锚等坡面防护措施，如图 2.1.14 和图 2.1.15 所示。

图 2.1.14　植物边坡防护

图 2.1.15　喷护

对易受冲刷的土质路堑边坡或易风化但未遭强风化的岩石，在路堑坡表面应喷射一层保护层。当岩石风化破碎较为严重，单纯用喷浆防护，其边坡稳定性达不到要求，此时可采用锚杆铁丝网喷混凝土或喷浆防护。先在坡面上锚固锚杆，并焊上预制好的金属网，再施以喷浆或混凝土。对缓于 1∶1 的各种土质、土夹石及岩质边坡，坡面受地表水流冲蚀产生冲沟、泥流、小型表层溜坍，均可采用砌石护坡防护

3. 特殊地质路基的加固措施

铁路线路要经过不同的地段，就可能会遇到各种特殊的地质，比如会经过滑坡区、软土区等特殊地段。如果不采用特殊的对策，线路在建成后会发生病变，严重者甚至坍塌。

如果铁路经过滑坡地区，在修建路基时，就会增加抗滑工程，如修建挡土墙、抗滑坡等特殊的处理，使路基稳固可靠，运营畅通。

如果线路经过软土区，如盆地周围、海滨平原等地区的土质多为软土，为避免路堤的开裂、下沉等病变，需要进行用水泥或石灰在软土地基中设置灰土桩、用砂石进行铺垫等排水固结的方法。客运专线、高速铁路在经过软土区，必要时可采用以桥代路的措施。

如果线路经过裂土区，这种土质由于会反复膨缩变形，因此，在裂土区施工时，应采用换土的方法，填进非膨胀的黏土或砂石、砾石等粗粒土，或在原膨胀土中添加石灰，粉煤灰等进行加固。

当然，随着铁路施工部门新材料、新工艺、新技术的不断发展和使用，在特殊地质采用的加固措施还有很多，效果也将越来越显著。

二、铁路桥隧建筑物

在修建一条铁路时，常常会碰到江河、山谷、山岭、公路或者与另外一条铁路交叉，为了让铁路跨越这些地形上的障碍，就需要修建各种各样的铁路桥隧建筑物，以使铁路线路得以继续向前延伸。桥隧建筑物主要包括桥梁、隧道、涵洞等。

（一）铁路桥梁

1. 桥梁的组成

桥梁主要由桥面、桥跨结构、墩台及基础三大部分组成，如图 2.1.16 所示。

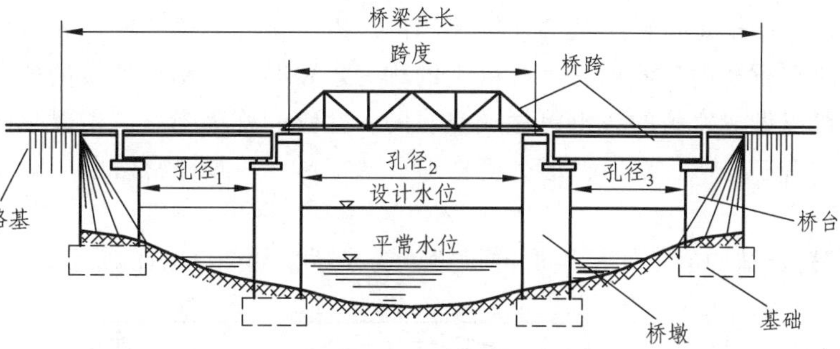

图 2.1.16　桥梁组成示意图

桥面部分包括在桥梁上铺设的轨道、人行道、护栏和避车台及其他附属设施。

桥跨结构是指桥梁承受荷载、跨越障碍的部分，其主要形式是梁或拱。

墩台是支撑桥跨结构的部分，它一般包括桥墩和桥台。其中，设于桥梁中部，两面均支撑桥跨结构的支撑体称为桥墩；设于桥梁两端，一面与路基相连，另一面支撑桥跨结构的支撑体称为桥台。桥墩与桥台的底部与大地相接的部分称为基础。桥台和桥墩都是由台（墩）帽、台（墩）身和基础组成。

桥的作用是支撑从它左右两跨的上部结构通过支座传来的竖向力和水平力。由于桥墩建筑在江河之中，因此它还要承受流水压力，水面以上的风力和可能出现的冰压力、船只的撞击力等。所以，桥墩在结构上必须有足够的强度和稳定性，在布设上要考虑桥墩与河流的相互影响。

桥台是桥头两端的支承结构物，它是联结两端路基的构筑物。它既要承受支座传递来的竖向力和水平力，还要挡土护岸，承受台后填土及填土上荷载产生的侧向土压力。因此桥台必须有足够的强度，并能避免在荷载作用下发生过大的水平位移、转动和沉降。

两个相邻墩台之间的空间叫桥孔，每个桥孔在设计水位处墩台之间的距离叫作孔径；从桥跨结构底部到设计水位的高度以及相邻两墩台之间的限界空间，叫作桥下净空；每一桥跨两端支座间的距离，叫作跨度；整个桥梁包括墩台在内的总长度，称为桥梁的全长。其中，桥梁的孔径和桥下净空应能满足排泄洪水、泥石流、流水或船舶通航的要求。

2. 桥梁的种类

铁路桥梁种类繁多，大致可按照桥跨结构、建桥材料、承重方式及桥梁长短来分类。

（1）按桥跨结构分类。

① 梁桥。将架桥的梁支承在桥梁的墩、台上所形成的桥就是梁桥，如图 2.1.17 所示。

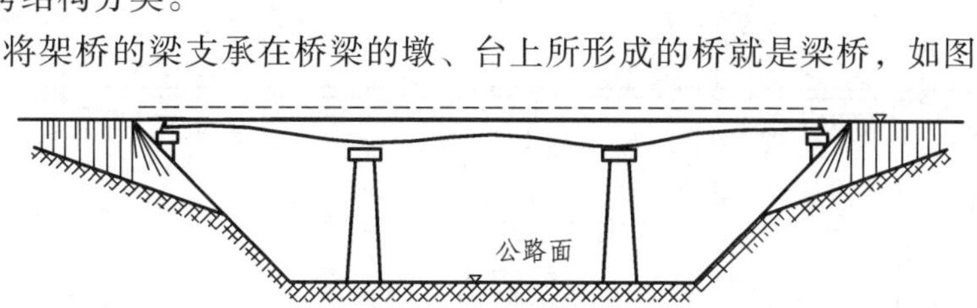

图 2.1.17　梁桥

梁桥是一种最古老且最简洁的桥梁，也是铁路建设采用最多的基本桥式。它可细分为简支梁桥、连续梁桥和悬臂梁桥。所谓简支梁是指梁的两端分别为铰支（固定）端与活动端的单跨梁式桥。连续梁桥是指桥跨结构连续跨越两个以上桥孔的梁式桥。在桥墩上连续，在桥孔内中断，线路在桥孔内过渡到另一根梁上的称为悬臂梁，采用这种梁的桥称为悬臂梁桥。梁式桥的梁身可以做成实腹的，也可做成空腹的，空腹的称为桁梁。桁梁也叫桁架。桁架的类型五花八门，有三角形、双斜杆形、菱格形、米字形、多腹杆密格形、K 形、W 形、空腹形等。

② 拱桥。桥跨结构的主体呈拱形的桥梁就为拱桥，如图 2.1.18 所示。

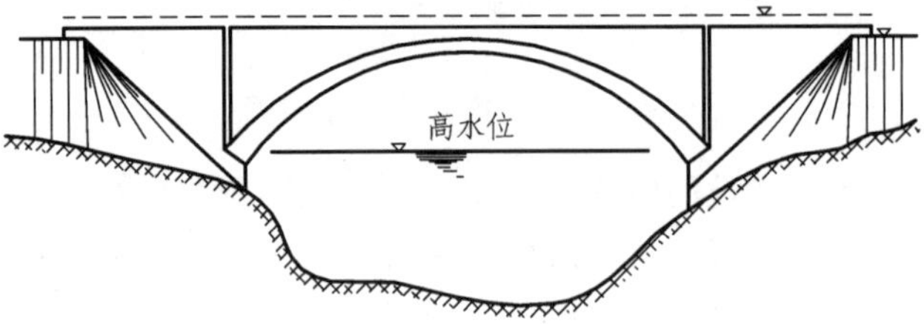

图 2.1.18　拱桥

拱式桥由拱上建筑、拱圈和墩台组成。在竖直荷载作用下，作为承重结构的拱肋主要承受压力，拱桥的支座既要承受竖向力，又要承受水平力，因此拱式桥对基础与地基的要求比梁式桥要高。拱式桥按桥面位置可分为上承式拱桥、中承式拱桥和下承式拱桥。

③ 钢架桥。梁与墩台连成一个整体的桥梁就叫作钢架桥，如图 2.1.19 所示。

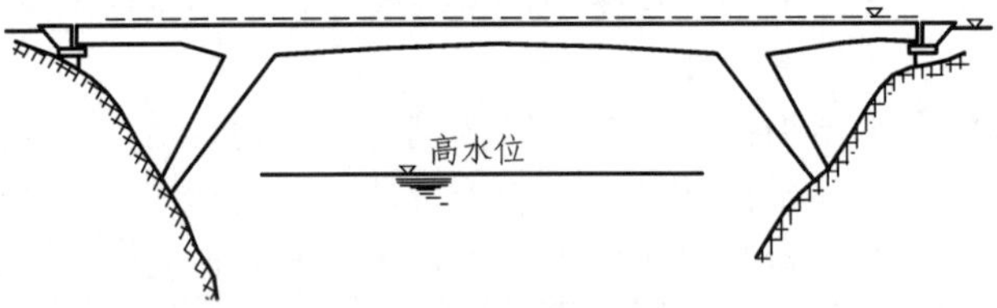

图 2.1.19　钢架桥

刚架桥根据外形可分为门形刚架桥，斜腿刚架桥和箱形桥。斜腿刚架桥可应用于山谷、深河陡坡地段，避免修建高墩或深水基础。箱形桥刚架桥的梁跨、腿部和底板联成整体，刚性好，适用于地基不良的情况和既有线下采用顶推法施工。

④ 斜拉桥。由梁、斜拉索、塔架组成的桥叫作斜拉桥，图 2.1.20 所示。

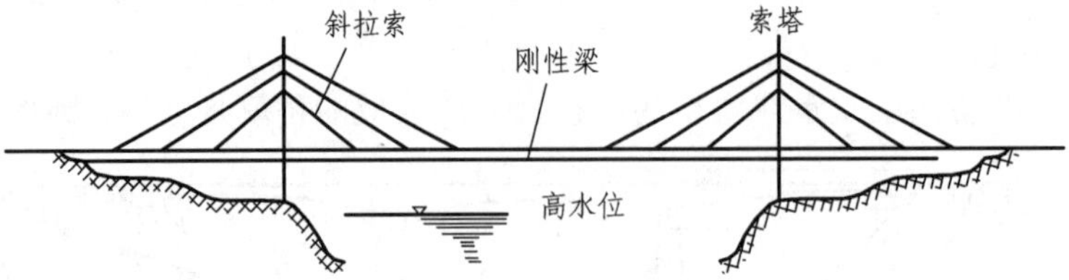

图 2.1.20　斜拉桥

斜拉桥是一种自锚式体系，斜拉索的水平力由梁承受、梁除支承在墩台上外，还支承在由塔柱引出的斜拉索上。按梁所用的材料不同可分为钢斜拉桥、结合梁斜拉桥和混凝土梁斜拉桥。

⑤ 悬索桥。用缆索作为主要承重结构，桥面用吊索或吊杆挂在缆索上的桥梁叫作悬索桥，如图 2.1.21 所示。

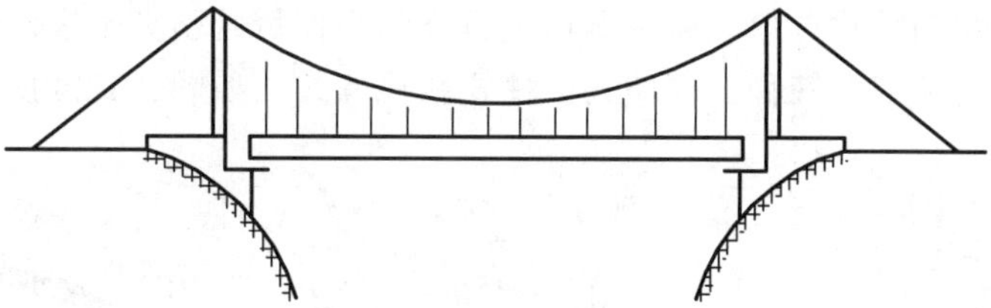

图 2.1.21　悬索桥

悬索桥是以悬索跨过塔顶的鞍形支座锚固在两岸的锚锭中，作为主要承重结构。在缆索上悬挂吊杆，桥面悬挂在吊杆上。由于这种桥可充分利用悬索钢缆的高抗拉强度，具有用料省、自重轻的特点，是现在各种体系桥梁中能达到最大跨度的一种桥型。

除以上 5 种桥梁基本结构形式外，还有一种其承重结构系由两种结构形式组合而成，称为组合体系桥梁。如梁与拱的组合，以九江长江大桥为代表；梁与悬吊系统的组合，以丹东鸭绿江大桥为代表；梁与斜拉索的组合，以芜湖长江大桥为代表等。

（2）按桥梁跨越的障碍分类。

① 跨河桥。跨越江河、湖泊的桥梁叫作跨河桥。

② 跨线桥。铁路与铁路、铁路与公路相互交叉时所建的桥梁叫作跨线桥（又称立交桥），如图 2.1.22 所示。

③ 高架桥。跨越宽谷、深沟的桥梁叫作高架桥（又称栈桥或旱桥），如图 2.1.23 所示。

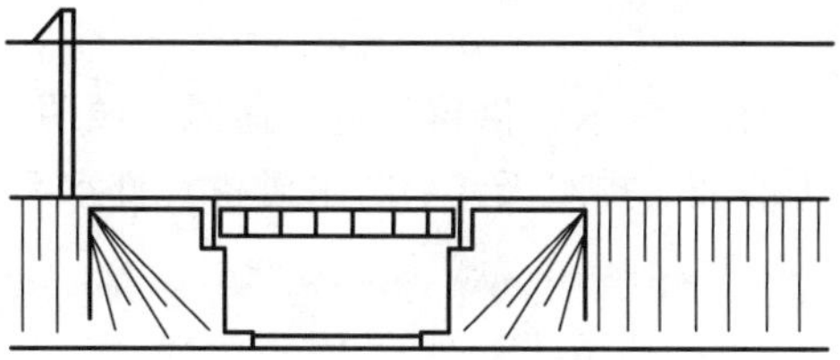

图 2.1.22　跨线桥

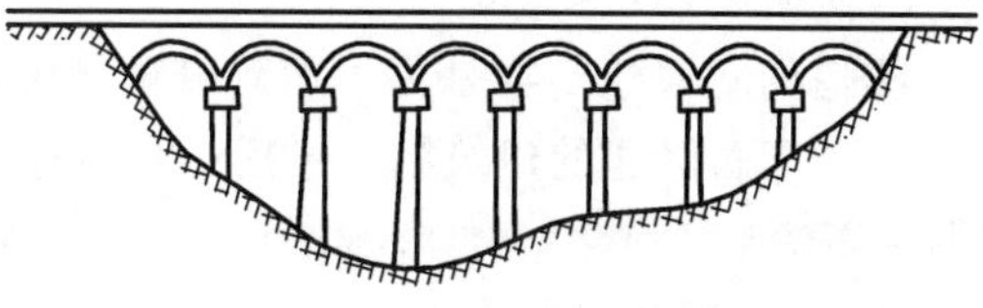

图 2.1.23　高架桥

（3）按桥梁长度分类。

小桥：桥长 < 20 m；中桥：20 m≤桥长 < 100 m；大桥：100 m≤桥长 < 500 m；特大桥：桥长≥500 m。

（二）铁路隧道

铁路隧道是修建在地下或水下并铺设铁路供机车车辆通行的地下建筑物。在修建一条铁路时，通常会碰到山岭、江河、湖泊甚至于海峡以及地表建筑物等障碍，为了引导铁路线路穿越这些障碍，就需要修建铁路隧道。铁路隧道也是铁道线路非常重要的组成部分和重要的工程节点。

1. 隧道的基本组成

隧道是修筑在底层内的建筑物，铁路隧道结构由主体建筑物和附属建筑物组成。

（1）主体建筑物。

主体建筑物包括洞门、洞身衬砌，其作用是保持隧道的稳定，保证列车安全运行。

① 洞门。洞门是隧道进出口处的建筑物，其主要作用是保持洞口上方及两侧路堑边坡的

稳定，另外还起到装饰美化洞口、减少洞口土石方的开挖量、引离地表水流等作用。

目前常见的洞门类型有三种：端墙式、柱式和翼墙式，如图 2.1.24 所示。

（a）端墙式洞门　　（b）柱式洞门　　（c）翼墙式洞门

图 2.1.24　三种常见的洞门类型

② 洞身衬砌。在隧道开挖后应适时地紧贴坑道洞边的围岩，用浆砌石、混凝土、钢筋混凝土等材料砌筑层永久性的支护结构物，这层支护物称为隧道衬砌。其主要承受地层压力，维持岩体稳定，阻止坑道周围地层变形。洞身衬砌由拱圈、边墙、托梁和仰拱组成。拱圈位于坑道顶部，呈半圆形，为承受地层压力的主要部分。边墙位于坑道两侧，承受来自拱圈和坑道侧面的土体压力，在较好的岩层中采用直边墙，在松软地层中则采用曲边墙。托梁位于拱墙和边墙之间，为防止拱圈底部挖空时发生松动开裂，用来支撑拱圈。仰拱位于坑底，形状与一般拱圈相似，但弯曲方向与拱圈相反，用来抵抗土体滑动和防止底部土体隆起。

（2）附属建筑物。

隧道的附属建筑物是为了运营管理、维修养护、给水排水、供蓄发电、通风、照明、通信、安全等而修建的建筑物，包括：大小避车洞、边仰坡、排水天沟、防水设备及排水系统、通风系统等。

① 避车洞及其作用。

a. 小避车洞:保证隧道内维修人员的安全。

b. 大避车洞:存放工具材料。

c. 隧道两侧，每隔 60 m 设置一小洞，每隔 300 m 设置一大洞。

② 防排水设施。

我国的隧道防排水技术，采用以“排”为主，“截、堵、排”的综合治水方法。

a.“截”：截断地表水、地下水流入隧道的通道。

b.“堵”：在洞身衬砌内设置防水层，防止地下水渗入隧道。

c.“排”：将洞身衬砌后的积水引入隧道，通过隧道内的水沟排出。

2. 隧道的分类

（1）按长度分类。

① 特长隧道：全长 10 000 m 以上。

② 长隧道：全长 3 000 ~ 10 000 m。

③ 中长隧道：全长 500 ~ 3 000 m。

④ 短隧道：长度小于 500 m。

（2）按所处位置分类。

根据隧道所在的地层位置不同有山岭隧道、水下隧道和城市隧道。这三类隧道中修建最多的是山岭隧道。

① 山岭隧道。在山区修建铁路时，为避免开挖深路堑、修建大坡道或过长的迂回线，从山岭或丘陵下开凿隧道往往会改善线路条件、提高运输效率、节省运营费用。这样为缩短距离和避免大坡道或深路堑而修建的隧道称为山岭隧道。

② 水下隧道。在有江河、湖泊以及海峡等障碍阻挡铁路的地段，由于架桥存在一定的技术难题（如地质结构不利于架桥）时，可选用修建隧道的方法来延展铁路线路。这样修建在江河、湖泊甚至海峡底部的隧道叫作水底隧道。

③ 城市隧道。为适应铁路通过大城市，不影响城市地面建筑与交通，而需要在城市地下穿越的隧道称为城市隧道。

（三）涵　洞

涵洞是指铁路与沟渠相交的地方使水从路下流过的通道，习惯上把埋在路堤下部的作用于通过水流或可通过人与车的建筑物都称为涵洞，前者称为过水涵，后者称为交通涵或通道涵。

涵洞与小巧的主要区别是：涵洞顶上有一定厚度的填土，涵洞处的路堤是连续的，而小桥使路堤断开，即桥上没有填土，涵洞的孔径较小，最大也不超过 6 m，当孔径在 6 m 以上时，不论顶面是否填土均称为桥。

1. 涵洞的组成

涵洞通常由洞身、洞口建筑两大部分组成，如图 2.1.25 所示。

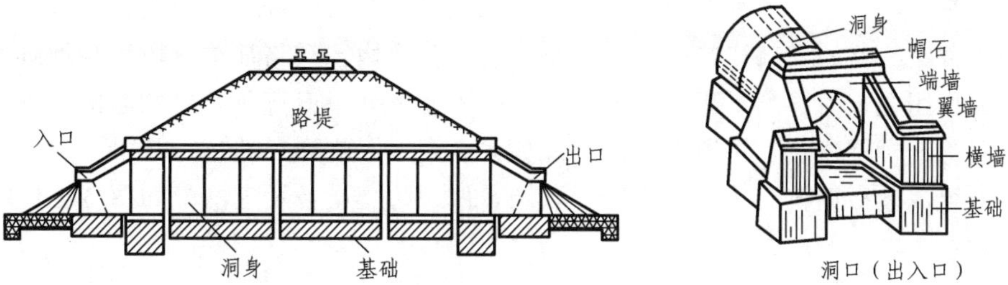

图 2.1.25　涵洞

（1）洞身。

洞身形成过水孔道的主体，它应具有保证设计流量通过的必要孔径，同时又要求本身坚固而稳定。洞身的作用一方面保证水流通过；另一方面也直接承受荷载压力和填土压力，并将其传递给地基。洞身通常由承重结构（如拱圈、盖板等）、涵台、基础以及防水层、伸缩缝等部分组成。钢筋混凝土箱涵及圆管涵为封闭结构，涵台、盖板与基础连成整体，涵身断面由箱节或管节组成，为了便于排水，洞身还应有适当的纵坡，其最小坡度为 0.3%。

（2）洞口建筑。

洞口是洞身、路基、河道三者的联结构造物。洞口建筑由进水口、出水口和沟床加固三部分组成。洞口的作用是：一方面使涵洞与河道顺接，使水流进出顺畅；另方面确保路基边坡稳定，使之免受水流冲刷。沟床加固包括进出口调治构造物，减冲防冲设施等。

2. 涵洞的类型

（1）按作用分类：泄洪涵、交通涵、灌溉涵。

（2）按材料分类：石涵、混凝土涵、钢筋混凝土涵。

（3）按有无基础分类：有基涵洞、无基涵洞。

（4）按洞身截面形状分类：拱涵、圆涵、盖板箱涵（见图 2.1.26）。

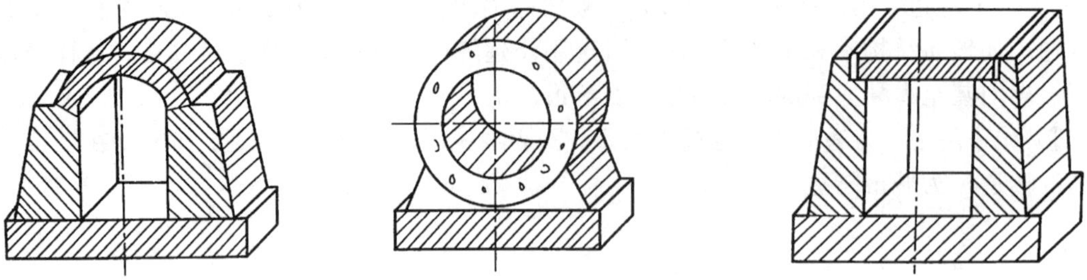

（a）拱涵　　（b）圆涵　　（c）盖板箱涵

图 2.1.26　按洞身截面形状的分类

技能训练

训练任务：画出路堤与路堑式路基横断面示意图。

任务二　轨道认知

【相关知识】

轨道为铁路线路的上部建筑，是一个整体的工程结构，在路基与桥隧建筑物修建完成后铺设。它的作用在于引导列车运行，并将列车的重量及列车运行所产生的冲击力进行逐级向下传递至路基或桥隧建筑。轨道结构的状况如何会直接影响列车的运行效果。

轨道的组成包括钢轨、轨枕、道床、联结零件、防爬设备及道岔，如图 2.2.1 所示为轨道组成的示意图。

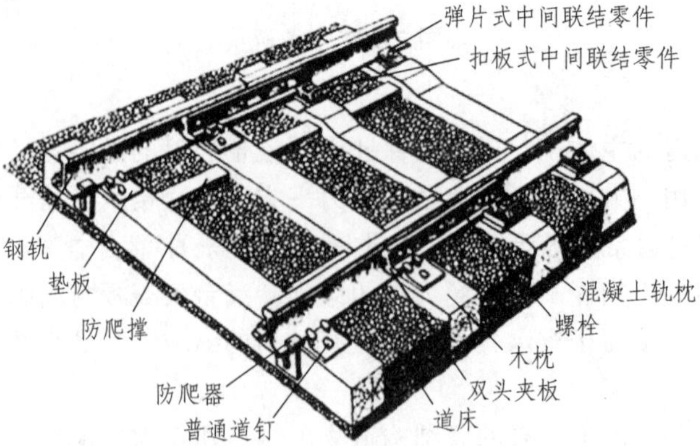

图 2.2.1　轨道组成示意图

一、钢　轨

1. 钢轨的作用

钢轨是直接支撑机车车辆轮对并引导车轮运行的主要轨道部件。钢轨一方面要承受机车车辆的重力及列车运行过程中所产生的冲击力，并将其传递给轨枕；另一方面就是引导车轮运行，实现对机车车辆或列车运行方向的控制。在电气化铁路或自动闭塞区段，钢轨还兼作轨道电路的导电体。钢轨不仅应具有足够的强度、稳定性和耐磨性，还要有韧性。

2. 钢轨的组成

钢轨的断面似工字形，由轨头、轨腰、轨底三部分组成，如图 2.2.2 所示。

钢轨头部呈弧形以适合轮轨的接触，为了耐磨和抵抗压溃，应具有足够的面积和厚度；钢轨的腰部应有足够的高度，以提高钢轨抵抗挠曲的能力；钢轨底部应有足够的厚度和宽度，以保证其稳定性。

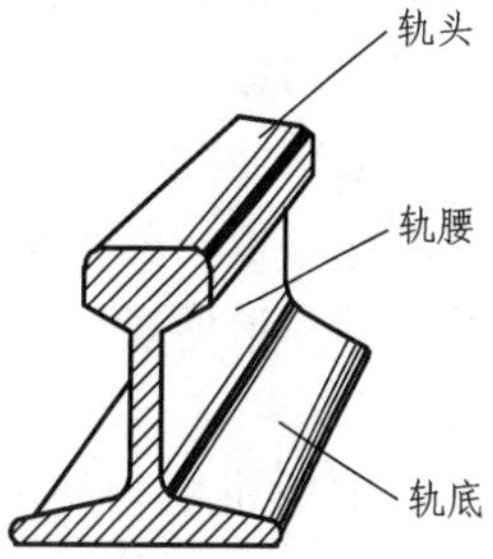

图 2.2.2　钢轨断面示意图

3. 钢轨的类型

钢轨的类型或强度以每米长度的大致质量千克数来表示。目前，我国现行的标准钢轨类型主要有 75 kg/m、60 kg/m、50 kg/m、43 kg/m 等几种。《技规》规定：新建、改建铁路正线采用 60 kg/m 钢轨的跨区间无缝线路，重载铁路正线宜采用 60 kg/m 及以上类型钢轨的无缝线路。钢轨优先 100 m（60 kg/m）、75m（75 kg/m）长定尺轨。

4. 钢轨的长度

我国标准钢轨长度有 12.5 m 和 25 m 两种。特重型、重型轨采用 25 m 的标准长度钢轨，其他类型可采用 12.5 m/25.0 m 标准长度钢轨。用于曲线上的标准缩短轨有比 12.5 m 标准轨短的 40 mm、80 mm 和 120 mm 三种，有比 25.0m 标准轨短 40 mm、80 mm 和 160 mm 的三种。

5. 钢轨的轨缝

普通钢轨有热胀冷缩的性能，为适应钢轨伸缩，铺轨时在两根钢轨的接头处应留有适当的轨缝。钢轨接头的预留轨缝应根据钢轨长度、当地历史最高及最低轨温、更换钢轨或调整轨缝时的轨温经计算确定。一般情况下钢轨接头轨缝设为 8 mm，钢轨绝缘接头轨缝不得小于 6 mm。在列车长期运行作用下，钢轨会不可避免地产生各种伤损，如折断、裂纹及磨耗过限等，为保证列车运行安全，出现钢轨伤损应及时更换。

二、轨　枕

1.轨枕的作用

轨枕的作用是承受钢轨传来的作用力，并将其传递于道床，使之有效地保持钢轨的位置和钢轨之间的距离。因此，轨枕应具有一定的坚固性、弹性和耐久性。列车经过时，它可以适当变形以缓冲压力，但列车过后还得尽可能地恢复原状。

2. **轨枕的分类**

根据轨枕材料的不同，轨枕分为木枕和钢筋混凝土枕。

① 木枕。木枕具有弹性好、易加工、使用方便、便于更换等优点，但因强度不足，使用寿命短等原因，只有个别地段才会使用，而且在上道前需要经过特殊的防腐处理。我国木材资源匮乏、价格贵，在主要干线上已逐渐被钢筋混凝土枕取代。

② 混凝土枕。钢筋混凝土枕是用混凝土制成并配有钢筋的轨枕，简称混凝土枕。混凝土枕有普通钢筋混凝土枕和预应力钢筋混凝土枕两种。普通钢筋混凝土枕制作简单，但耗钢量大，容易产生裂纹，现已被预应力钢筋混凝土枕所代替。预应力钢筋混凝土枕由于预先施加预应力，因此耗钢量少，且不宜开裂，使用寿命长。

由于轨枕在道床上不能连续地支撑钢轨，使道床的局部受力较大，轨道沉陷也较多，因而维修费用也较大。为了适应运量增大和行车速度提高的需要，现在采用一种宽混凝土轨枕，它比普通钢筋混凝土轨枕薄、宽，而且在轨道上是连续铺设的，所以轨道的沉陷较小，只要初期调整好了，就不易发生坑洼不平的现象，道床也不易污染，日常维修工作量较小。由于它的底部和道床接触面积大，上部和轨底接触面积大，因而改善了钢轨受力条件，有利于高速行车。

I、II 型混凝土枕一般为 220 ~ 250 kg，III 型混凝土枕一般为 350 kg 左右。

III 型混凝土枕主要用于重载、提速的铁道线路，这是因为轨枕重量的增加，可减少轨枕本身的振动加速度，且随行车速度的提高，减小的幅度增大。轨枕的振动加速度，将会使道床表面承受较大的动力荷载，加速道床的破坏和变形，增加线路的维修工作量。轨枕重量的增加，导致高频冲击力的增加而低频冲击力的减小，使道床应力降低，减少线路下沉，有利于保持轨面的平顺性。至于高频冲击力的增加，可通过减少轨枕铺设的根数来弥补。而Ⅲ型轨枕不仅重量大，而且本身强度和支承面积都有大幅度提高。

3. **轨枕的间距**

轨枕铺设的疏密程度和间距大小跟列车运量、行车速度及道床类型有关。间距较小时，路基、道床、钢轨以及轨枕本身所受的作用力均小，但间距过小则增加工程费用，且影响道床的捣固作业。轨枕间距一般为 52 ~ 62 cm。我国铁路一般以每千米铺设轨枕的根数间接反映轨枕的间距。每千米线路上铺设的轨枕数量，根据运量、最高行车速度等运营条件不同而不同。线路要求的强度越大，轨枕也应布置得越密，一般每千米 1 520 ~ 1 840 根。《高速铁路设计规范》规定正线有砟轨道采用Ⅲ型混凝土轨枕，每千米铺设 1 667 根。

三、道　床

道床是指铺设在路基顶面上的道砟层，其主要作用有：支撑轨枕，并均匀地传递轨枕压力于路基上；保持轨枕位置；排除地面雨水；使轨道具有足够的弹性，减缓列车的冲击震动，校正线路的平纵断面等。

我国铁路采用的道床材料主要是碎石和筛选的卵石。道床断面包括道床厚度、顶面宽度及边坡坡度三个主要特征，如图 2.2.3 所示。

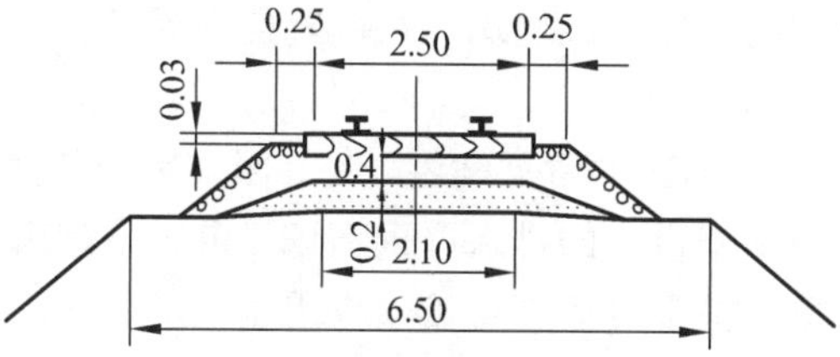

图 2.2.3　道床断面示意图（单位：m）

道床的厚度指直线上钢轨或曲线上内轨中轴线下轨枕底面至路基顶面的距离。道床弹性是由相互接触的道砟颗粒之间的弹性所引起的。通常情况下，道床弹性与道床厚度成正比，并随道砟颗粒粒径的增大、道床空隙比的增加而增加。

道床顶面宽度与轨枕长度和道床肩宽有关。轨枕长度基本上是固定的，因此道床顶面宽度主要决定于道床肩宽。实践结果表明，增大肩宽可以容许采用较陡的边坡，而减小肩宽则必须采用较缓的边坡。

边坡坡度指的是边坡的高度与宽度之比。坡度过小会增加开支，过大又不安全，所以边坡坡度应根据挖方深度、土质和地下水的实况，按《土方和爆破工程施工及验收规范》的规定来决定。当坡顶有静载或动载时，其坡度应相应放宽。放坡可放成斜坡，或按施工需要放成阶梯形。

道床分为普通有砟道床、沥青道床和混凝土整体道床。

① 有砟道床通常由具有一定粒径、级配和强度的硬质碎石堆集而成，在次要线路上也可以使用级配卵石或粗砂。有砟道床除了传递压力外，还可以排除轨道中的脏水、阻止轨枕移动钢轨、缓和车轮对钢轨的冲击，使钢轨具有足够的弹性。但是有砟道床随着时间的推移，道床空隙会被脏物填塞而变得板结，排水性能、承载能力都会降低，失去应有的弹性。

② 沥青道床是用沥青或其他聚合材料将散粒道砟固化成整体或用沥青混凝土代替碎石道床的一种新型轨下基础。道床灌注施工时不影响行车，简便易行，适用于既有线改造。在运营线上施工时，要求不扰动下层已稳定的原有道床基础，更换轨枕下 5 ~ 20 cm 厚的脏污道砟，调整好轨道，待通过一定运量使道砟稳定后，再灌注沥青。为避免沥青流淌，灌注前须在道床边坡上铺设 10 cm 厚的石碴保护层。

③ 混凝土整体道床由混凝土整体灌筑而成，道床内可预埋木枕、混凝土枕或混凝土短枕，也可在整体道床上直接安装扣件、弹性垫层和钢轨，又称为整体轨道。整体道床具有维护工作量少、结构简单、整体性强及表面整洁等诸多优点，在国内外铁路上均已大量使用。但其最大的缺点就是初期建设投资相对较大，对下部基础要求高，下部变形一旦超出其调整范围，修复非常困难。

随列车荷载的反复作用，碎石道床产生的非正常变形主要包括道砟粉化、道砟坍塌、道床翻浆及道床板结等。

① 道砟粉化。道砟粉化因道砟间的接触压力较大而道砟强度相对不足而引起的。当列车经过时，在巨大接触应力条件下，由于道砟颗粒间的挤压和磨损作用，可造成道砟被压碎或棱角破损，从而出现道砟粉化。

② 道砟坍塌。因道砟棱角被磨损，道砟由最初的多棱角块体逐渐变得表面光滑，因而道砟间的摩擦系数降低，在列车振动荷载的作用下，道砟颗粒难以保持其相对位置而出现大量

滑动或滚动，使堆积成道床的道砟出现坍塌。在钢轨接头等具有较大振动的处尤其容易发生道砟坍塌。

③ 道床翻浆。道床翻浆为道床的常见病害之一，因翻浆和冒泥一般同时出现，故常称作翻浆冒泥。道床翻浆的根源在于道床的排水严重不畅。道床中翻出的泥浆比路基土的颜色要深，雨季时道床翻浆较严重，雨季过后不再发生或明显轻微。

④ 道床板结。因道床排水不畅，石灰岩道砟碴粉化物溶于水中结成硬块，或因道砟被泥浆固结成干硬整块，就容易造成道床板结。道床板结后逐渐失去弹性，引起轨道刚度急剧增加，当列车经过时会产生较大的动力作用，从而加剧列车走行部和轨道部件的破损，缩短设备的使用寿命，严重时会危及行车安全。

四、联结零件

联结零件分两类，连接两根钢轨端部的零件称为接头联结零件；连接钢轨和轨枕的零件称为中间联结零件，即扣件。接头联结零件使车轮能顺利滚过钢轨接头，并保持前后两个钢轨协调工作。扣件将钢轨和轨枕连为一体构成轨道框架，使两个钢轨保持正确的相对位置；扣件提供足够的压力，防止钢轨倾覆，阻止钢轨纵向移动。

（一）接头联结零件

接头联结零件主要由夹板、螺栓和弹簧垫圈组成，如图 2.2.4 所示。夹板又称鱼尾板，因最早设计制作的夹板截面形状如鱼尾而得名。板上一般有 4 个或 6 个螺栓孔。螺栓用以联结夹板和钢轨，螺栓拧紧后，可把两个轨端夹紧，使接头处的钢轨能承受车轮的作用力。弹簧垫圈是用于增加螺母和螺栓螺纹间的压力，防止螺母因列车通过时引起的振动而松脱的零件。

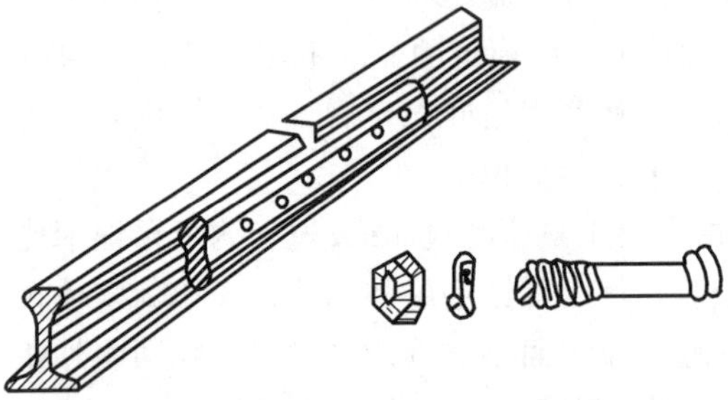

图 2.2.4　接头联结零件示意图

为满足钢轨热胀冷缩的要求，在两钢轨进行联结时需预留一定的缝隙，这一缝隙叫作轨缝。当温度发生变化时，钢轨就可以自由地伸缩了。但是钢轨接头处也是轨道上最薄弱的地方，因为轨缝的存在，使得列车通过时产生冲击力，增加行车的阻力和线路的维修量。

现在，高速铁路多采用无缝钢轨，尽量减少轨缝的数量，以减少列车的通过阻力，减少维修量，同时也增加了行车的稳定性，提高了旅客的舒适度。

钢轨接头按其在两股钢轨上的相互位置分为对接和错接，如图 2.2.5 所示；按其与轨枕的位置分为悬接和垫接，如图 2.2.6 所示。目前我国铁路上均采用悬接又对接的形式。悬接是指钢轨的接头正好处于两根轨枕之间，这种形式弹性较好；对接是指轨道上两股钢轨的接头恰好彼此相对，这样可以避免错接时机车车辆通过时的左右摇摆。

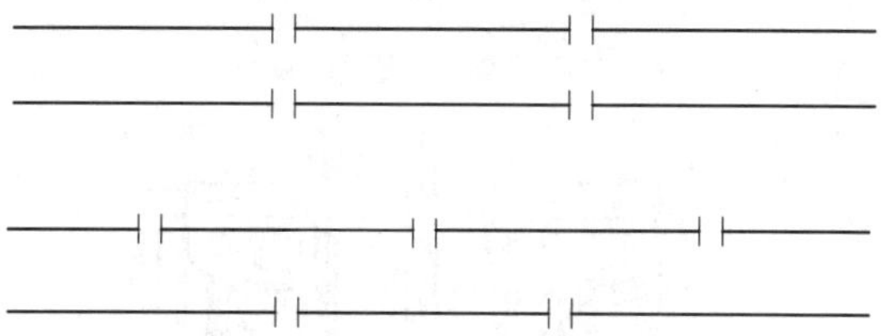

图 2.2.5　对接与错接示意图

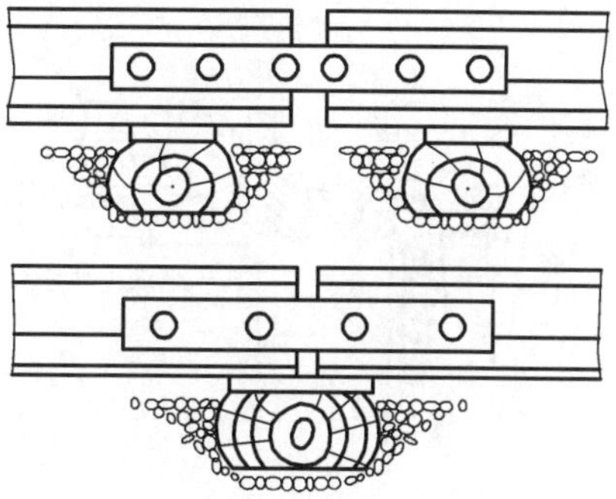

图 2.2.6　悬接与垫接示意图

根据钢轨接头所处位置不同，分为导电接头和绝缘接头两种。

1. 导电接头

导电接头设于自动闭塞区段及电力牵引区段的钢轨接头处，用来传导信号电流或作为牵引电流回路。钢轨接头处的轨间导电装置为两根直径 5 mm 左右的镀锌铁丝，铁丝两端插入锥形截头的镀铅插销中，插销则插入轨腰上的圆孔中，如图 2.2.7 所示。

2. 绝缘接头

绝缘接头设于自动闭塞分区两端的钢轨接头处，用来保证轨道电流不能从这一闭塞分区传到另一闭塞分区。在夹板与螺栓间、钢轨螺栓孔四周及两轨接缝处，均用绝缘材料隔断电流，如图 2.2.8 所示。

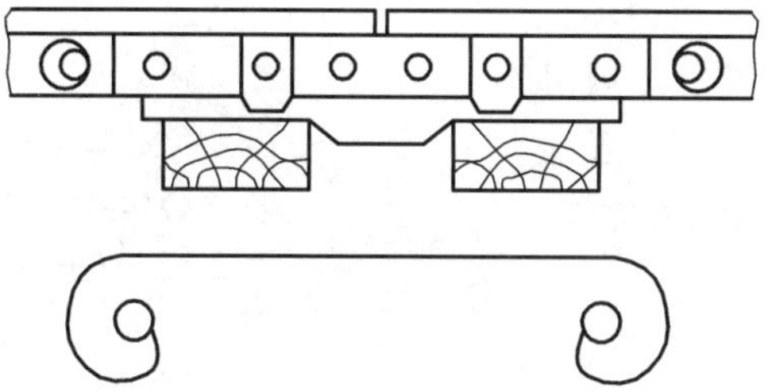

图 2.2.7　导电接头示意图

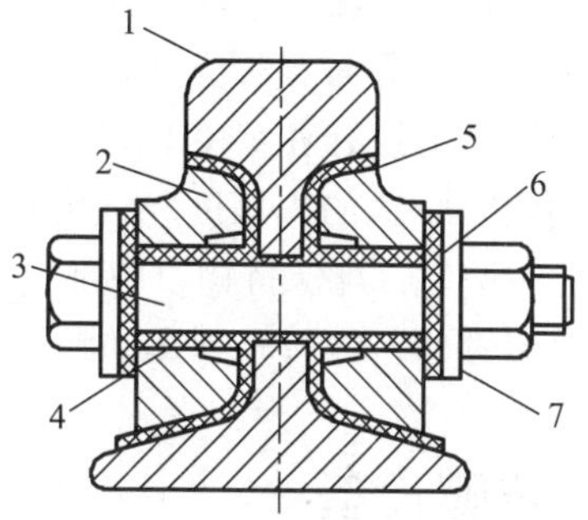

图 2.2.8　绝缘接头示意图

1—钢轨；2—接头夹板；3—高强绝缘螺栓；4—绝缘套管；5—槽型绝缘板；6—高强绝缘垫圈；7—高强钢平垫

（二）中间联结零件

中间联结零件又称轨枕扣件，其作用是将钢轨固定在轨枕上，并保持其稳固位置，防止钢轨作相对于轨枕的纵向或横向移动。

中间联结零件分为钢筋混凝土轨枕用中间联结零件和木枕用中间联结零件。

混凝土枕由于重量大、刚度大的特点，对扣件性能要求较高，对其扣压路力、弹性、和可调性均有较严格的要求。混凝土枕扣件按其结构可分为扣板式扣件（见图 2.2.9）、弹条扣件（见图 2.2.10）以及弹片式扣件三种。

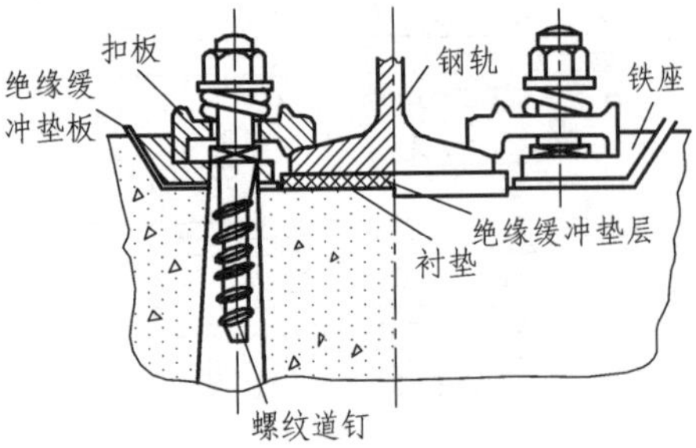

图 2.2.9　扣板式扣件

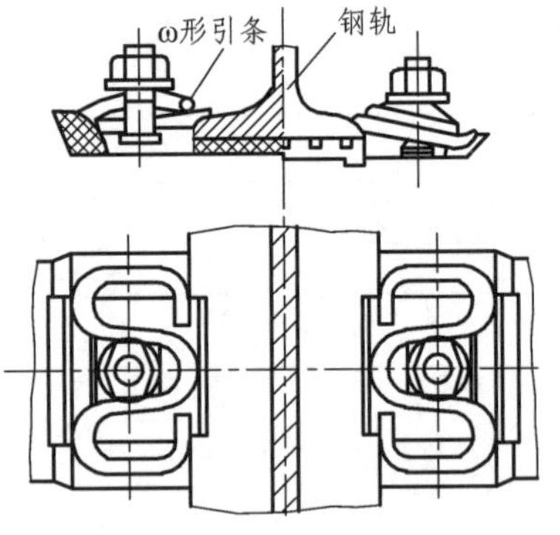

图 2.2.10　弹条式扣件

扣板式扣件由扣板、螺纹道钉、弹簧垫圈、铁座及缓冲垫板组成，螺纹道钉用硫黄泥砂浆锚固在混凝土轨枕承轨台的预留孔中，然后利用螺栓将扣板扣紧。扣板式扣件由于采用扣板作扣压件，弹性不足，扣压力较低，在使用过程中容易垫板松动，目前在我国铁路上已逐渐被弹条式扣件所代替。

弹条式扣件采用弹条作为扣压件，利用材料的弯曲变形及扭转变形，又不存在断面的削弱问题，结构形式比较合理，故而已成为中国混凝土枕轨道的主型扣件。

拱形弹片式扣件由于拱形弹片强度低，容易引起残余变形甚至折断，故在我国铁路上已不再使用。

木枕用的中间联结零件包括道钉和垫板。其连接方式为先用道钉将垫板与木枕扣紧，再另用道钉将钢轨、垫板与木枕一同钉联在一起，如图 2.2.11 所示。垫板在钢轨与木枕之间将从钢轨传来的压力分布到较大的木枕上，以免木枕很快损坏；同时，由于垫板上设有 1∶40 的坡度，钢轨安装在垫板上就可以使两根钢轨有合适的内倾度，使钢轨顶面与车轮踏面接触良好，轨顶磨耗均匀，且保持钢轨中部受力，防止压塌轨头边缘，延长钢轨使用寿命，并减轻列车的蛇形运动。

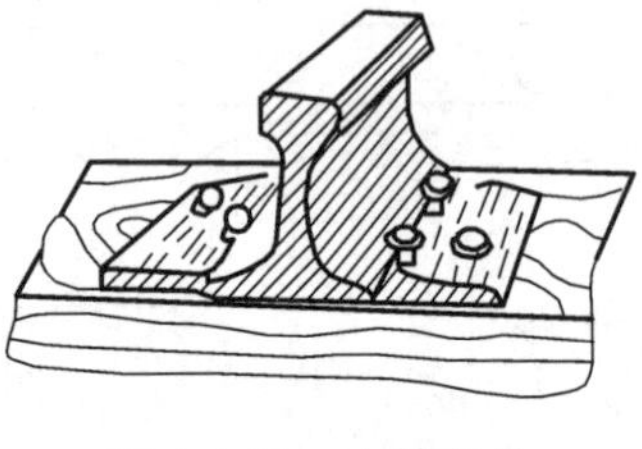

图 2.2.11　木枕扣件

五、防爬设备

列车运行时，常常产生作用在钢轨上的纵向力使钢轨作纵向移动，有时甚至带动轨枕一起移动，这种纵向移动叫作爬行。列车运营速度越高，轴重越大，爬行就越严重。爬行一般发生在复线铁路的区间正线、单线铁路重车方向、长大坡道上和进站时制动范围内。

线路爬行往往引起轨缝不匀、轨枕歪斜等现象，对线路的破坏性很大，甚至造成涨轨跑道，危及行车安全。因此，必须采取有效措施来防止爬行。目前，除了加强轨道的其他有关组成部分以外，通常采用防爬器和防爬撑来防止线路爬行。

我国铁路广泛采用穿销式防爬器，它由带挡板的轨卡和穿销组成，如图 2.2.12 所示。这种防爬器每个可以承受 3 000 kg 的爬行力。

安装防爬器时需注意轨道的爬行方向。应将带挡板的一边顺钢轨爬行的方向紧贴轨枕，并将有轨卡的一边卡住轨底，再用楔形穿销楔紧，使整个防爬器牢固地卡在轨底并与钢轨组成一体。这样钢轨一旦爬行就会带动防爬器，而轨枕则会通过防爬器挡板产生防爬阻力，阻止钢轨爬行。

为充分发挥防爬器的抗爬能力，常在轨枕间安装防爬撑，将 3～5 根轨枕联系起来，共同抵抗钢轨爬行，如图 2.2.13 所示。

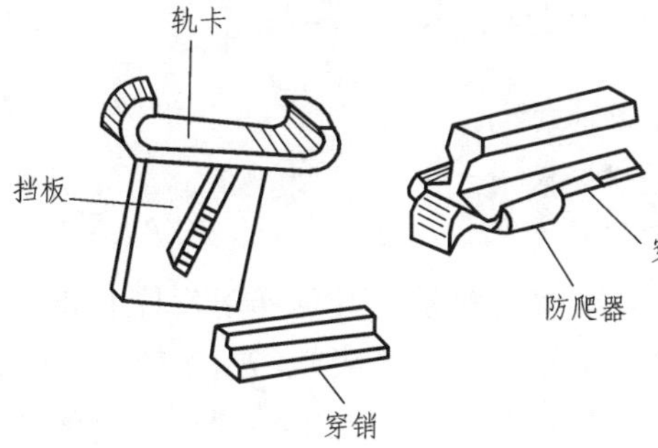

图 2.2.12　穿销式防爬器示意图

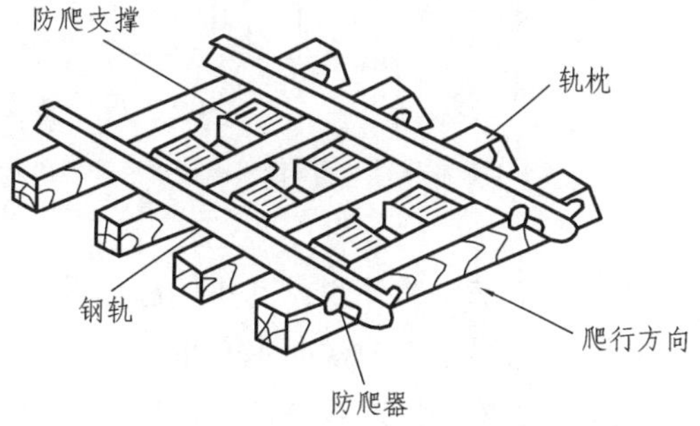

图 2.2.13　防爬设备组装

六、道　岔

道岔是使机车车辆由一条线路转往另一条线路的连接设备，通常设在车站上，是轨道的重要组成部分。道岔结构复杂，通过机车车辆频繁，技术标准要求高，是轨道设备的薄弱环节之一。

为了满足各种情况下的行车要求，我国铁路采用的道岔结构形式有多种，一般常见的有单开道岔、对称道岔、三开道岔和交分道岔等。

（一）单开道岔

在铁路线路上，用得最多的道岔是单开道岔，约占全部道岔的 90%以上，它由转辙部分、辙叉部分和连接部分组成，如图 2.2.14 所示。

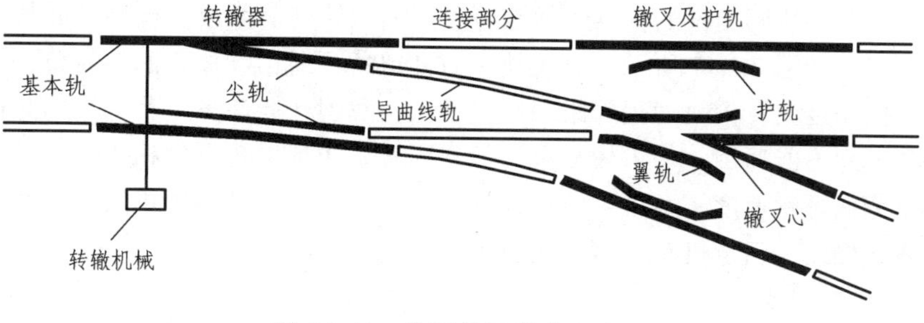

图 2.2.14　普通单开道岔示意图

1. 转辙部分

转辙部分由两根基本轨、两根尖轨及转辙机械等部分组成，如图 2.2.15 所示。

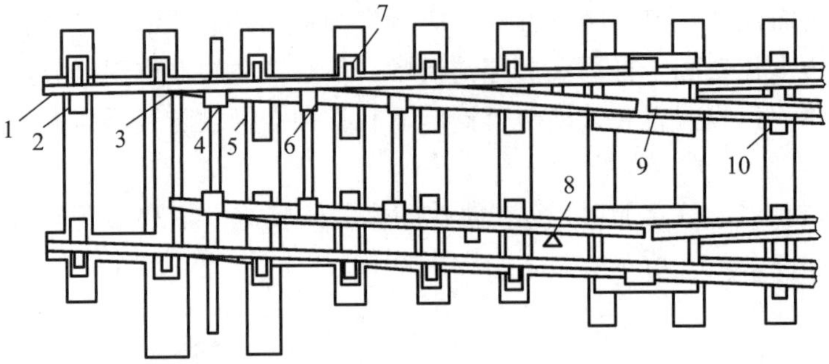

图 2.2.15 转辙部分的组成示意图

1—基本轨；2—辙前垫板；3—尖轨；4—拉杆；5—滑床板；6—连接杆；7—轨撑；
8—顶铁；9—尖轨跟部；10—辙后垫板

基本轨位于尖轨外侧，其作用除承受车轮的垂直压力并经垫板将其传递于岔枕上外，还与尖轨共同承受车轮的横向水平推力，并保持尖轨位置的稳定。由于尖轨与基本轨密贴时会产生一个转辙角，因此转辙部分的轨距必须加宽，以满足机车车辆固定轴距和车轮与钢轨良好接触的需要。

尖轨是转辙部分的主要部件，通过连接杆与转辙机械相连，操作转辙机械可以改变尖轨的位置，确定道岔的开通方向。单开道岔的主线为直线，面向尖轨，侧线由主线向左或向右岔出，分为左开（见图 2.2.16（b））和右开（见图 2.2.16（a）两种形式。

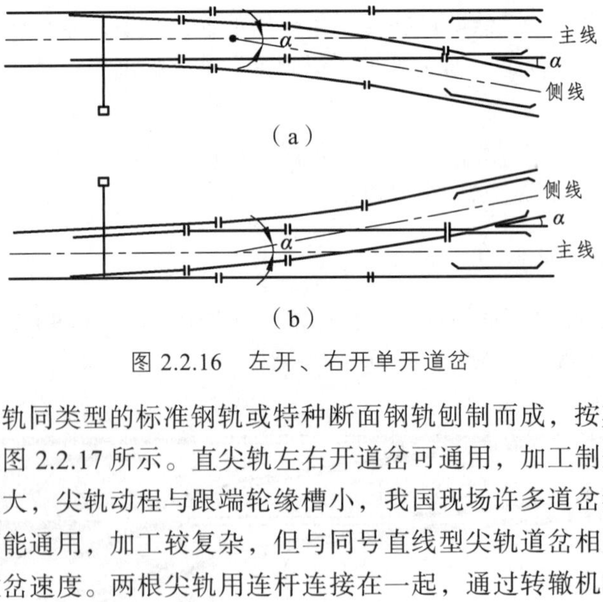

图 2.2.16 左开、右开单开道岔

尖轨是用与基本轨同类型的标准钢轨或特种断面钢轨刨制而成，按其平面状态分为直尖轨和曲尖轨两种，如图 2.2.17 所示。直尖轨左右开道岔可通用，加工制造简单，尖轨尖端刨削部分短，横向刚度大，尖轨动程与跟端轮缘槽小，我国现场许多道岔都采用此种尖轨。曲线尖轨左右开道岔不能通用，加工较复杂，但与同号直线型尖轨道岔相比，可增大导曲线半径，提高列车侧向过岔速度。两根尖轨用连杆连接在一起，通过转辙机械，使两尖轨可以选择地开通直线或侧线，引导机车车辆的运行方向。

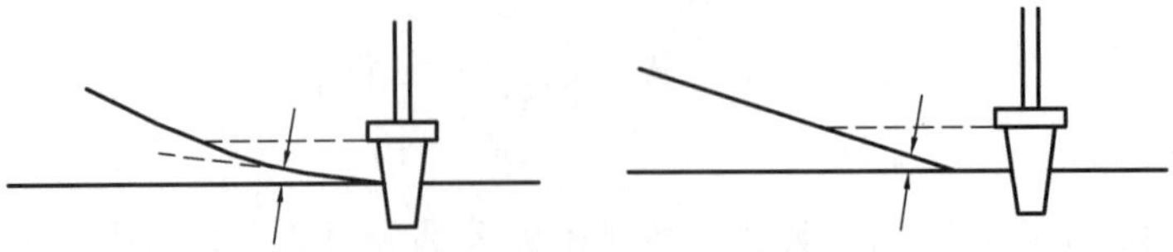

图 2.2.17 道岔尖轨曲、直示意图

尖轨跟端结构要求以跟部为轴，保证尖轨由一个位置扳动至另一个位置时摆动灵活。常见的有间隔铁式尖轨跟端结构与弹性可弯式尖轨跟端结构。

间隔铁式尖轨跟端结构如图 2.2.18 所示。它由间隔铁、夹板、辙跟轨撑以及用于联结的套管、螺栓等组成。间隔铁可保持尖轨跟端处与基本轨有固定的间隔宽度，以保证车轮正常通过；夹板与螺栓相配合可保证跟端联结牢固和尖轨摆动灵活；辙跟轨撑可固定跟端结构的位置。这种跟端结构简单、零件少、尖轨转动灵活，但稳定性较差，易发生病害，一般用在辙岔号数小的道岔上。

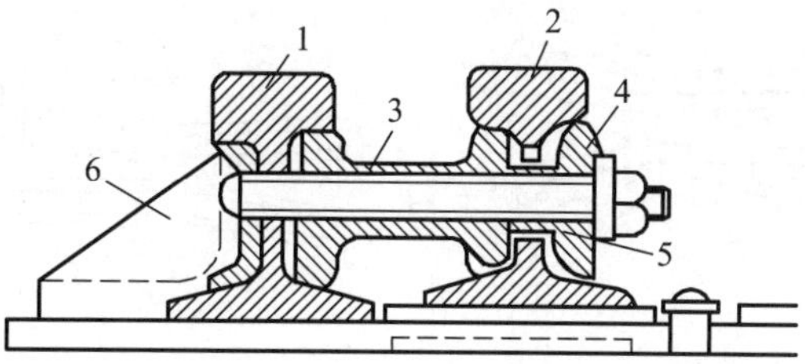

图 2.2.18 间隔铁式尖轨跟端结构示意图

1—基本轨；2—尖轨；3—间隔铁；4—夹板；5—套管；6—轨撑

弹性可弯式尖轨跟端结构是在尖轨跟端前 1.5 ~ 2.0 m 处，把尖轨轨底两侧边缘切掉，使之与钢轨头部宽度相同，形成柔性点，尖轨可绕该处弹性弯曲，如图 2.2.19 所示。这种跟端结构坚固、稳定、简单，易于保养，在我国一些高速行车线上的大号码道岔上广泛采用。

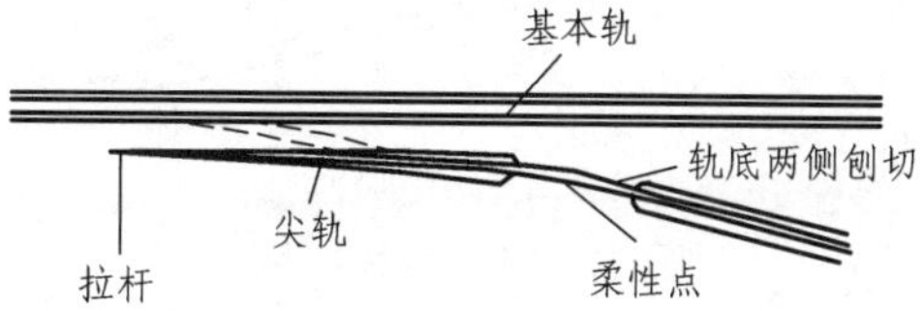

图 2.2.19 弹性可弯式尖轨跟端结构示意图

转辙机械用于扳动尖轨到不同的位置，使道岔能准确地开通直线或侧线。转辙机械因动力源的不同分为手动、电动和风动几种类型。手动转辙机械多用于非集中操纵的道岔，电动转辙机械常用于集中操纵的道岔，风动转辙机械则主要用于驼峰头部的分歧道岔。

2. 辙叉部分

辙叉设于道岔中两条线路相交处，由翼轨和心轨及联结零件等组成（通常叫作辙叉心），如图 2.2.20 所示。

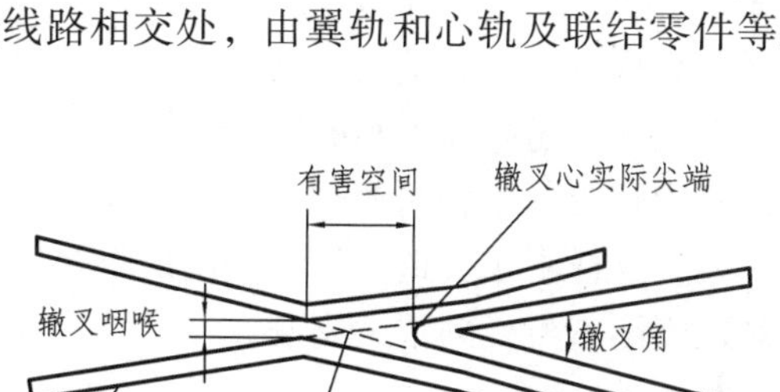

图 2.2.20 辙叉心结构示意图

辙叉心轨两工作边所夹的角（α）称为辙叉角，其交点称为辙叉理论尖端。由于制造工艺的缘故，实际上的辙叉尖端有 6 ~ 8 mm 的顶面宽度，叫辙叉实际尖端。

两翼轨间的最小距离处称为辙叉咽喉。从辙叉咽喉至辙叉实际尖端之间有一段轨线中断的间隙，称为有害空间。车轮通过有害空间时，车轮失去控制，叉心容易受到撞击，甚至进入异线脱轨。因此，必须在辙叉两侧的适当位置上设置一定长度的护轨，对车轮的运行方向实行强制性的引导。

目前，我国单开道岔上常用的辙叉有锰钢整铸式辙叉、钢轨组合式辙叉、可动心轨辙叉等，如图 2.2.21 所示。

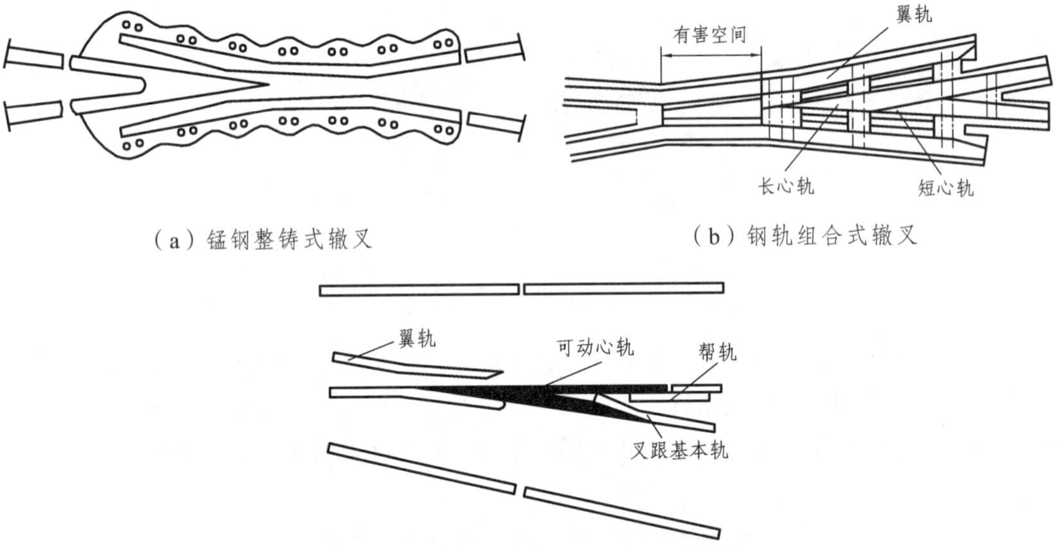

（a）锰钢整铸式辙叉　　（b）钢轨组合式辙叉

（c）可动心轨辙叉

图 2.2.21　辙叉类型

有害空间是限制列车过岔速度的重要原因。为了提高提高列车过岔时的速度，除可以采用辙叉号数较大的道岔外，还可以采用可动心轨辙叉，从根本上消灭有害空间，适应列车高速运行的要求。

3. 连接部分

在单开道岔中，连接部分主要包括四根钢轨，主线上为两根直线轨，侧线上为两根曲线轨（导曲线轨）。导曲线一般采用圆曲线，其半径的大小决定于道岔的辙叉号数。连接部分将转辙器部分与辙叉部分联结起来构成一组完整的道岔。

单开道岔的导曲线一般不设外轨超高和缓和曲线，列车突然通过道岔时，如果速度过高，突然产生的离心力就很大，特别是当列车侧向通过道岔时，车轮对尖轨、护轨和翼轨都有冲击，速度过大时冲击力就很大，这样不仅会造成很大程度的摇晃，使旅客感到不适，而且威胁行车安全，因此列车过岔速度不得不受到很大限制。

（二）其他类型道岔

1. 对称道岔

对称道岔由主线向两侧分为两条线路，道岔各部位均按辙叉角平分线对称排列，两条连接线路的曲线半径相同，无直向和侧向之分，因此，两测线路的运行条件相同，如图 2.2.22 所示。

对称道岔与单开道岔相比具有以下优点：

（1）辙叉号数相同时，对称道岔的辙叉角为单开道岔的一半，导曲线半径比单开道岔约大一倍，因此，提高了列车的过岔速度。

（2）导曲线半径相同时，对称道岔的长度比单开道岔短。

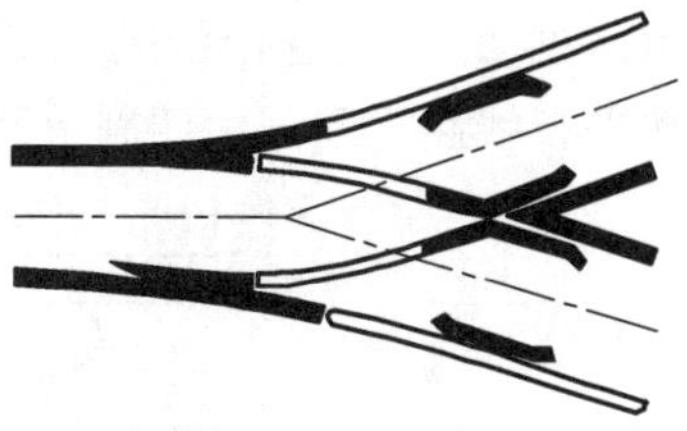

图 2.2.22　对称道岔

由于对称道岔与同号数的单开道岔相比，具有增大导曲线半径和缩短道岔长度的特征，所以它常被铺设于驼峰调车场头部、三角线、货物线上。

2. 三开道岔

在站场线路布置中，当需要连接的线路较多且又受场地限制不能在主线上连续铺设两组单开道岔时，可把一组道岔纳入另一组道岔中，从而形成三开道岔，如图 2.2.23 所示。

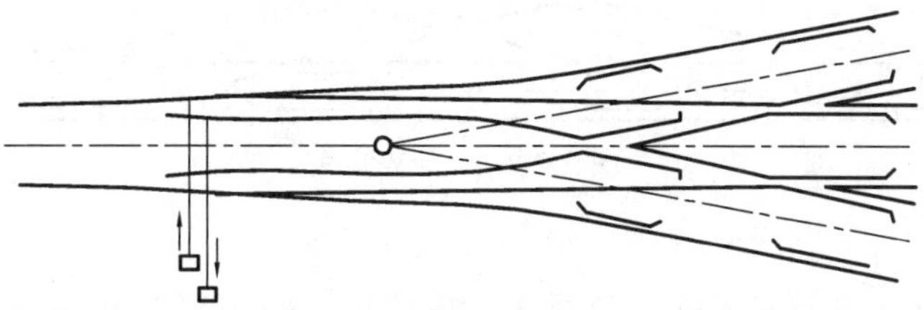

图 2.2.23　对称三开道岔

三开道岔的转辙器部分有两对尖轨（一长一短为一对），每对由一组转辙机控制其位置。连接部分有两根直轨和两对导曲线轨。辙叉及护轨部分有三副辙叉和四根护轨。

三开道岔的优点是道岔长度短，设置三开道岔时可缩短用地；缺点是结构复杂，尖轨削弱较多，尖轨的使用寿命短，两个普通辙叉部分不能设设护轨，且存在有害空间，机车车辆沿主线方向运行速度低。它一般只适用于尽端式车站线路及驼峰调车场头部。

3. 菱形交叉

一条铁路线路与另一条铁路线路在同一平面上相交，为使机车车辆能够跨越运行，所设置的交叉角度小于 90°的连接设备叫作菱形交叉。菱形交叉由两组相同角度的锐角辙叉和钝角辙叉所组成，如图 2.2.24 所示。它的特点是交叉处没有转辙机械，机车车辆只能在原来的线路上通过交叉后继续前进，而不能转线。

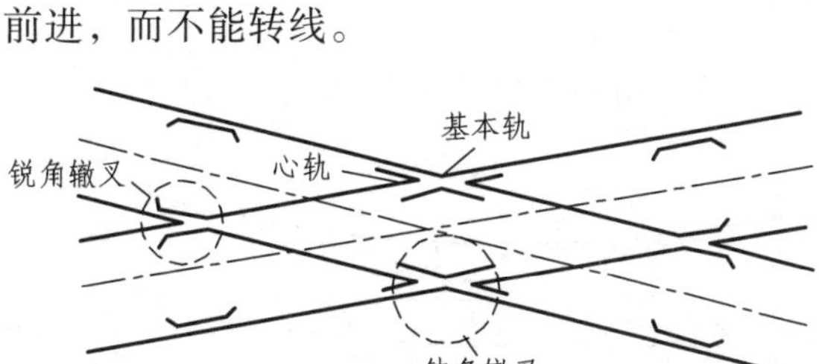

图 2.2.24　菱形交叉

4. 交叉渡线

为了使机车车辆能从一条线路进入另一条线路，应设置渡线。渡线设在两平行线路之间，由两副辙叉号数相同的单开道岔及两道岔间的直线段组成，如图 2.2.25 所示。交叉渡线设在两平行线路之间，由四副单开道岔和一副菱形交叉组成，如图 2.2.26 所示。

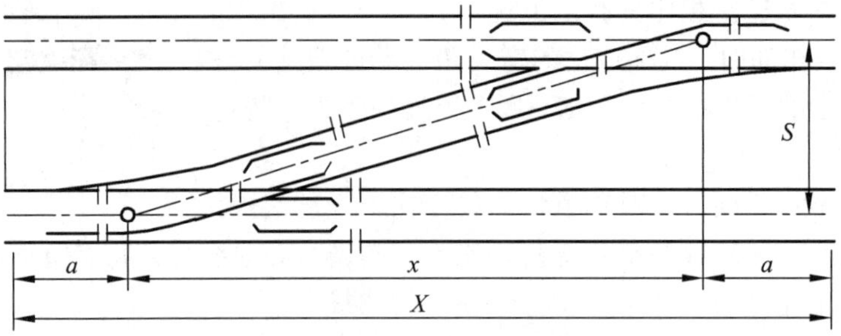

图 2.2.25　普通渡线

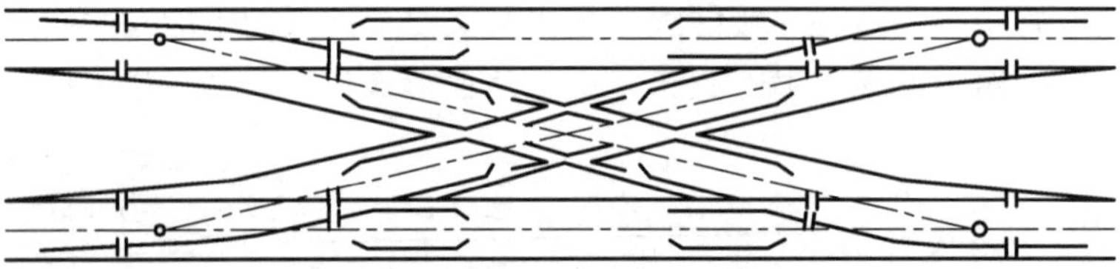

图 2.2.26　交叉渡线

5. **交分道岔**

交分道岔分为单式交分和复式交分两种。在菱形交叉一侧增添两副转辙器和一对连接曲线，即构成单式交分道岔；在菱形交叉两侧各增添两副转辙器和一对连接曲线，则构成复式交分道岔。

一组复式交分道岔相当于两组对向布置的单开道岔，可以开通四个方向的八条通路，其占地长度短，广泛用于地面狭窄而又繁忙的站场咽喉区。复式交分道岔又分为固定式和活动式两种，如图 2.2.27 和图 2.2.28 所示。

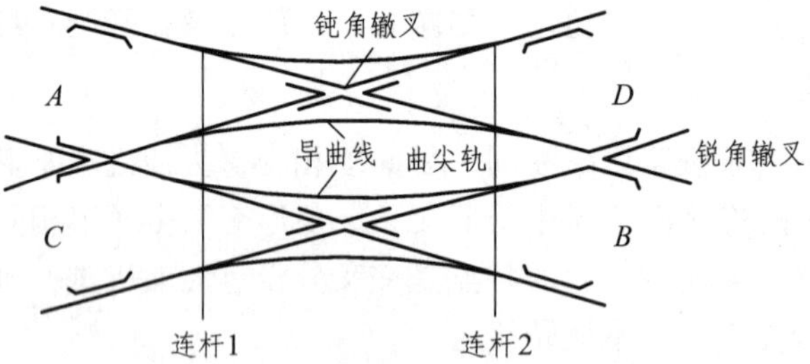

图 2.2.27　固定式交分道岔

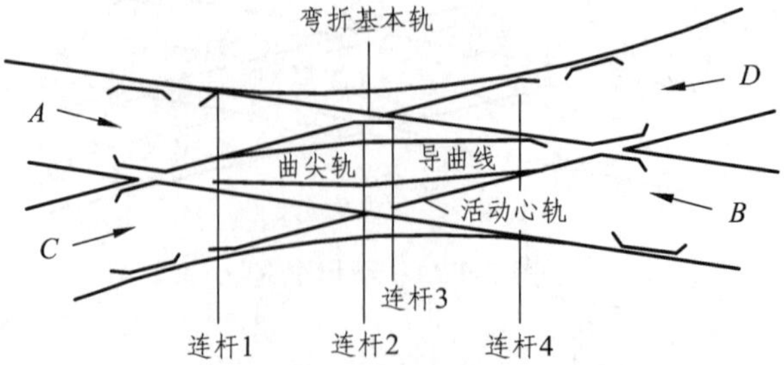

图 2.2.28　活动式交分道岔

固定式复式交分道岔的四组辙叉都是固定型的，在两组钝角辙叉处存在着没有护轨的有害空间，如果辙叉号数较大，则机车车辆通过该处时有脱轨的可能。

由于活动式交分道岔采用了活动心轨钝角辙叉，因此从根本上消除了钝角辙叉在直通方向上的有害空间。

（三）道岔中心线表示

1. 道岔几何要素

用道岔处的两线路中心线及其交点表示道岔，绘图比较简便，而且也能满足设计和施工的需要，这种方法已在站场设计中广泛采用。

为了进一步明确道岔中心线表示法，必须明确道岔的几何要素，如图 2.2.29 所示。

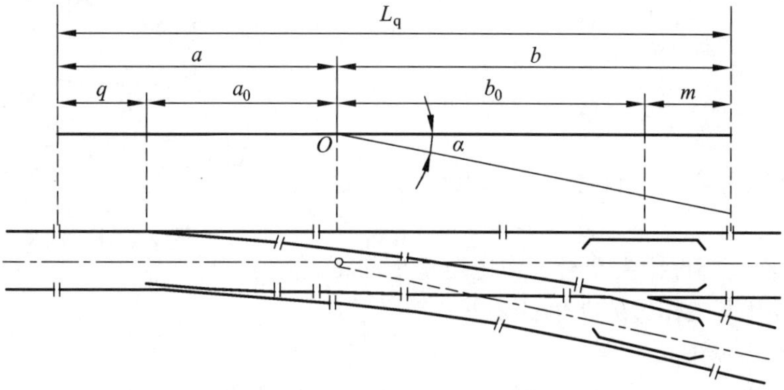

图 2.2.29　中心线表示的道岔及道岔几何要素

下面对图中的符号表示的意义进行解释。

q——从道岔基本轨始端轨缝至尖轨始端的距离（简称尖轨前基本轨长）；

a_0——从尖轨始端至道岔中心的距离；

a——从基本轨始端轨缝至道岔中心的距离；

b_0——从道岔中心至辙叉理论尖端的距离；

m——从辙叉理论尖端至辙叉后跟轨的距离（简称辙叉跟距）；

b——从道岔中心至辙叉后跟轨缝的距离；

Lq——从道岔基本轨始端轨缝至辙叉后跟轨缝的距离（简称道岔全长）。

2. 单开道岔示意图绘制

在已知道岔两线路中心线的交点和辙叉号数、道岔类型时，可按选定的比例尺用单线把道岔表示出来。例如画 9 号左开单开道岔时，可在主线的中心线上先确定两线路中心线交点的位置，然后从交点沿主线线路中心线画等于辙叉号数的 9 个等分线段，并在最后一个线段末端画一等分线段，使其垂直于主线的线路中心线，将垂直线段的终点与道岔中心连接，即得分支线方向，如图 2.2.30（a）所示。

如画对称道岔，只需将垂直于主线线路中心线的线段平分于中心线两侧，然后把线段两端的终点与道岔支线相连接，这就是用线路中心线表示的对称道岔。图 2.2.29（b）表示的是 6 号对称道岔。

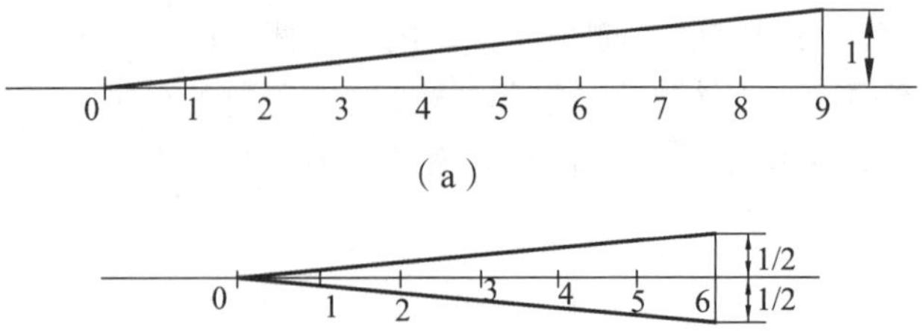

（a）

（b）

图 2.2.30　中心线绘制的道岔

（四）道岔辙叉号数

辙叉号数也称道岔号数。我国规定以辙叉角（ α ）的余切值表示辙叉号数（ N ），如图 2.2.31 所示。

$$N=\frac{AC}{BC}=\cot\alpha$$

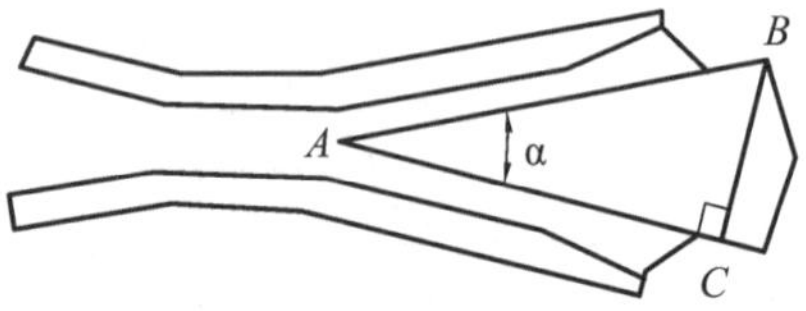

图 2.2.31　辙叉号数表示图

式中　BC——辙叉心一工作边任意一点至另一工作边的垂直距离；

AC——辙叉心理论尖端沿工作边至垂足的距离；

α——辙叉两工作边的夹角；

N——道岔号数。

由此可见：道岔号数 N 越大，辙叉角 a 越小，导曲线半径 R 越大，侧向过岔允许速度越高。所以，逐步采用强度更高的大号码道岔对于行车是有利的。

目前，我国铁路的主要线路上通常使用的单开道岔有 8 号、9 号、12 号、18 号、30 号、38 号等，对称道岔有 6 号、9 号；三开道岔有 7 号；交分道岔有 12 号、9 号。

《铁路车站及枢纽设计规范》规定：侧向通过列车速度 80 km/h 以上至 160 km/h 时单开道岔可采用 42 号，接轨于车站且列车均停站时可采用 18 号道岔；用于侧向通过列车，速度 50 km/h 以上至 80 km/h 的单开道岔不得小于 18 号；速度不大于 50 km/h 的单开道岔不得小于 12 号。

技能训练

1. 识别图 2.2.32 中的（a）（b）（c）（d）四种道岔，并说明其各属于哪种道岔类型，优缺点分别是什么？

（a）　（b）　（c）　（d）

图 2.2.32　道岔

2. 用线路中心线表示单开道岔、对称道岔、三开道岔及交叉渡线。

任务三　轨道平顺标准

为确保列车安全、平稳、高速地行车，轨道的两股钢轨应按照轨道的平顺有关技术标准保持相对稳定。轨道的平顺技术标准主要包括轨距、水平、轨向、高低等内容。

一、直线地段的轨距和水平

（一）轨　距

轨距是钢轨头部踏面下 16 mm 范围内两股钢轨工作边之间的最小距离，如图 2.3.1 所示。轨距有标准轨距、宽轨距和窄轨距三种。标准轨距为 1 435 mm；大于 1 435 mm 者为宽轨距，如 1 524 mm；小于 1 435 mm 者为窄轨距，如 1 067 mm、1 000 mm 等。我国铁路大部分采用标准轨距，只在云南偏远地区部分线路采用 1 000 mm，台湾地区采用 1 067 mm 的窄轨距。

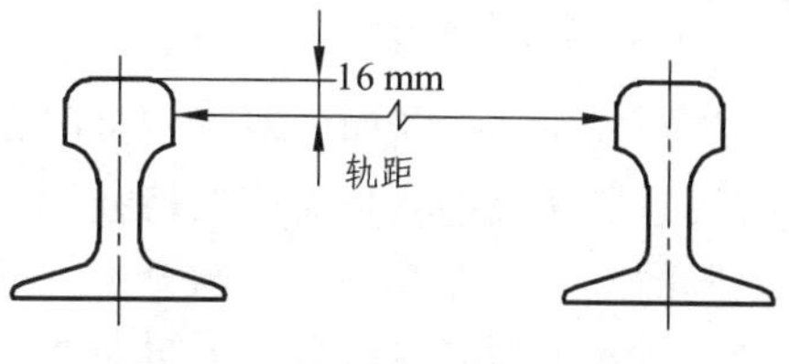

图 2.3.1　轨距量取示意图

为使机车车辆的轮对能在线路上两股钢轨间顺利滚动，轨距应略大于轮对轮距。当轮对的一个车轮轮缘紧贴钢轨作用边时，另一个车轮轮缘与钢轨作用边之间就留有一定的空隙，此空隙称为游间，如图 2.3.2 所示。

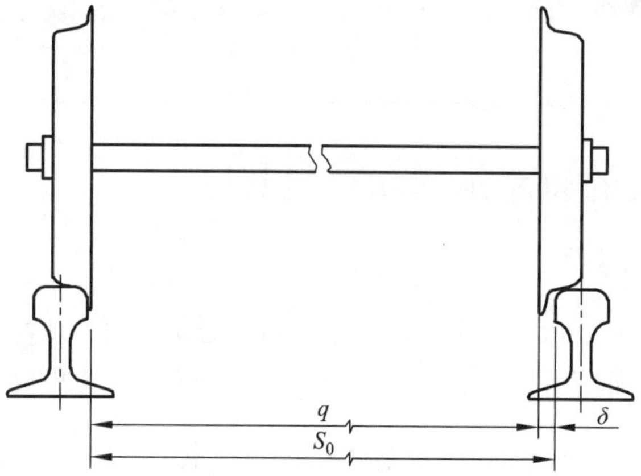

图 2.3.2　轮对与轨距关系

若 S_0 为轨距，q 为轮对轮距，δ 为游间，则：

$$\delta = S_0 - q$$

轮轨游间既不能过大，也不能过小。游间过大，会造成列车运行的剧烈摇晃，影响轨道的稳定性，危及行车安全；游间过小，会增加行车阻力和轮轨磨耗，严重时轮对有可能会被钢轨卡住。

在机车车辆运行的动力作用下，轨距可能产生一定的偏差。《技规》（普速铁路部分）和《高速铁路设计规范》规定的线路、道岔轨距静态允许偏差及见表 2.3.1。若轨距增宽过大会增大轮缘对钢轨的横向冲击，行车不平稳甚至车轮掉道；减窄过小又会增加行车阻力和轮轨磨耗。

表 2.3.1　线路、道岔轨距静态允许偏差

线路允许速度/（$km \cdot h^{-1}$）	$v \leqslant 120$	$120 < v \leqslant 160$	$160 < v \leqslant 200$	$v > 200$
正线/mm	+6 −2	+4 −2	+2 −2	无砟轨道 ±1 有砟轨道 ±2
其他站线/mm	+6 −2			+3 −2
道岔/mm	+3 −2	+3 −2	+2 −2	+1 −1

（二）水　平

在线路同一断面处左、右两股钢轨顶面的高度差简称“水平”。为使两股钢轨受力均匀，直线地段两股钢轨顶面应保持在同一水平，但要求保持绝对同一水平则很不现实，因此直线地段的水平允许有一定的高差。《技规》（普速铁路部分）《高速铁路设计规范》规定的线路两股钢轨水平的静态允许偏差见表 2.3.2。

表 2.3.2　钢轨水平静态允许偏差

线路允许速度/（$km \cdot h^{-1}$）	$v \leqslant 120$	$120 < v \leqslant 160$	$160 < v \leqslant 200$	$v > 200$
正线及到发线/mm	4	4	3	正线 2，到发线 4
其他站线/mm	5			6
道岔/mm	4	4	3	2

二、曲线地段的轨距加宽和外轨超高

（一）轨距加宽

列车在曲线上运行时，由于机车车辆固定轴距的影响，同一转向架前一轮对的外轮轮缘和后一轮对的内轮轮缘都将紧贴钢轨，致使行车阻力增大，轮轨磨耗加剧，如图 2.3.3 所示。

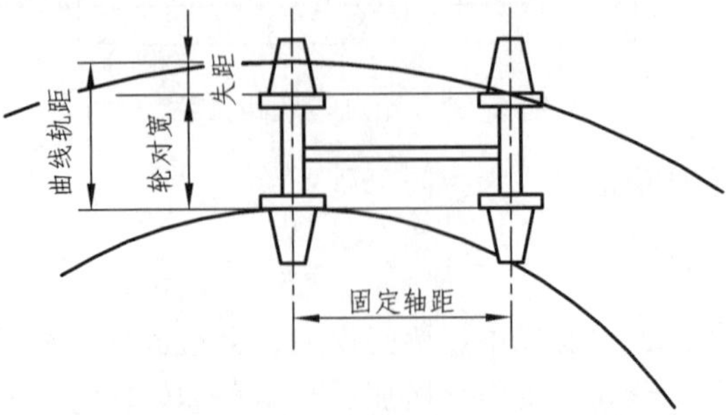

图 2.3.3　转向架通过曲线示意图

为使机车车辆能顺利通过曲线，对小半径曲线的轨距要适当加宽。《技规》（普速铁路部分）规定的曲线轨距加宽标准见表 2.3.3。

表 2.3.3　曲线轨距加宽值

曲线半径 R/m	加宽值/mm
$R \geqslant 295$	0
$295 > R \geqslant 245$	5
$245 > R \geqslant 195$	10
$R < 195$	15

曲线轨距加宽方法：保持外轨不动，将内轨向曲线中心方向移动，且曲线与直线间的轨距应在缓和曲线全长范围内逐渐递减，如未设缓和曲线则应在直线上递减，递减率一般不大于 1‰。

（二）外轨超高

机车车辆在曲线上运行时，由于受到离心力的作用使曲线外轨承受了较大的压力，因而造成两股钢轨磨耗不均匀，并使旅客感到不舒适，严重时可能造成列车颠覆事故。因此通常要将曲线的外轨抬高，使机车车辆内倾，以平衡离心力的作用，外轨高出内轨的部分称为外轨超高。

我国规定，新建铁路应按下列公式设置超高值：

$$H = 11.8\frac{v_p^2}{R}$$

式中　H——外轨超高（mm）；

V_{p}——列车在曲线上运行的平均速度（km/h）；

R——曲线半径（m）。

外轨超高计算后，取 5 mm 的整数倍。

《技规》（普速铁路部分）规定：曲线地段的外轨超高，应按有关规定的办法和标准确定。最大实设超高：双线地段不得超过 150 mm，单线地段不得超过 125 mm。

外轨超高和轨距加宽的设置都是从缓和曲线的起点开始，逐渐增加，到圆曲线起点时外轨超高和轨距加宽都应达到规定的数值。相反，从圆曲线终点开始，超高和加宽逐渐减少，到缓和曲线终点又恢复直线地段的正常状态。

三、轨　向

钢轨工作边纵向的平顺程度叫作轨道的方向，简称轨向。如果直线不直，曲线不圆顺，势必加剧车辆左右摇摆振动，增加横向水平推力，产生车轮、钢轨的不正常磨耗，破坏轨距，对高速行车尤为不利。

为保证行车安全，必须定期检测轨向并及时校正。直线轨向必须目视顺直，曲线轨向目视圆顺。在直线地段用 10m 弦绳沿钢轨头部内侧测量，允许偏差见表 2.3.4。

表 2.3.4　钢轨轨向静态容许偏差

线路允许速度/（$km \cdot h^{-1}$）	$v \leqslant 120$	$120<v \leqslant 160$	$160<v \leqslant 200$	$v>200$
正线及到发线/mm	4	正线 4	正线 3	正线 2，到发线 4
其他站线/mm	5			6
道岔/mm	4	4	3	2

四、高　低

轨道上一股钢轨顶面纵向高低不平的现象叫作轨道前后高低，简称高低。当列车通过高低不平处时，冲击力增大，使道床变形加快，因此钢轨顶面要目视平顺。钢轨前后高低差通常用 10 m 弦绳量最大矢度，其高低容许偏差见表 2.3.5。

表 2.3.5　钢轨高低静态容许偏差

线路允许速度/（$km \cdot h^{-1}$）	$v \leqslant 120$	$120<v \leqslant 160$	$160<v \leqslant 200$	$v>200$
正线及到发线/mm	4	正线 4	正线 3	正线 2，到发线 4
其他站线/mm	5			6
道岔/mm	4	4	3	2

五、无缝线路

普通线路上钢轨接头是轨道结构的薄弱环节之一，它不仅对线路设备、机车和车辆的使用寿命、旅客的舒适等有一定的不良影响，还直接威胁铁路行车安全。为减少接头，把许多根普通长度的钢轨焊接起来形成的长钢轨线路称为无缝线路。

无缝线路通常是采用未经钻眼与淬火的 25 m 长度的标准轨，先在工厂焊接成 250 ~ 500 m 的长轨条，然后运抵线路铺设地，再用气压焊焊接成 1 000 ~ 2 000 m 或设计要求长度铺设到线路上。目前，我国在无缝线路轨道结构方面又有了新的发展，已开始铺设超长轨条无缝线路，它可以穿行车站、跨越桥隧，钢轨完全焊接或胶接起来。

无缝线路与普通线路比较大大减少了钢轨接头，因而使行车平稳、旅客舒适，并可以延长轨道和机车车辆的使用寿命，降低线路的养护维修工作量，适应高速、重载行车要求，是轨道结构的发展方向，也是我国铁路现代化的重要内容之一。

1. 无缝线路的基本原理

无缝线路为一根不受限制可以自由伸缩的钢轨，当轨温发生变化时，其自由伸缩量为：

$$\Delta L = \alpha \cdot L \cdot \Delta t$$

式中　α——钢轨的线膨胀系数，取 0.000 011 8 m/（m·°C）；

L——钢轨长度（m）；

Δt——轨温变化度数（°C）。

由上式可知，轨温变化将直接影响无缝线路钢轨的伸缩和轨道的稳定。因此，修建无缝线路，要解决的问题就是如何限制钢轨的自由伸缩。

如果钢轨两端被固定住，不能自由伸缩，那么随着轨温的变化，钢轨内部就会产生力，这个力是因轨温变化引起的，所以叫作温度力应力（简称温度力）。夏季轨温升高，钢轨内部产生温度压力；冬季轨温降低，钢轨内部产生温度拉力。钢轨内部因温度变化所产生的温度力（P_t）可按下式计算：

$$P_t = 250 \cdot \Delta t \cdot F \text{（N）}$$

式中　F——钢轨横断面面积，m^2。

从上式可知，钢轨内部的温度力仅与轨温变化幅度和钢轨横断面面积成正比，而与钢轨长度无关。根据这个理论，无缝线路可以铺设得无限长。但在现实中，由于施工、养护与维修等技术要求，无缝线路的长度大约为 1 000 ~ 2 000 m。

2. 无缝线路的锁定轨温

在无缝线路施工时，用强力扣件和防爬设备将钢轨扣紧在轨枕上的过程叫作锁定线路。锁定线路时的轨道温度称为锁定轨温，此时，钢轨内的纵向温度应力为零。

选择无缝线路的锁定轨温是一件十分重要的工作。锁定轨温偏高，冬季产生的温度拉力大，易造成钢轨折断；反之，夏季产生的温度压力大，又易使线路胀轨跑道，给行车带来危害。

在设计无缝线路时，为保证安全，从强度和稳定条件来计算确定一个锁定轨温，这个锁定轨温被称为设计锁定轨温。根据多年来铺设无缝线路的经验，在实际铺设时，无缝线路的锁定轨温一般取稍高于当地历年最高轨温与最低轨温的中间值。如北京地区，常年最高轨温为 62.6 °C，最低轨温为 – 22.8 °C，其中间轨温为 19.9 °C，而设计锁定轨温则为 24 °C。

3. 无缝线路的组成

无缝线路常常由一对长轨及两端各 2 ~ 4 对标准轨组成，即由固定区、伸缩区、缓冲区组成，如图 2.3.4 所示。

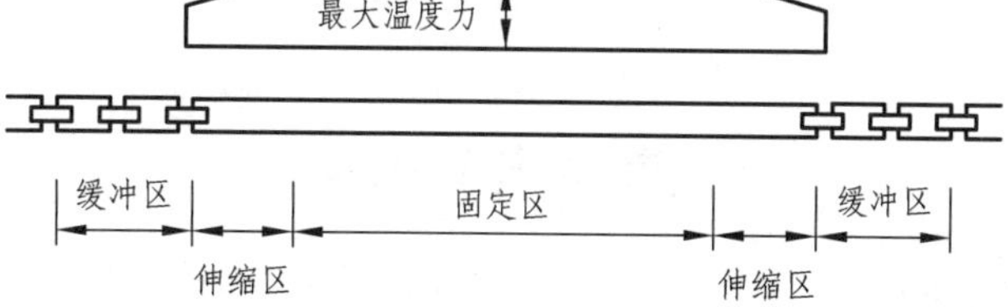

图 2.3.4　无缝线路组成示意图

长钢轨中部，由于钢轨的自由伸缩已全部被扣件阻力和道床阻力及防爬设备所约束，不能随轨温变化而伸缩，称为无缝线路的固定区或稳定区。长钢轨两端，钢轨所受到的扣件阻力及道床阻力是逐渐增大的，温度力是逐渐被克服的，因此接头处钢轨会有部分伸缩，称为无缝线路的伸缩区或呼吸区。为防止长钢轨的胀轨跑道和便于养护维修，在允许的设计锁定轨温范围内，将无缝线路全长的扣件、防爬设备全部松开，使集聚在钢轨内部的温度力全部放散掉，这就是设缓冲区的目的。

根据无缝线路的特点，对无缝线路的养护维修应重点保持足够的道床横向阻力，加强防爬锁定，提高线路纵向阻力，保持线路有良好的方向以防无缝线路的胀轨跑道。

在常年温差较大的地区，为避免轨道胀轨跑道或断轨，应定期放散温度应力，即每年春、秋两季在适当的轨温条件下拧开扣件放散轨道温度应力，放散后再重新锁定。如果不放散应力，到夏季钢轨内部的温度压力集聚过大，易导致轨道胀轨跑道；到冬季则会因轨温过低，在钢轨内部集聚过大的温度拉力而使钢轨变脆，导致断轨。但应力放散每年需两次，而每次放散应力都要封锁线路才能施工，这样对行车干扰较大，因而在年温差较小的地区一般不采用。

技能训练

训练任务：画出无缝线路组成示意图。

要求：（1）以 400 mm 代表 1 000 m 的无缝线路。

（2）画出无缝线路的各组成部分。

复习思考题

1. 轨道由哪几部分组成的？轨道的作用如何？
2. 钢轨的断面形式如何？钢轨有哪些作用？
3. 轨枕有哪些作用？轨枕按用途主要分为哪几种？
4. 轨道联结零件有哪几种？各自的作用如何？
5. 何谓道床？道床的作用如何？
6. 何谓轨道爬行？轨道爬行的危害是什么？如何防止轨道爬行？
7. 何谓轨距？我国铁路直线地段、曲线地段的轨距标准如何规定的？
8. 何谓水平？我国铁路直线地段、曲线地段的水平标准如何规定的？
9. 何谓轨向？何谓高低？
10. 曲线外轨超高如何确定？列车通过曲线的最高允许速度如何确定？
11. 何谓无缝线路？无缝线路有哪些优越性？
12. 无缝线路的组成如何？

【拓展知识】

欠超高与过超高

在曲线上运行的列车种类不同，它们的运行速度各异，所需要的超高值也各不相同。为适合各种列车运行需要，计算超高的列车运行速度采用平均速度 v_p 计算。外轨超高计算后取 5 mm 的整倍数。由于各类列车在曲线上的运行速度与计算超高的平均速度不同，因此设置的外轨超高不能与各类列车运行速度完全吻合。

一、欠超高

当实际速度大于平均速度（v_p）时，则实设超高不足，这时存在一个欠超高（H_q）（即外轨超高所产生的向心力会小于需要的向心力 F），这会导致外轮轮缘与外轨产生磨耗。欠超高越大，这种磨耗就越严重。

为了保证列车运行安全和旅客舒适，减轻钢轨磨耗，必须对未被平衡的欠超高加以限制。未被平衡的欠超高一般不大于 75 mm，困难情况不应大于 90 mm。但允许速度大于 120 km/h 线路个别特殊情况下已设置的 90（不含）~ 110 mm 的欠超高可暂时保留，但应逐步改造。有了按平均速度设置的超高（H）及未被平衡的允许的欠超高（H_q），就可以根据超高公式求在 $H+H_q$ 条件下列车通过曲线时的最高允许速度（v_{max}），即

$$H + H_q = 11.8\frac{v_{max}^2}{R} \quad (\text{mm})$$

$$v_{max} = \sqrt{\frac{(H + H_q)R}{11.8}} \quad (\text{km/h})$$

二、过超高

当列车实际速度小于平均速度（v_p）时，实设超高会大于实际需求的超高，这就是过超高（H_g）(即未被平衡的超高)。过超高（H_g）也会使旅客感觉不舒适，导致内轨磨耗加剧，货物发生向内移动或滚动。当货物位移使车辆重心严重偏向内轨时，列车将发生向内倾覆，因此对未被平衡的过超高也要加以限制。未被平衡的过超高不得大于 30 mm，困难情况不应大于 50 mm，允许速度大于 160 km/h 线路的个别特殊情况下不应大于 70 mm。

有了按平均速度设置的超高（H）及允许未被平衡的过超高（H_g），就可以根据超高公式求在 $H-H_q$ 条件下的货物列车通过曲线时的最低允许速度 v_{min}，即

$$H - H_q = 11.8\frac{v_{min}^2}{R} \quad (\text{mm})$$

$$v_{min} = \sqrt{\frac{(H - H_q)R}{11.8}} \quad (\text{km/h})$$

三、最大超高与超高完成要求

1. 最大超高

为了保证列车在曲线上的运行安全，一般情况下旅客列车最高速度不应超过曲线允许的最高速度；货物列车速度不应低于货物列车平均行车速度。超高设置不可过低，也不能过高。曲线地段外轨实设最大轨超高为：有砟轨道在双线上不得大于 150 mm，在单线上不得大于 125 mm。无砟轨道实设最大轨超高不得大于 175 mm。

2. 超高完成要求

曲线超高应在整个缓和曲线内顺完。允许速度大于 160 km/h 的线路，超高必须在整个缓和曲线内顺完；允许速度大于 120 km/h 的线路，顺坡坡度不应大于 1/（$10v_{max}$）；允许速度不大于 120 km/h 的线路，顺坡坡度不应大于 1/（$9v_{max}$）。

允许速度不大于 160 km/h 的线路，如果缓和曲线长度不足，顺坡可延伸至直线上；允许

速度为 120（不含）~ 160 km/h 的线路，在直线上顺坡坡度不应大于 1/（$10v_{max}$），在直线上顺坡的超高不应大于 8 mm；允许速度不大于 120 km/h 的线路，在直线上顺坡坡度不应大于 1/（$9v_{max}$），在直线上顺坡的超高，有缓和曲线时不应大于 15 mm、无缓和曲线时不应大于 25 mm。

在困难条件下，可适当加大顺坡坡度，但允许速度大于 120 km/h 的线路不应大于 1/（$8v_{max}$）；其他线路不应大于 1/（$7v_{max}$），且不得大于 2‰。设缓和曲线时超高顺坡如图 2.3.5 所示。

（a）缓和曲线足够长　　（b）缓和曲线不够长

图 2.3.5　设缓和曲线时超高顺坡

项目三　站场基础知识认知

【项目描述】

众所周知，铁路是我国目前主要的运输方式之一，而我国又是个典型的客货共线的国家，不同的列车进入车站后的作业不同，而不同的作业需要在不同的线路上进行，因此，如何识别线路的种类就非常重要了。另外，线路与线路之间的距离如何设计才能既减少用地，又保证机车车辆运行的安全。本项目主要学习线路种类、股道和道岔编号、线路间距、道岔辙叉号数选用、两相邻道岔中心间的距离、线路连接形式以及有效长度等知识。

【教学目标】

1. 知识目标

（1）掌握线路的种类，熟悉股道、道岔的编号。

（2）掌握相邻两线路中心线间的距离。

（3）掌握道岔辙叉号数的选用，两相邻道岔中心间距离，熟悉线路的连接形式。

（4）掌握信号机、警冲标的位置，并能推算线路的有效长度。

2. 能力目标

（1）识别不同类型的线路，并清楚不同线路的用途。

（2）能画出不同类型的线路连接。

（3）面对具体的车站会推算线路的有效长。

3. 素质目标

（1）具有积极向上的学习态度和良好的学习习惯。

（2）养成严谨、认真、细致的工作态度和工作作风。

（3）客观、公正地进行学习自我评价及对小组成员的评价。

任务一　车站线路识别

【相关知识】

一、车站线路的种类

铁路线路分为正线、站线、段管线、岔线、安全线及避难线。

（一）正　线

正线是连接车站并贯穿或直股伸入车站的线路，如图 3.1.1 所示。

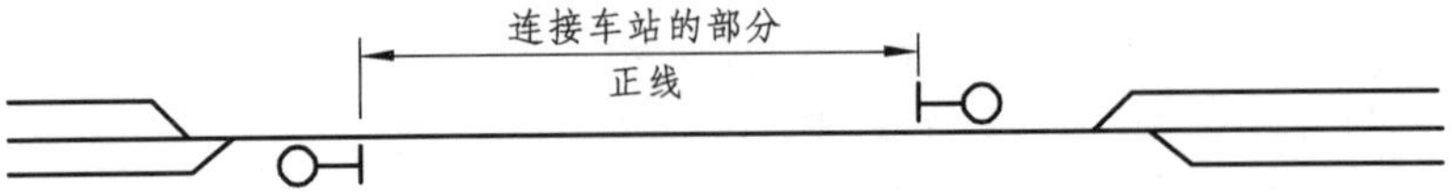

（a）连接车站并贯穿车站的线路

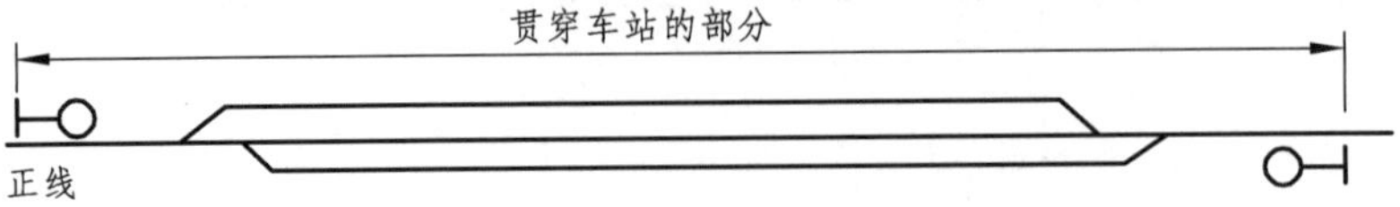

（b）连接车站并贯穿车站的线路

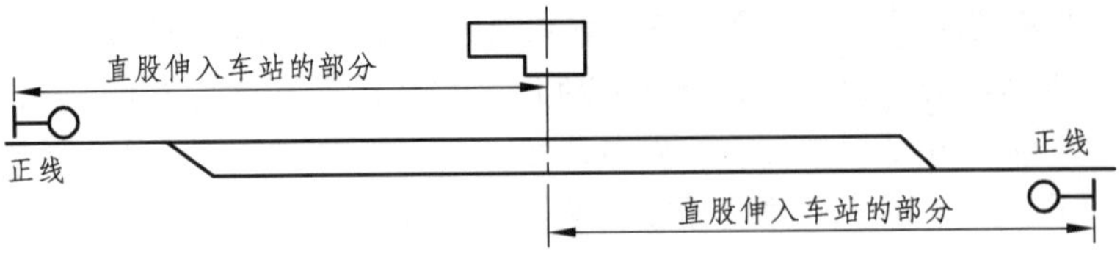

（c）直股伸入车站的线路

图 3.1.1　正线

1. 正线的作用

正线的主要作用是通行列车。目前既有线主要是供货物列车、客运列车通过使用的，客专正线仅供客运列车使用。正线在通过型车站比较好辨认，其一，由于它贯穿车站，通过列车多，所以通常很光亮，磨损也很大；其二，它直接与站外区间线路连接，一般不用道岔。

2. 正线的类型

正线可以分为区间正线（见图 3.1.1（a））和站内正线（见图 3.1.1（b）、（c））。

连接车站部分的线路称为区间正线，它贯穿车站与相邻车站。区间正线一般是供列车通过使用的。

贯穿或直股深入车站部分的线路称为站内正线。站内正线一般也是供列车通过使用的。在个别的中间站，如果未设牵出线，可占用正线进行牵入、牵出，不过，这势必会影响车站的通过能力，因此，这种情况一般出现在行车密度不大，牵出线使用频率不高的车站。

（二）站　线

根据运量大小及技术作业的需要，车站除铺设正线外，还应分别铺设的其他配线，称为站线。站线包括到发线、调车线、牵出线、货物线及站内指定用途的其他线路。

1. 到发线

到发线是供列车到达或出发使用的线路。

（1）到发线的作用。

到发线是每个车站必不可少的线路，也是站线中最常见、最重要的线路。它是站内专门办理列车到达或出发使用的线路。主要用来办理旅客、货物列车的到达及发送。区间的列车只有接到站内到发线才能接到其他线，同样，在站内的列车，只有先牵到到发线才能发往区间；当列车进入车站到达到发线后，都要在该线停留，才能进行其他技术作业。

（2）到发线上的设备。

① 出站信号机。由于铁路实行左行制，因此，出站信号机绝大部分都在线路的左侧，其

数量与到发线的数量、线路单双线都有关系。

② 站台和横越设备。旅客列车到发线设有站台，供旅客上、下列车；车站设置专门的横越设备供旅客到达或离开站台。常见的横越设备有天桥、地道以及平过道等。

（3）需要注意的事项。

① 客车到发线与货车到发线的区别。客车到发线由于是供旅客乘降用的，因此，需要站台、雨棚等设施，而货车到发线可以没有这些设施，因此，我们一般认为客车到发线可以作为货车到发线，而货车到发线不能作为客车到发线。

② 到发线的有效长度。到发线的有效长度是指能满足该区段旅客列车最大编组辆数的长度，一般车站为 650 ~ 1 000 m。

到发线可以设置成到达线、出发线，也可以同时具有到、发功能。

2. 调车线

调车线是用来集结车辆、解编列车和停放本站作业车及其他车辆的线路。

（1）调车线的作用。

调车线主要用于货物列车解体、集结、编组、停放本站车辆等使用。

（2）调车线的影响因素。

调车线的数量、有效长度及总容车量与车站作业效率、车站改编能力以及到发线能力能否充分发挥有密切关系。影响调车线数量和长度的主要因素有衔接线路方向数、有调作业车的数量及性质、列车编组计划、调车作业方法等。

3. 牵出线

牵出线设在编组场或编组线群的一端，并与到发线相连接，专供列车解体、编组及转线等，作为车辆牵出使用的线路。

（1）牵出线的作用。

方便调车机车牵出列车，进行解体、编组及转线使用的。

（2）牵出线的特点。

① 布置特殊。牵出线一般按尽头式布置。为保证调车作业的安全，在牵出线和车场或货场的咽喉区线路连接处外方，设有调车信号机，在牵出线尽头处设有车挡和标志。

② 连接到发线。由于牵出线主要用于列车转线，而列车大部分来自到发线，因此，牵出线的一端必然与到发线相连。

（3）牵出线的数量。

牵出线的数量根据衔接区间正线数、行车密度大小、车站调车作业量以及货场设置位置等因素确定。

4. 货物线

货物线是供货物装卸作业时使用的线路。

（1）货物线的作用。

货物线是指专门办理货物装卸作业的线路。为了满足办理货物装卸作业的需要，车站应铺设 1 ~ 2 条货物线，长度应满足平均一次来车的长度，此外，还应保证线路两侧有足够的货位。

（2）货物线的分类。

货物线的布置有通过式和尽头式两种。

通过式货物线主要是指线路两端连通到发线，如图 3.1.2 和图 3.1.3 所示。通过式货物线取送车、调车都很方便，对列车摘挂作业有利，一般应优先采用。

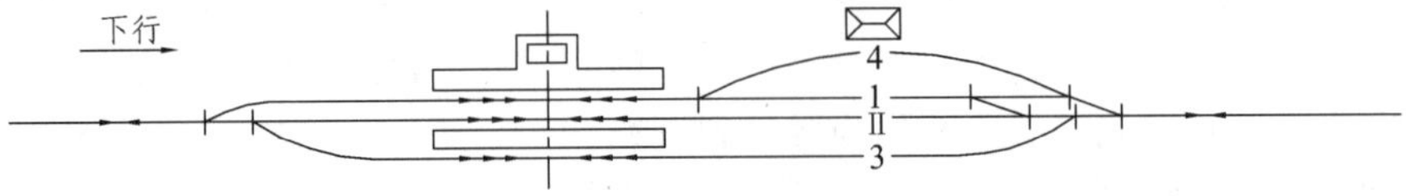

图 3.1.2　单线铁路中间站通过式货物线布置图

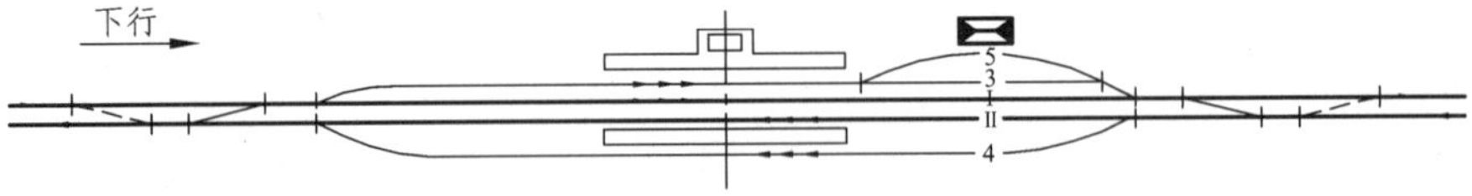

图 3.1.3　双线铁路中间站通过式货物线布置图

尽头式货物线如图 3.1.4 所示，该种布置能节省工程量，地方搬运可少跨越线路，货物线的有效利用率高，作业比较安全。

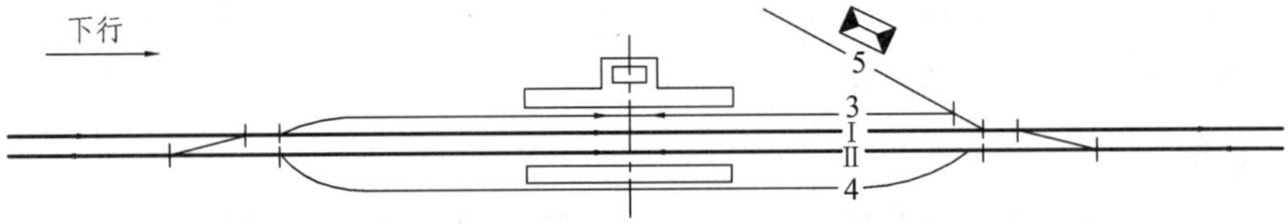

图 3.1.4　中间站尽头式货物线布置图

混合式货物线是指通过式货物线与尽头式货物线相结合的布置。在地形困难或有大量牲畜、散装粗杂货物装卸的车站，可采用尽头式或混合式布置（仓库站台线为通过式，装卸牲畜或散装粗杂货物的线路为尽头式）。

5. 其他用途线

其他用途线指车站上为办理其他各种作业所设置的线路，包括机车走行线、机待线、机车整备线、禁止溜放车停留线、驼峰迂回线、车辆站修线等。

（三）岔　线

岔线是指在区间或站内与铁路接轨，通往路内外单位（厂矿企业、砂石场、港口、码头、货物仓库）的专用线路。岔线直接为厂矿企业服务，一般不设车站；有的岔线为了取送车方便也设了车站，有的按调车办理，有的还需办理闭塞。

（四）段管线

段管线是指由机务、车辆、工务、电务及供电等段专用并由其管理的线路，如机务段的机车准备线、机车转头用的三角线、转盘线、卸油线；车辆段内车辆检修作业用的线路和工务、电务、供电段内停留轨道车、作业车及其他车辆用的线路。

（五）安全线

安全线是为防止列车或机车车辆从一进路进入另一列车或机车车辆占用的进路而发生冲突的一种安全隔开设备。其作用是利用设备将两条线路隔开。安全线的设置如图 3.1.5 所示。

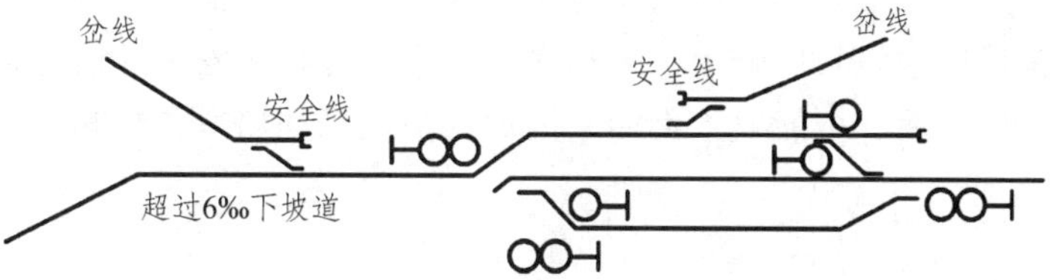

图 3.1.5　安全线的设置

1. 安全线的作用

安全线作为进路隔开设备之一，是防止列车或机车车辆进入另一列车或机车车辆进路的一种安全设备，保证其他线路的安全。

2. 安全线的有效长度

安全线的有效长一般应不小于 50 m。坡度宜设计为平道或面向车挡的上坡道。

3. 安全线的设置

《技规》规定：岔线、段管线与正线、到发线接轨时，均应铺设安全线。在进站信号机外制动距离内进站方向为超过 6‰下坡道的车站，应在正线或到发线的接车方向末端设置安全线。合资铁路、地方铁路及专用铁路与国家铁路车站接轨，其接轨处或接车线末端应设隔开设备（设有平行进路并有联锁时除外）。安全线向车挡方向不应采用下坡道，其有效长度一般不小于 50 m。另外，需注意的是设置安全线时，应尽量避免将其尽端设在高填方、桥头或设备及建筑物附近，以防发生机车车辆脱轨时造成更大损失。

（六）避难线

避难线是在长大下坡道上能使失控列车安全进入的线路。防止在陡长的下坡道上列车失去控制或在陡长的上坡道上因车辆折钩而溜（闯）入占用的区间或车站，根据线路情况、车站作业性质、区间通过能力以及失控列车进入避难线的最大速度等因素综合考虑，在进站端或接车线末端专设的一段线路。避难线应将接车方向设为上坡，长度应通过计算确定。

1. 避难线的作用

避难线主要设在山岳或丘陵陡峻地区，是为防止列车在陡长坡道上失去控制发生冲突或颠覆而设计的线路。

2. 避难线的设置

《技规》规定：为防止在长大下坡道上失去控制的列车发生冲突或颠覆，应根据线路情况，计算确定在区间或站内设置避难线。列车在下陡长坡道时，列车的势能转化为动能，列车的动能增加，为了防止列车失去控制，应在长大坡道下设置避难线，使列车的动能转化为热能或者势能，从而使列车停止。

3. 避难线的种类

避难线的种类很多，各有优势，具体有三种：尽端式避难线、环形避难线、砂道（套线式）避难线。

（1）尽端式避难线。

如图 3.1.6 所示，尽端式避难线依靠逐步升高的坡度来抵消失控列车的动能，迫使其停车。其主要优点是线路建筑长度较短，结构简单，易于养护，安全性能好；缺点是失控列车在较陡的避难线上停车后，可能发生倒溜，因而易造成区间堵塞，影响线路的通过能力。

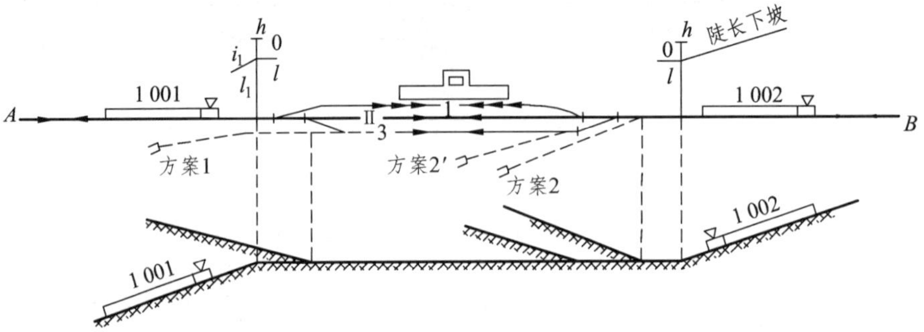

图 3.1.6　尽端式避难线设置位置

（2）环形避难线。

如图 3.1.7 所示，装有弹簧道岔的圆形线路依靠线路曲线阻力来抵消失控列车的动能，失控列车在圆形线路内运行，直至完全停车。其主要优点是可适应较平坦的地形，失控列车进入环线不堵塞区间，因而不影响线路的通过能力；缺点是线路建筑长度较长，且曲线半径小，列车速度高，安全性较差。

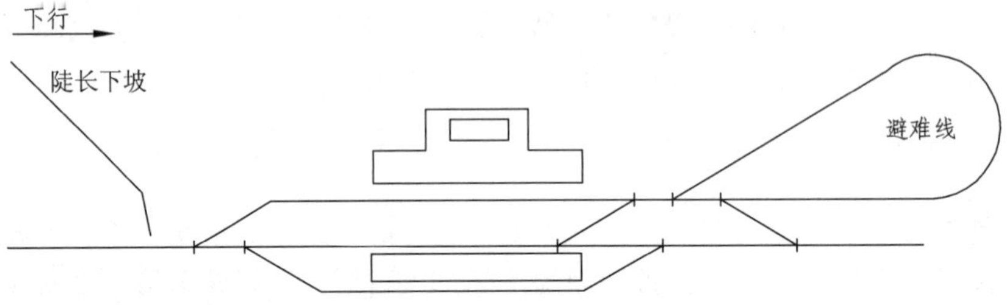

图 3.1.7　环形避难线示意图

（3）砂道（套线式）避难线。

如图 3.1.8 所示，砂道（套线式）避难线依靠砂道阻力来抵消失控列车的动能，其主要优点是造价低；缺点是对线路通过能力或到发线的使用影响较大，维修养护困难。

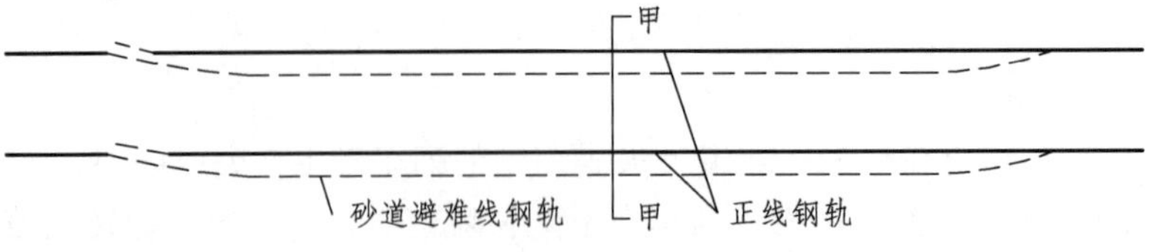

图 3.1.8　砂道避难线示意图

由于尽端式避难线的优点显著，被各国铁路普遍采用。其设置位置有以下两种：

（1）设在出站端（图 3.1.6 中方案 1）。避难线设在出站端，其优点是下坡列车不需站外停车，对区间能力影响较小。但办理由陡长下坡方向开来的列车时，必须在确认通往避难线的接车线路空闲的情况下，方可承认闭塞。因此，通往避难线的线路使用效率低，有时影响站内作业，此外，站内作业安全较差。故在出站端设置避难线多是在作业不繁忙的中间站。

（2）设在进站端（图 3.1.6 中方案 2）。避难线设在进站端，其优点是：失去控制的列车不易闯进站内，不影响站内作业，站内作业安全性好，同时车站到发线的使用也比较灵活。缺点是：道岔的定位是向避难线开通的，当避难线未装设列车自动测速装置时，必须在避难线道岔前一度停车，待到发线开通后，方能启动进站。这样，不仅影响区间通过能力，增加列车制动停车再启动的运营支出，同时也造成列车在下坡道上所积动能的损失，司机操作困难，列车一旦溜入避难线后易堵塞区间。此外，由于失去控制的列车在进站端的速度较大，因而要求避难线较长，工程费用较大。

在进站端设置避难线时，一般宜采用方案 2。因为方案 2’由 3 道每次接发列车，比采用方案 2 多增加一次侧向通过道岔，同时溜入避难线的列车，多一次逆向冲击辙叉心。

二、股道编号

为了作业和维修管理上的方便，站内每条线路（即股道）都有规定的编号或专用名词，正线用罗马数字表示（Ⅰ、Ⅱ、Ⅲ……），站线用阿拉伯数字表示（1、2、3……）。

1. 单线区段车站

从靠近站房的线路起，向站房对侧依次顺序编号（包括正线在内）。位于站房左右或后方的线路，在站房前的线路编完后，再由正线起，向远离正线顺序编号，如图 3.1.9 所示。

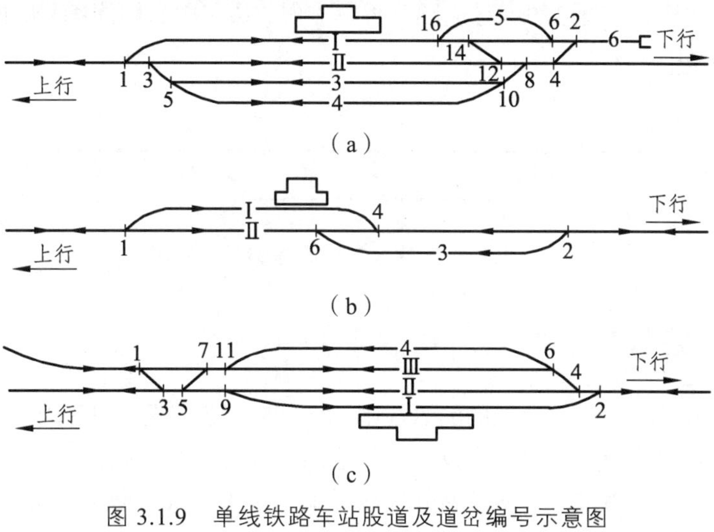

图 3.1.9　单线铁路车站股道及道岔编号示意图

2. 双线区段车站

从正线起按列车运行方向分别向外顺序编号，上行为双号，下行为单号，如图 3.1.10 所示。双线铁路横列式区段站的线路不适宜按列车运行方向分别编号，可比照单线铁路车站的线路编号方法编号。

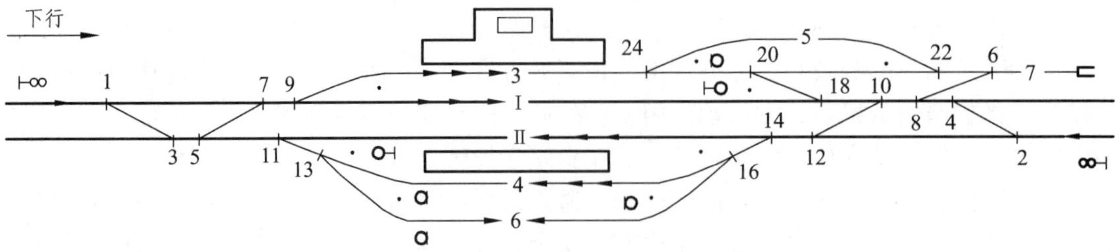

图 3.1.10　双线铁路车站股道及道岔编号示意图

3. 尽端式车站

站房设在端部时，由列车到达方向的左侧线路起顺序向右编号，如图 3.1.11（a）所示；当站房设在线路一侧时，编号方法同单线铁路车站，如图 3.1.11（b）所示。

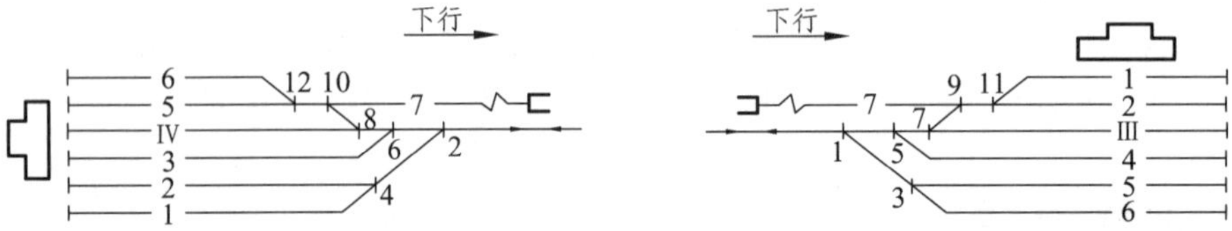

（a）　（b）

图 3.1.11　尽端式车站股道及道岔编号示意图

4. 有多个车场的大型车站

有多个车场的大型车站应分别从车场靠近站舍的线路起，向远离站舍方向顺序编号，股道编号用阿拉伯数字，但在股道编号前冠以罗马数字表示车场，例如 2 车场 4 道，应写为Ⅱ4 股道。

如在无站舍的车场，股道的编号应顺公里标方向，从左向右顺序编号，如图 3.1.12 所示。

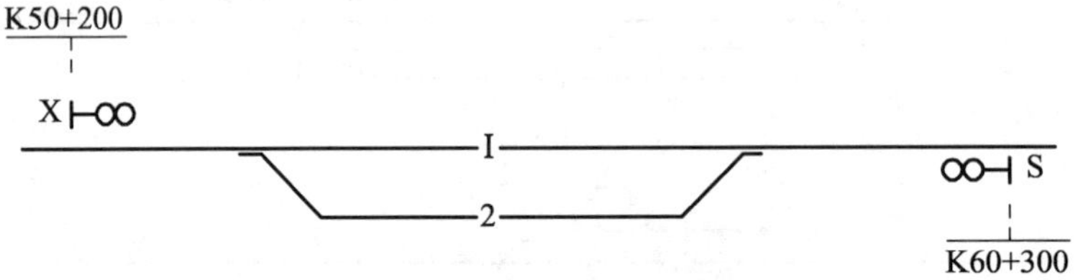

图 3.1.12　无站舍车场股道编号示意图

三、道岔编号

对道岔进行编号时，应注意总的编码规则：上行咽喉编双号，下行咽喉编单号。上下行咽喉的区分，一般地，列车从北京出发，先到达的咽喉为下行咽喉。但具体各条线路和各个站场不同，以设计图纸为准。号码从站外往股道编，从小到大。联动道岔要连接编号，比如上行咽喉 2/4 号，代表这是进站信号机内方前两组道岔，而且是一组联动道岔。但 2 号和 6 号绝对不会是联动道岔。所以在具体设计时，个别的道岔大号码偏站外，这也是常见现象，以设计为准。

具体的原则如下：

（1）用阿拉伯数字从车站两端由外向内，由主而次依次编号，上行列车到达端用双数，下行列车到达端用单数。

（2）如车站一端衔接两个方向以上（有上行、也有下行），道岔应按主要方向编号。

（3）每一道岔均应编以单独的号码，渡线道岔，交叉渡线道岔及交分道岔等处的联动道岔，应编为连续的单数或双数。

（4）站内道岔，一般以信号楼中心线或车站中心线作为划分单数号与双数号的分界线。

（5）当车站有几个车场时，每一车场的道岔必须单独编号，此时道岔号码应使用三位数字，百位数字表示车场号码，个位和十位数字分别表示道岔号码，如Ⅰ场道岔为Ⅰ01～Ⅰ99。一个车场的道岔数在100副及以上时，用千位数往下编，千位数表示车场号码，如Ⅰ场的第100副道岔，遍为Ⅰ100号。各车场以外的道岔遍为1～99。

技能训练

如图3.1.13所示，给乙站线路和道岔进行编号。

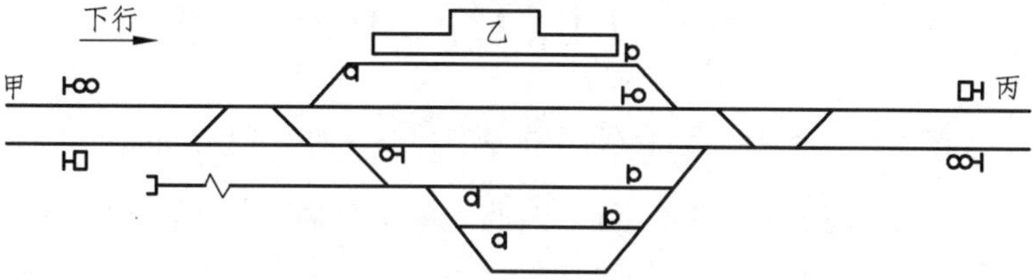

图3.1.13　乙站平面示意图

任务二　限界及线间距认知

【相关知识】

为保证行车安全，铁路线路附近的任何建筑物或设备（除与机车车辆直接相互作用的设备外）都应该离开线路中心线和钢轨顶面一定的距离，以防机车车辆通过时与其相撞。为此，铁路轨道了线路四周的建筑物或设备不得侵入的和机车车辆本身不得超出的轮廓尺寸线，即限界。

铁路限界主要分为机车车辆限界和建筑限界。

一、机车车辆限界

机车车辆限界是限制指机车车辆横断面最大容许尺寸的轮廓，分为客货共线铁路机车车辆限界和客运专线机车车辆限界两种。

（一）客货共线铁路机车车辆限界

客货共线铁路机车车辆限界如3.2.1所示。

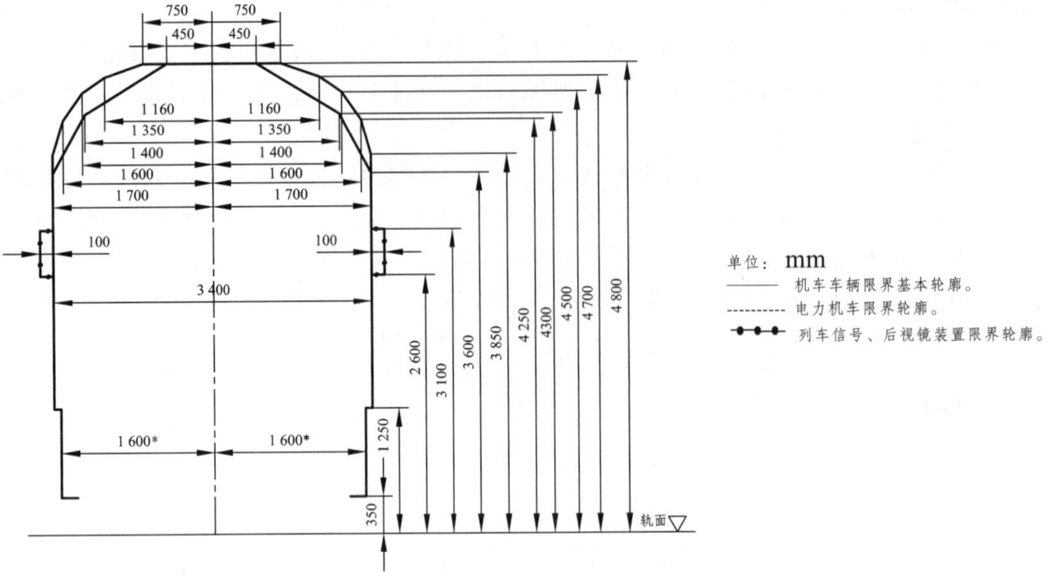

图 3.2.1　客货共线铁路机车车辆上部限界图（单位：mm）

机车车辆的中心最大高度为 4 800 mm。因此，机车车辆顶部的任何装置，如加高烟囱或天窗的开度等均应在 4 800 m 之内，以防机车车辆顶部与桥梁、隧道上部相撞。

机车车辆的钢轨水平面上部 1 250 ~ 3 600 mm 范围内其宽度为 3 400 mm，但为悬挂列车尾部的侧灯，在 2 600 ~ 3 100 mm 范围内允许两侧各加宽 100 mm。

在钢轨水平面 1 250 mm 以下，机车车辆宽度逐渐缩减，因在此范围内建筑物和设备较多。

（二）客运专线铁路机车车辆限界

客运专线铁路机车车辆限界如图 3.2.2 所示。

客运专线铁路的机车车辆在客货共线铁路运用时，还应符合客货共线铁路机车车辆限界要求。

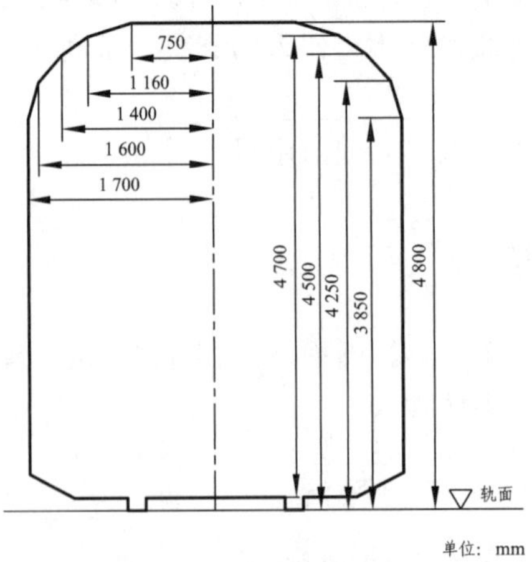

图 3.2.2　客运专线铁路机车车辆上部限界图（单位：mm）

二、建筑限界

建筑限界是指邻近线路的建筑物或设备（与机车车辆相互作用的设备除外）不得侵入的最小横断面轮廓尺寸。

建筑限界与机车车辆限界之间的空间为安全空间，如图 3.2.3 所示。留有安全空间的目的，一是为组织“超限货物列车”运行；二是为适应运行着列车横向晃动偏移或竖向上下振动，防止与邻近的建筑物或设备发生碰撞。

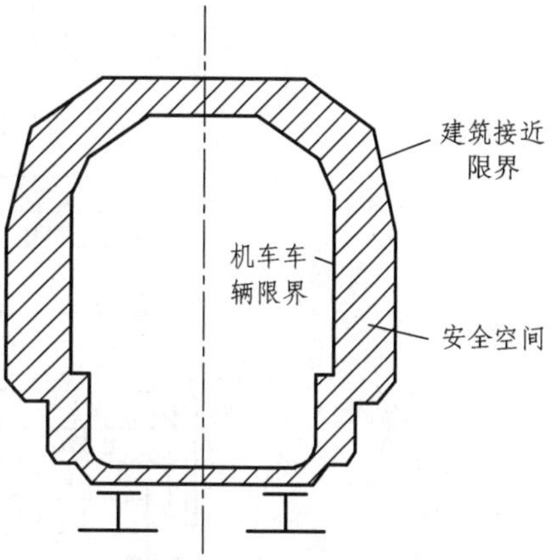

图 3.2.3　安全空间示意图

建筑限界包括直线建筑限界、曲线建筑限界、隧道建筑限界和桥梁建筑限界。

（一）直线建筑限界

直线建筑限界，分为 $v \leq 160$ km/h 客货共线铁路建筑限界、$v > 160$ km/h 客货共线铁路建筑限界和客运专线铁路建筑限界三种，如图 3.2.4、图 3.2.5、图 3.2.6 所示。

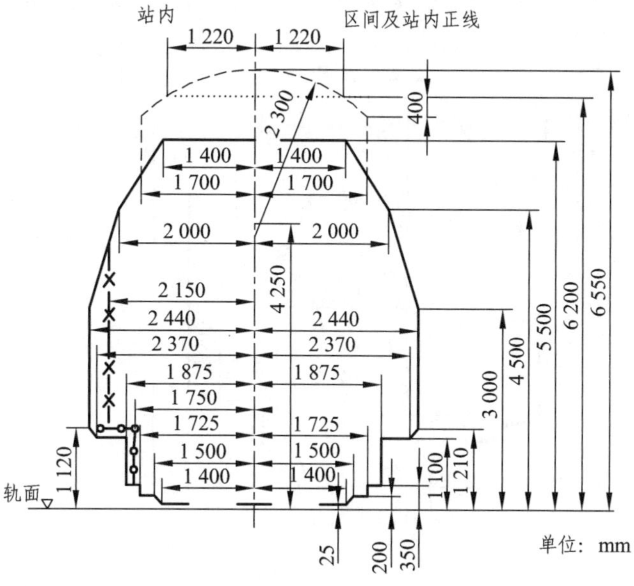

—×—×—×—信号机、高架候车室结构柱和接触网、跨线桥、天桥、电力照明、雨棚等杆柱的建筑限界（正线不适用）。
—○—○—○—站台建筑接近限界（正线不适用）。
━━━━ 各种建筑物的基本接近限界。
— — — — 适用于电力牵引区段的跨线桥、天桥及雨棚等建（构）筑物。
…………电力牵引区段的跨线桥在困难条件下的最小高度。

图 3.2.4　$v \leq 160$ km/h 客货共线铁路建筑限界（单位：mm）

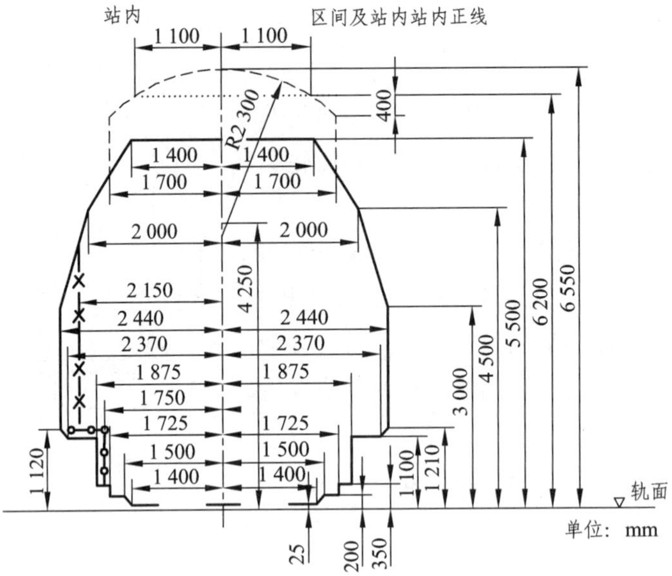

—×—×—×—信号机、高架候车室结构柱和接触网、跨线桥、天桥、电力照明、雨棚等杆柱的建筑限界（正线不适用）。

—○—○—○—站台建筑限界（正线不适用）。

━━━━━━ 各种建（构）筑物的基本限界。

— — — — 适用于电力牵引区段的跨线桥、天桥及雨棚等建（构）筑物。

…………电力牵引区段的跨线桥在困难条件下的最小高度。

图 3.2.5　$v > 160$ km/h 客货共线铁路建筑限界（单位：mm）

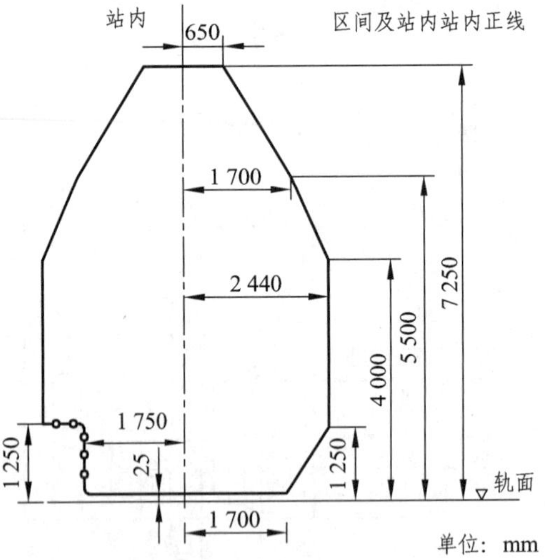

—×—×—×— 信号机、高架候车室结构柱和接触网、跨线桥、天桥、电力照明、雨棚等杆柱的建筑限界（正线不适用）。

—○—○—○— ①站台建筑限界（侧线站台为 175 mm；正线站台，无列车通过或列车通过速度不大于 80 km/h 时为 1 750 mm，列车通过速度大于 80 km/h 时为 1 800 mm）。

②站内反方向运行矮型出站信号机的限界为 1800 mm。

━━━━━━ 各种建（构）筑物的基本限界，也适用于桥梁和隧道。

y 为接触网结构高度。

图 3.2.6　客运专线铁路铁路建筑限界（单位：mm）

《铁路车站与枢纽设计规范》规定，直线地段的各种建筑物或设备至线路中心线的距离应符合表 3.2.1 的规定。

表 3.2.1　主要建（构）筑物和设备至线路中心线距离　　　　单位：mm

序号	建（构）筑物和设备名称			高速铁路	城际铁路	客货共线铁路和重载铁路：高出轨面的距离	客货共线铁路和重载铁路：至线路中心线的距离
1	跨线桥柱、天桥柱、雨棚柱和电力照明杆等杆柱边缘	位于站内正线一侧		≥2 440	≥2 200	—	≥2 440
1	跨线桥柱、天桥柱、雨棚柱和电力照明杆等杆柱边缘	位于站线间	通行超限货物列车时	—	—	1 100 及以上	≥2 440
1	跨线桥柱、天桥柱、雨棚柱和电力照明杆等杆柱边缘	位于站线间	不通行超限货物列车时	≥2 150	≥2 150	1 100 及以上	≥2 150
1	跨线桥柱、天桥柱、雨棚柱和电力照明杆等杆柱边缘	位于站场最外站线的外侧		≥3 100	≥3 100	1 100 及以上	≥3 100
1	跨线桥柱、天桥柱、雨棚柱和电力照明杆等杆柱边缘	位于最外梯线或牵出线一侧		≥3 100	≥3 100	1 100 及以上	≥3 500
2	接触网支柱边缘	位于站内正线一侧或站场最外线路的外侧	无砟	≥3 000	≥2 500	—	—
2	接触网支柱边缘	位于站内正线一侧或站场最外线路的外侧	有砟	≥3 100	≥3 100	—	≥3 100
2	接触网支柱边缘	位于站线间	通行超限货物列车时	—	—	1 100 及以上	≥2 440
2	接触网支柱边缘	位于站线间	不通行超限货物列车时	≥2 150	≥2 150	1 100 及以上	≥2 150
2	接触网支柱边缘	位于最外梯线或牵出线一侧		≥3 100	≥3 100	1 100 及以上	≥3 500
3	高柱信号机边缘	高速铁路和城际铁路	正线	≥2 440	≥2 200	—	—
3	高柱信号机边缘	高速铁路和城际铁路	到发线	≥2 150	≥2 150	—	—
3	高柱信号机边缘	客货共线铁路和重载铁路	通行超限货物列车时	—	—	1 100 及以上	≥2 440
3	高柱信号机边缘	客货共线铁路和重载铁路	不通行超限货物列车时	—	—	1 100 及以上	≥2 150
4	货物站台边缘	普通站台		—	—	950～1 100	1 750
4	货物站台边缘	高站台		—	—	≤4 800	1 850
5	旅客站台边缘	高站台	位于正线一侧	1 800	1 800	—	—
5	旅客站台边缘	高站台	位于站线一侧	1 750	1 750	1 250	1 750
5	旅客站台边缘	普通站台	位于不通行超限货物列车的到发线一侧	—	—	500	1 750
5	旅客站台边缘	低站台	位于通行超限货物列车的到发线一侧	—	—	300	1 750

续表

序号	建（构）筑物和设备名称	高速铁路	城际铁路	客货共线铁路和重载铁路	
				高出轨面的距离	至线路中心线的距离
6	车库门、转车盘、洗车架和洗罐线、机车走行线上的建（构）筑物边缘	—	—	1 250 及以上	≥2 000
7	清扫或扳道房和围墙边缘	≥3 500	≥3 500	1 100 及以上	≥3 500
8	起吊机械固定杆柱或走行部分附属设备边缘至货物装卸线	—	—	1 100 及以上	≥2 440
9	连续墙体、栅栏、声屏障边缘　位于正线或站线外侧（无人员通行）	路基面外	路基面外	—	路基面外

注：（1）表列序号 1、序号 2 有砟轨道线路考虑大型养路机械作业时，路基地段杆柱内侧边缘至正线线路中心的距离不应小于 3 100 mm。

（2）表列序号 2 接触网支柱内侧边缘至线路中心的距离，困难条件下，位于有砟轨道正线一侧不应小于 2 500 mm，位于不通行超限货物列车的站线一侧不应小于 2 150 mm。

（3）表列序号 5 正线无列车通过或列车通过速度不大于 80 km/h 时，高站台边缘至线路中心线的距离可采用 1 750 mm。

（4）表列序号 9 栅栏边缘至线路中心的距离，高速铁路尚应不小于栅栏距地面的高度加 2 440 mm 之和，城际铁路尚应不小于栅栏距地面的高度加 2 200 mm 之和。

隧道建筑限界的高度稍高于直线建筑限界的高度，宽度与直线建筑限界的宽度相同。隧道建筑限界又分为适用内燃牵引区段的隧道建筑限界和适用电力牵引区段的隧道建筑限界两种。

桥梁建筑限界的高度和宽度与隧道建筑限界基本相同。隧道建筑限界图和桥梁建筑限界图详见《技规》附图。

（二）曲线建筑限界

列车运行在曲线上时，由于车体中心线与轨道中心线不吻合，两转向架中心销之间的车体中心线向曲线内侧偏移，车体纵向两端向轨道外侧突出，车体与建筑限界之间的安全空间减小，如图 3.2.7 所示。同时由于曲线地段的外轨超高使车体向曲线内侧倾斜，也使车体与建筑限界之间的安全空间减小，如图 3.2.8 所示。为保证列车在曲线的运行安全，曲线上建筑限界应在直线建筑限界的基础上适当加宽。

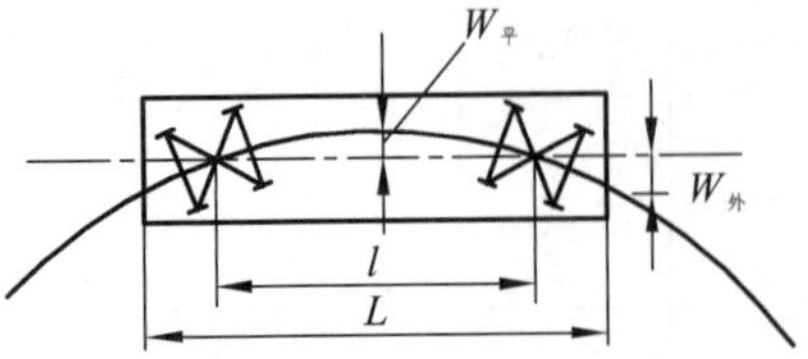

图 3.2.7　曲线地段车体平面偏移

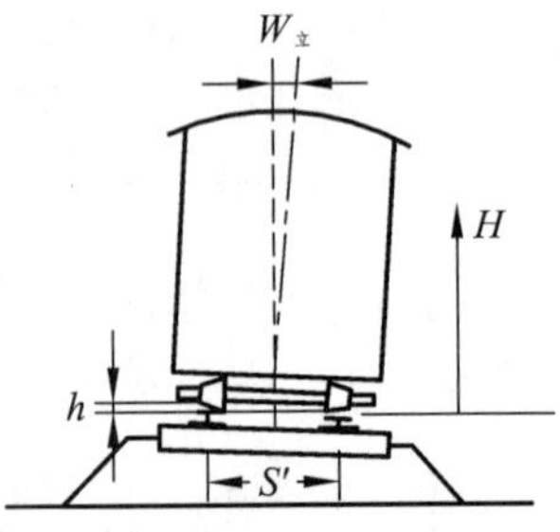

图 3.2.8　曲线地段车体立面偏移

1. 曲线内侧限界加宽

曲线内侧限界加宽（$W_{内}$）由车体中心向轨道中心内侧的平面偏移（$W_{平}$）和车体内倾的立面偏移（$W_{立}$）两部分构成。

从图 3.2.9 看，车体中心线向轨道中心内侧的平面偏移主要决定于车体两转向架中心销之间的距离（l）和曲线半径（R）的大小，如果 l 大 R 小，则车体偏入曲线内侧的距离（$W_{平}$）也就越大。根据相交弦定理得：

$$(2R-W_{平})\times W_{平}=\frac{l}{2}\cdot\frac{l}{2}$$

展开后因 $W_{平}^2$ 的数值很小，略去后得：

$$W_{平}=\frac{l^2}{8R}\ （\text{mm}）$$

为满足各种车辆的需要，我国采用车体长 L = 26 m、销距 l = 18 m 的大型车体作为计算车辆，将 l 值代入上式，得：

$$W_{平}=\frac{18\times 18}{8R}\times 1\,000$$
$$=\frac{40\,500}{R}\ (\text{mm})$$

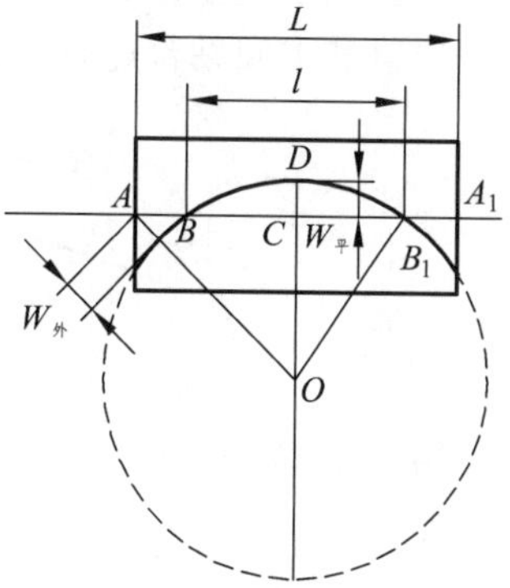

图 3.2.9　车体平面偏移计算图

从图 3.2.8 看，因曲线外轨设置超高而引起的车体内倾的立面偏移（$W_{立}$）有如下关系：

$$\frac{W_{立}}{H}=\frac{h}{S'}$$

式中　H——轨面至计算点的高度，当建筑物或设备的高度大于或等于车体突出点的高度 3 600 mm 时，H 值采用车体突出点的高度 3 600 mm，当建筑物或设备的高度小于车体突出点的高度时，H 值采用建筑物或设备的高度；

S'——内外侧钢轨中心线间的距离，采用 1 500 mm。

于是有：

$$W_{立}=\frac{H}{1\,500}\cdot h\ （\text{mm}）$$

则，曲线内侧限界加宽为：

$$W_{内}=W_{平}+W_{立}=\frac{40\,500}{R}+\frac{H}{1\,500}\cdot h\ （\text{mm}）$$

2. 曲线外侧限界加宽

从图 3.2.9 看，车体纵向两端向轨道中心线外侧突出的偏移则为曲线外侧限界加宽量，根据勾股定理得：

$$(R+W_{外})^2=\left(\frac{L}{2}\right)^2+(R-W_{平})^2$$

展开后略去$W_{外}^2$和$W_{平}^2$，将$L = 26$ m代入，得：

$$W_{外}=\frac{L^2}{8R}-W_{平}=\frac{26^2}{8R}\times 1\,000-\frac{40\,500}{R}=\frac{44\,000}{R}\quad(\text{mm})$$

各加宽量的计算结果通常进整成5 mm的整倍数。

【例3.2.1】某单线车站如图3.2.10所示，Ⅱ道的曲线半径为1 000 m，外轨超高为60 mm。Ⅱ、3道间的中间站台长、宽、高为400 m × 5 m × 0.3 m。试确定Ⅱ道上、下行方向的出站信号机边缘和中间站台边缘至Ⅱ道线路中心线的最小距离。

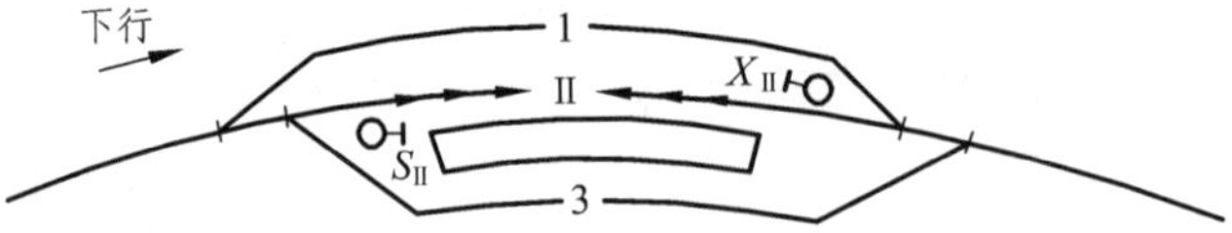

图3.2.10　位于曲线上的某单线车站图

解：$X_{Ⅱ}$位于曲线的外侧，$X_{Ⅱ}$边缘离开Ⅱ道线路中心线的最小距离为：

$$2\,440+W_{外}=2\,440+\frac{44\,000}{1\,000}=2\,484\approx 2\,485(\text{mm})$$

$S_{Ⅱ}$位于曲线的内侧，$S_{Ⅱ}$边缘离开Ⅱ道线路中心线的最小距离为：

$$\begin{aligned}2\,440+W_{内}&=2\,440+\frac{40\,500}{R}+\frac{H}{1\,500}\cdot h\\&=2\,440+\frac{40\,500}{1\,000}+\frac{3\,600}{1\,500}\times 60\\&=2\,624.5\\&\approx 2\,625(\text{mm})\end{aligned}$$

中间站台位于曲线内侧，中间站台边缘离开Ⅱ道线路中心线的最小距离为：

$$1750+\frac{40\,500}{R}+\frac{H}{1\,500}\cdot h=1\,750+\frac{40\,500}{1\,000}+\frac{300+2\,000}{1\,500}\times 60=1\,882.5\approx 1\,885(\text{mm})$$

三、线路间距

相邻两线路中心线间的距离简称线路间距。线路间距应保证行车安全、人身安全和站内作业的安全，满足通行超限列车和设置行车和客、货运设备的需要，因此通常由机车车辆限界、建筑限界、超限货物装载限界、线间设备计算宽度和线路间办理作业性质需要的安全量等项因素确定。

区间线路间距决定于下列各项因素：

（1）机车车辆限界。

（2）建筑限界。

（3）超限货物装载限界。

货物装车后，车辆停留在水平直线上，货物的任何部位超出机车车辆限界基本轮廓者或车辆行经半径为300 m的曲线时，货物的计算宽度超出机车车辆限界基本轮廓者，均为超限货物。因此，超限货物限界大于机车车辆限界。

（4）设置在相邻线路间有关设备的计算宽度。

设置在线路之间的设备主要是出站信号机、站台等。一般情况下，中间站台常用的计算宽度为 8 m、9 m、12 m 等，出站信号机的计算宽度为 380 mm 和 410 mm。

（5）在相邻线路间办理作业的性质。

工作人员在线路之间进行不同的作业，所需的安全余量也不同。比如，两线路之间无作业、无设备时，两侧灯之间保证不停车不会车的安全宽度为 400 mm；当牵出线上有调车作业时，调车作业的安全余量为 1 500 mm 等。

（一）直线地段线路间距

《技规》（普速铁路部分）规定，当区间列车运行速度小于 120 km/h 时，双线区间直线地段最小线路间距为 4 000 mm，如图 3.2.11 所示。它是由车辆限界半宽、侧灯宽度、两侧灯之间保证不停车会车的安全宽度相加而得，即

$$2\times(1\ 700+100)+400=4\ 000\ (\text{mm})$$

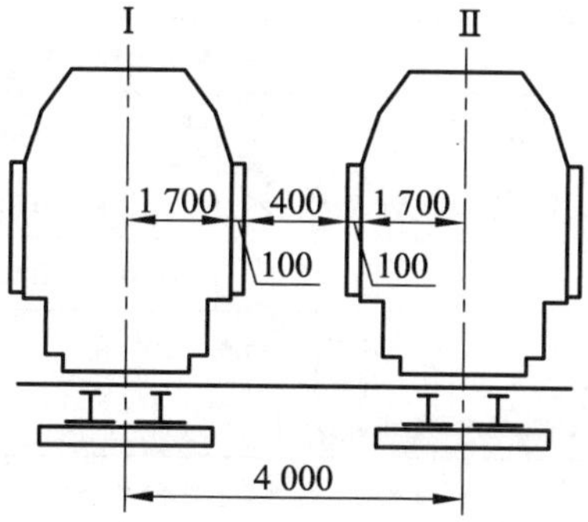

图 3.2.11　双线区间直线地段线路间距（单位：mm）

《技规》（普速铁路部分、高速铁路部分）规定，三线及四线区间的第二线与第三线的线路间距为 5 300 mm，如图 3.2.12 所示。它是根据直线建筑限界半宽，第二线与第三线间装有高柱信号机（380 mm），且两线均通行超限货物列车所需的安全余量（40 mm）等因素确定的。

$$2\times2\ 440+380+40=5\ 300\ (\text{mm})$$

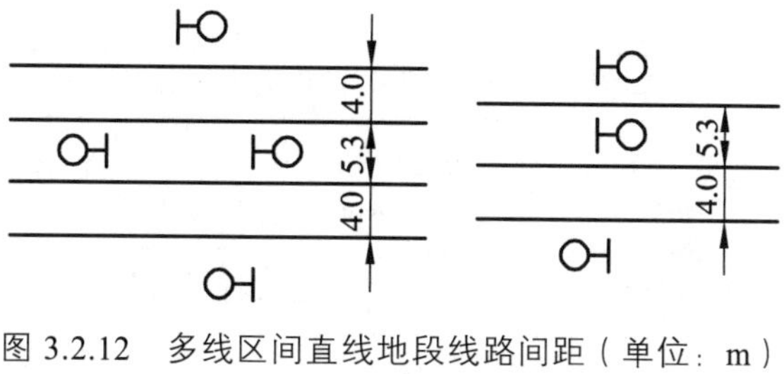

图 3.2.12　多线区间直线地段线路间距（单位：m）

《技规》及《铁路车站及枢纽设计规范》对铁路区间及站内两相邻线路中心线间的最小距离规定，见表 3.2.2 和表 3.2.3。

表 3.2.2　区间线路间距

序号	名　　称		线间最小距离/mm
1	客货共线铁路	v≤120 km/h	4 000
		120 km/h<v≤160 km/h	4 200
		160 km/h<v≤200 km/h	4 400
2	高速铁路和城际铁路	v = 160 km/h	4 200
		160 km/h<v≤200 km/h	4 400
		200 km/h<v≤250 km/h	4 600
		250 km/h<v≤300 km/h	4 800
		300 km/h<v≤350 km/h	5 000

表 3.2.3　车站线路间距

序号	名　　称				线间最小距离/mm
1	站内正线	高速铁路和城际铁路	站内正线间无渡线时		与区间正线相同
			站内正线间有渡线时	v≤250 km/h	4 600
				250 km/h<v≤300 km/h	4 800
				300 km/h<v≤350 km/h	5 000
		客货共线铁路			5 000
		双线与第三线间，或相同行车方向的正线间			5 300
2	站内正线与相邻到发线	无列检、上水及卸污作业			5 000
		有列检、上水或卸污作业	v≤120 km/h	一般	5 500
				改建特别困难	5 000
			120 km/h<v≤160 km/h	一般	6 000
				改建特别困难	5 500
			160 km/h<v≤200 km/h	一般	6 500
				改建特别困难	5 500
3	到发线间、调车线间	一般			5 000
		铺设列检小车通道或有客车上水、卸污作业			5 500
		改建特别困难			4 600
4	装有有高柱信号机的线间	相邻两线（含正线）均需通行超限货物列车			5 300
		相邻两线（含正线）只有一条通行超限货物列车			5 000
5	动车组存车线间				4 600
6	客车车底停留线间	一般			5 000
		改建特别困难			4 600

续表

序号	名　　称		线间最小距离/mm
7	动车组及客车整备线间	线间无照明和通信等电杆	6 000
		线间有照明和通信等电杆	7 000
8	货物直接换装的线路间		3 600
9	牵出线与其相邻线	区段站、编组站及其他调车作业繁忙车站	6 500
		中间站及其他仅办理摘挂取送作业	5 000
10	调车场各线束间		6 500
11	调车场设有制动员室的线束间		7 000
12	梯线与其相邻线间		5 000

注：1. 表列序号 1，城际铁路当正线间设置反向出站信号机时，线间距应计算确定。

2. 表列序号 2，在有列检作业的区段站上，路段设计速度 120 km/h 及以上时，运营中必须采取保证列检人员人身安全的措施。

3. 表列序号 3，列检小车通道不宜设在通行超限货物列车的到发线间，线间铺设机动小车通道的相邻到发线间距不应小于 6 000 mm。

4. 在区段站、编组站及其他大站上，线间距应与灯桥、接触网软横跨或硬横跨等横向最大跨度相适应，一般最多每隔 8 条线路或 40 m 应设置一处不小于 6 500 mm 的线间距，此线间距宜设在两个车场或线束之间。

5. 照明或通信电杆等设备，在站线较多的大站上应集中设置在有较宽线间距的线路间，在中间站宜设在站线之外；其他杆柱不宜与高柱信号机布置于同一线间，若确需布置于同一线间时，应确保高柱信号机的瞭望条件。

表 3.2.3 中站内相邻两线均需通行超限货物列车，线间装有高柱信号机，其线间距为：

$$2\,440+380+40+2\,440 = 5\,300\ (\text{mm})$$

正线、到发线间或与其相邻线的线间距为 5 000 mm，是按一线通行超限货物列车，另一线不通行超限货物列车，加上信号机的宽度和安全余量（30 mm）而得：

$$2\,150+380+30+2\,440 = 5\,000\ (\text{mm})$$

（二）曲线地段线路间距

由于曲线地段外侧线路上的车体中部向内侧偏移，内侧线路上的车体两端外角向曲线外测偏移，如图 3.2.13（a）所示，及相邻曲线的外轨超高高度不同，如图 3.2.13（b）所示。若相等两曲线线路间距与直线地段的线路间距相同，将会使处于曲线地段两列车间的净空较直线地段小，影响列车运行安全。

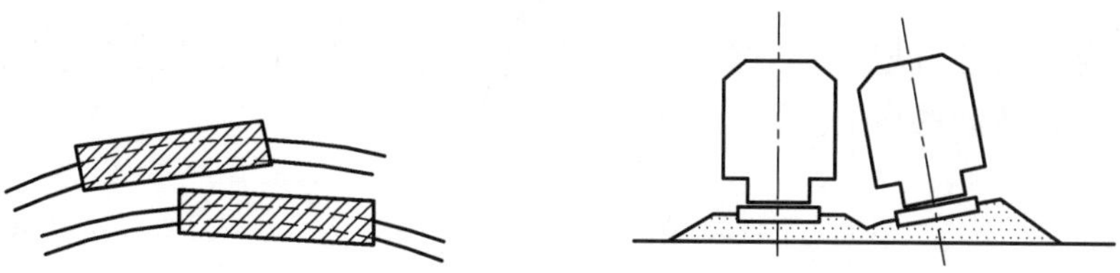

（a）　　（b）

图 3.2.13　车体间净空减小

为了保证列车运行安全，使曲线地段两列车间的净空等于直线地段两列车间的净空，曲线地段线路间距应适当加宽，其加宽量与曲线地段建筑限界加宽量相同。

1. 曲线地段相邻两线间设有建筑物或设备

当曲线地段相邻两线间设有建筑物或设备时，相邻线路间距应考虑曲线地段的建筑限界的内外侧加宽量，分别计算出建筑物或设备边缘距线路中心线的距离，再加上建筑物或设备的宽度。

【例 3.2.2】 在图 3.2.14 中，Ⅰ、Ⅲ道间设有宽为 380 mm 的高柱信号机，且两曲线半径均为 1 000 mm，Ⅲ道外轨超高 60 mm，Ⅰ道外轨超高为 40 mm，试确定Ⅰ、Ⅲ道间的线间距。

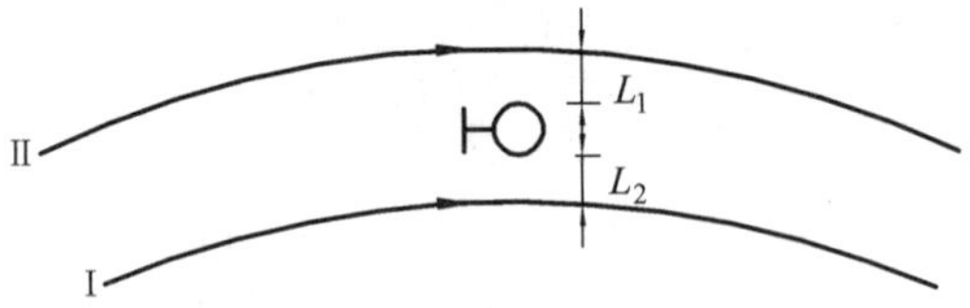

图 3.2.14　曲线地段线间距计算

解：信号机边缘距Ⅰ道线路中心线的距离为：

$$2\ 440+\frac{44\ 000}{R}=2\ 440+\frac{44\ 000}{1\ 000}=2\ 484\approx 2\ 485\,(\text{mm})$$

信号机边缘距Ⅲ道中心线的距离为：

$$2\ 440+\frac{40\ 500}{R}+\frac{H}{1\ 500}h=2\ 440+\frac{40\ 500}{1\ 000}+\frac{3\ 600}{1\ 500}\times 60=2\ 624.5\approx 2\ 625\,(\text{mm})$$

Ⅰ、Ⅲ道的线间距为：

$$2\ 485+380+40+2\ 635=5\ 540\ (\text{mm})$$

2. 曲线地段相邻两线间无建筑物或设备

若曲线地段相邻两线路之间无建筑物或设备，两曲线半径相同，最小线路间距可按下列两种情况计算确定：

（1）当外侧线路外轨超高大于内侧线路超高时，由于外侧线路车体内倾. 在立面上车体上部空间减少了两线间的净空，而内侧线路上的车体，又增加了两线间的净空。因此，在计算曲线内侧加宽时，应减去内侧曲线超高造成的净空增加值，即

$$S_{曲}=S_{直}+\frac{84\ 500}{R}+\frac{H}{1\ 500}(h_{外}-h_{内})\ (\text{mm})$$

（2）当内侧线路外轨超高大于或等于外侧线路的超高时，内侧线路上的车体内倾加大，增大了车体上部两线间的净空，即

$$S_{曲}=S_{直}+\frac{84\ 500}{R}\ (\text{mm})$$

技能训练

确定以下站场图各条线路之间的线间距（$v\leqslant 120$ km/h，无列检作业）。

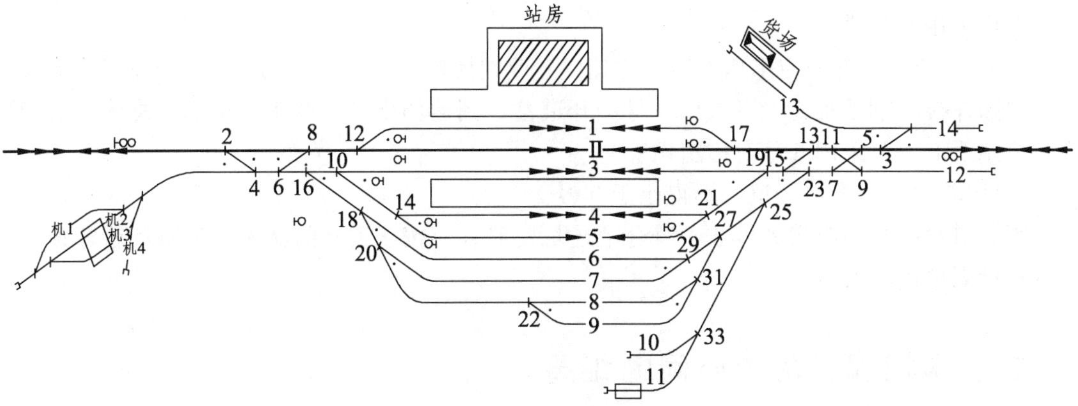

图 3.2.15　某站平面示意图

任务三　车站线路有效长推算

【相关知识】

一、道岔辙叉号数的选用

道岔是控制行车速度的关键设备，道岔号数一旦确定，再要改变将会引起站场改造的巨大工程或严重影响正常运营，因此，在设计铁路站场时应合理选用道岔。道岔号数的选择一般应根据列车的运行方式、路段旅客列车设计速度以及要求的道岔侧向允许通过速度来确定。

道岔辙叉号数的选用应符合《铁路车站及枢纽设计规范》和《技规》的规定：

（1）正线道岔的直向通过速度不应小于路段设计行车速度。

（2）跨线列车联络线与正线连接的道岔应根据联络线的设计速度确定，侧向通过列车速度 80 km/h 以上至 160 km/h 时单开道岔可采用 42 号，接轨于车站且列车均停站时可采用 18 号道岔。

（3）用于侧向通过列车，速度 50 km/h 以上至 80 km/h 的单开道岔不得小于 18 号，速度不大于 50 km/h 的单开道岔不得小于 12 号。

（4）侧向接发停车旅客列车的单开道岔，不得小于 12 号。

（5）侧向接发停车货物列车并位于正线的单开道岔，在中间站不得小于 12 号，在其他车站不得小于 9 号。

（6）重载铁路用于侧向接发万吨及以上列车的道岔不宜小于 18 号，正线上的渡线道岔及用于接发其他列车的道岔不应小于 12 号。

（7）狭窄的站场采用交分道岔不得小于 9 号，但尽量不用于正线，必须采用时不得小于 12 号。

（8）正线跨区间无缝线路及设计速度 160 km/h 及以上的路段，不应采用交叉渡线。困难条件下，路段设计速度小于 160 km/h 时，可采用交叉渡线。

（9）动车段（所、存车场）内到发停车场到达（出发）端的道岔宜采用 12 号道岔，困难条件下可采用 9 号道岔。

（10）驼峰溜放部分应采用 6 号对称道岔；改建困难时，可保留其他对称道岔；当调车场外侧线路连接特别困难时，可采用 9 号单开道岔。到达场出口、调车场尾部、物流中心及段管线等站线上，可采用 6 号对称道岔。

（11）其他线路的单开道岔不得小于 9 号。

既有道岔的类型及辙叉号数不符合上述规定时，应按该道岔的辙叉号数限制行车速度，且应有计划地进行改造。

二、两相邻道岔中心间的距离

（一）道岔配列形式

两相邻道岔常见的配列形式如图 3.3.1 所示。

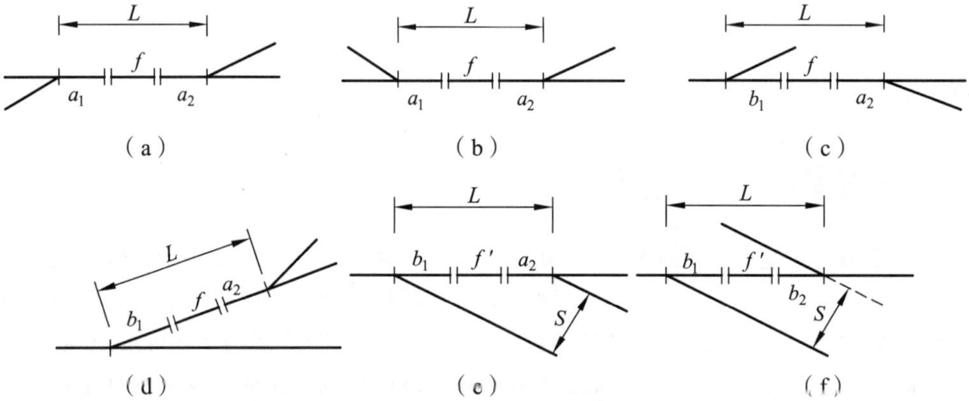

图 3.3.1　常见道岔配列形式

1. 异侧对向

异侧对向指在基线异侧对向布置的两个单开道岔，如图 3.3.1（a）所示。

2. 同侧对向

同侧对向指在基线同侧对向布置的两个单开道岔，如图 3.3.1（b）所示。

以上两种配列形式中，两相邻道岔中心间的最小距离（L）应为：

$$L = a_1 + f + a_2 + \Delta \ (\text{m})$$

式中　a_1——第一组道岔始端基本轨轨缝中心至道岔中心的距离；

a_2——第二组道岔始端基本轨轨缝中心至道岔中心的距离；

f——两相邻道岔间插入钢轨的最小长度；

Δ——一个轨缝的宽度，对于 25 m 或 12.5 m 标准轨取值为 0.012 m，12.5 m 以下的短轨取值 0.008 m。每插入一根钢轨，就产生一个轨缝。

考虑到列车通过时的平稳性以及方便今后的站场改造和养护维修，要在两组道岔间插入一段直线钢轨，其长度需满足车辆通过第一组道岔导曲线所产生的振动在到达第二组道岔导曲线前消失，不与第二组道岔导曲线所产生的振动叠加的要求。根据《铁路车站及枢纽设计规范》规定的 f 取值按表 3.3.1 确定。

表 3.3.1　两对向单开道岔间插入钢轨的最小长度　　单位：m

道岔布置	线　别		有列车同时通过两侧线		无列车同时通过两侧线
			一般情况	困难情况	
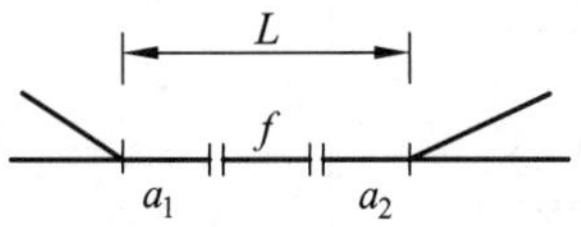	正线	直向通过速度 v>120 km/h	-	-	12.5（25.0）
		直向通过速度 v≤120 km/h	-	-	6.25（25.0）
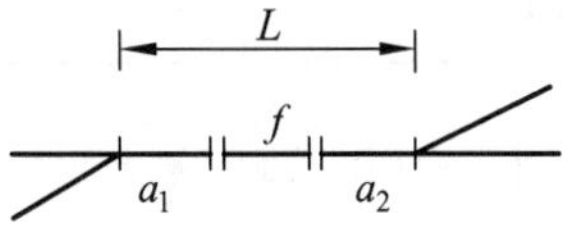	正线	直向通过速度 v>160 km/h	25.0（50.0）	12.5（32）	12.5（25.0）
		直向通过速度 160 km/h≥v>120 km/h	12.5（25.0）	12.5（25.0）	12.5（25.0）
		直向通过速度 v≤120 km/h	12.5（25.0）	6.25（25.0）	6.25（25.0）
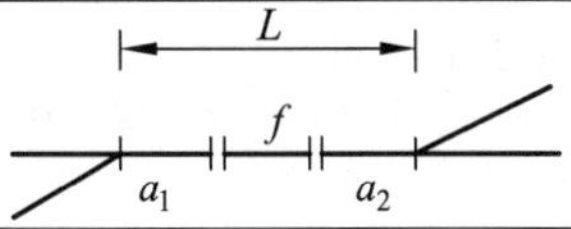	到发线	客车	12.5（25.0）	12.5（12.5）	0（12.5）
		货车	6.25	6.25	0
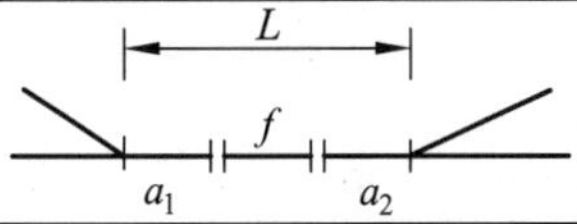	其他站线	客车	12.5	12.5	0
		货车	—	—	0

3. **异侧顺向**

异侧顺向指在基线异侧顺向布置的两个单开道岔，如图 3.3.1（c）所示。

4. **分支顺向**

分支顺向指在前一组单开道岔的侧线上又分出一组顺向单开道岔，如图 3.3.1（d）所示。

以上两种配列形式中，两相邻道岔中心间的最小距离（L）应为：

$$L = b_1 + f + a_2 + \Delta \text{（m）}$$

式中　b_1——第一组道岔中心至辙叉跟端轨缝中心的距离（m）。

此时，插入钢轨长度主要受道岔结构的影响，f 值可按表 3.3.2 确定。

表 3.3.2　两顺向单开道岔间插入钢轨的最小长度　　单位：m

道岔布置	线　别		混凝土岔枕道岔	
			一般情况	困难情况
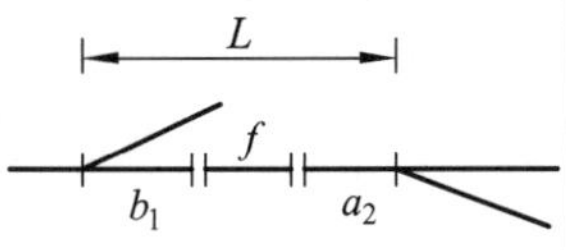	正线	直向通过速度 v>160 km/h	25.0（25.0）	12.5（25.0）
		直向通过速度 160 km/h≥v>120 km/h	12.5（25.0）	12.5（25.0）
		直向通过速度 v≤120 km/h	12.5（25.0）	8.0（25.0）

续表

道岔布置	线别		混凝土岔枕道岔	
			一般情况	困难情况
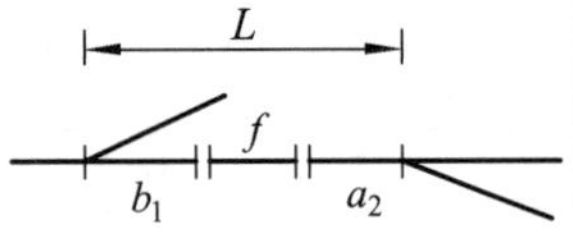	到发线		12.5（25.0）	8.0（12.5）
	其他站线	客车	12.5	8.0
		货车	8.0	6.25
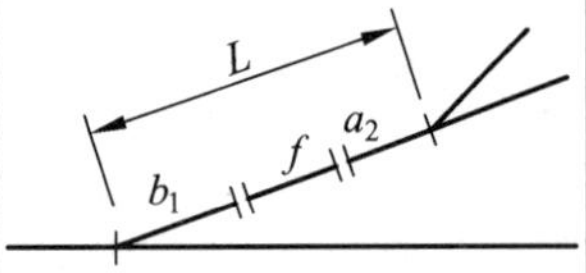	到发线		12.5（25.0）	8.0（12.5）
	其他站线	客车	12.5	8.0
		货车	8.0	6.25

注：（1）括号内的数字为股道采用 18 号单开道岔时插入的最小钢轨长度。

（2）道岔间插入钢轨的最小长度除应符合表 3.3.1 及表 3.3.2 的一般规定外，尚应按道岔结构要求适当调整。

（3）正线、站线采用无缝线路或通行动车组列车时，道岔间插入钢轨的最小长度不应小于 12.5 m。

（4）相邻两道岔轨型不同，插入钢轨应采用异型轨。

（5）客车整备所线路采用 6 号对称道岔连续布置时，插入钢轨长度不应小于 12.5 m。

（6）列车是指编成的车到并挂有机车及规定的列车标志，不含未完全具备列车条件按列车办理的机车车辆。

5. 同侧顺向

同侧顺向指在基线同侧顺向布置的两个单开道岔，如图 3.3.1（e）所示。

这种布置的两相邻岔心间的最小距离决定于相邻线路的最小容许间距 S，其长度为：

$$L=\frac{S}{\sin\alpha}=b_1+f'+a_2\ (\text{m})$$

$$f'=L-(b_1+a_2)\ (\text{m})$$

式中　α ——道岔的辙叉角；

f' ——含轨缝的插入直线段钢轨长度。

6. 异侧背向

异侧背向指在基线异侧背向布置的两个单开道岔，如图 3.3.1（f）所示。

这种形式的两相邻道岔中心间的最小距离 L，决定于相邻线路最小间距 S，其长度可按下式确定：

$$L=\frac{S}{\sin\alpha_{\min}}=b_1+f'+b_2\ (\text{m})$$

$$f'=L-(b_1+b_2)\ (\text{m})$$

相邻两道岔中心间的距离除应满足最小距离的要求外，还需满足站场线路布置几何形状的要求。

（二）两相邻道岔中心间距离的确定

两相邻道岔中心间的距离应根据两道岔的配列形式和道岔的辙叉号数及其几何要素等来

确定。

图 3.3.2 所示为某站一端咽喉区布置示意图，已知该站道岔直向通过速度为 $v = 120$ km/h，混凝土岔枕道岔，试确定各种道岔配列形式两相邻岔心间的距离。

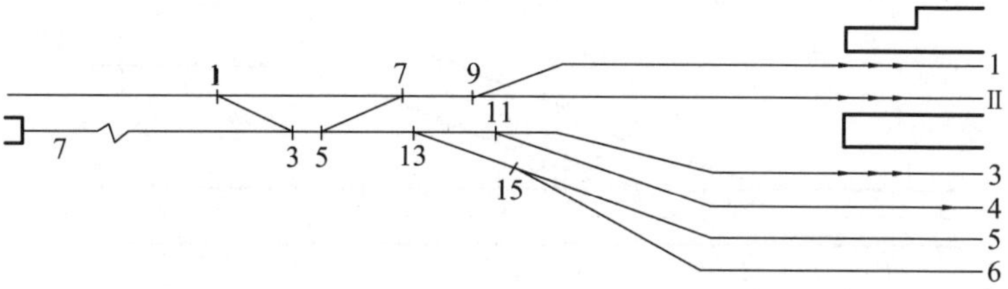

图 3.3.2　某站一段咽喉区布置

（1）确定各道岔的辙叉号数。

1、3、9 道岔需侧向接发旅客列车，应采用 12 号道岔，其余道岔采用 9 号道岔。

（2）确定各种道岔配列形式两相邻岔心间的距离。

① 3 ~ 5 号道岔为同侧对向配列形式：

$$L = a_1 + f + a_2 + \Delta = 16.853 + 0 + 13.839 + 0 = 30.692\ (\text{m})$$

② 7 ~ 9 号道岔为异侧对向配列形式：

$$L = a_1 + f + a_2 + \Delta = 13.839 + 6.25 + 16.853 + 0.008 = 36.950\ (\text{m})$$

③ 5 ~ 13 号道岔为异侧顺向配列形式：

$$L = b_1 + f + a_2 + \Delta = 15.009 + 8.0 + 13.839 + 0.008 = 36.856\ (\text{m})$$

④ 13 ~ 15 号道岔为分支顺向配列形式：

$$L = b_1 + f + a_2 + \Delta = 15.009 + 8.0 + 13.839 + 0.008 = 36.856\ (\text{m})$$

⑤ 13 ~ 11 号道岔为同侧顺向配列形式：

$$L = \frac{S}{\sin\alpha} = \frac{6.5}{\sin 6°20'25''} = \frac{6.5}{0.110\,433} \approx 58.850\ (\text{m})$$

在设计车站时，两相邻道岔中心线的最小距离（L）可以从书末附录表中查取。

三、线路连接形式

为了保证车站各条线路的行车与作业安全，车站线路之间应进行相互连接，其主要的连接形式有线路终端连接、渡线连接、线路平行错移连接及梯线连接等。

（一）线路终端连接

在站场设计中，将相邻两平行线路中的一条线路终端与另一条线路连接起来的连接形式叫线路终端连接。

现场常见的终端连接为普通线路终端连接，由一副单开道岔、一条连接曲线及道岔与曲线间的直线段组成，如图 3.3.3 所示。

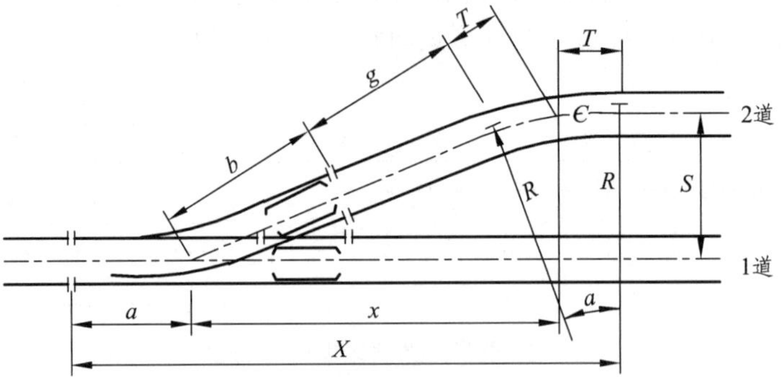

图 3.3.3　普通线路终端连接

为了标定曲线及全部连接长度，应确定角顶 C 的坐标，即

$$x=(b+g+T)\cos\alpha=S\cot\alpha=SN$$
$$y=(b+g+T)\sin\alpha=S$$

全部连接长度在水平方向的投影为：

$$X=a+x+T$$

连接曲线切线长度为：

$$T=R\cdot\tan\frac{\alpha}{2}$$

式中　R——连接曲线半径，其值不应小于连接道岔的导曲线半径，根据道岔辙叉号数不同，分别选用 200 m、300 m 和 400 m 等。

道岔与连接曲线间的直线段长度（g），决定于线路间距（S）、曲线半径（R）及道岔的有关要素，可用下式确定：

$$g=\frac{S}{\sin\alpha}-(b+T)$$

当两条平行线路间的距离较大时，为了缩短全部连接长度，可将道岔岔线向外转一个角，形成缩短式的线路终端连接。

（二）渡线连接

为使机车车辆从一条线路进入另一条线路，在两条相互平行的线路之间应设置渡线。渡线常见的有普通渡线、交叉渡线两种。

1. 普通渡线

普通渡线设在两平行线路之间，由两副辙叉号数相同的单开道岔及两道岔间的直线段 组成，如图 3.3.4 所示。

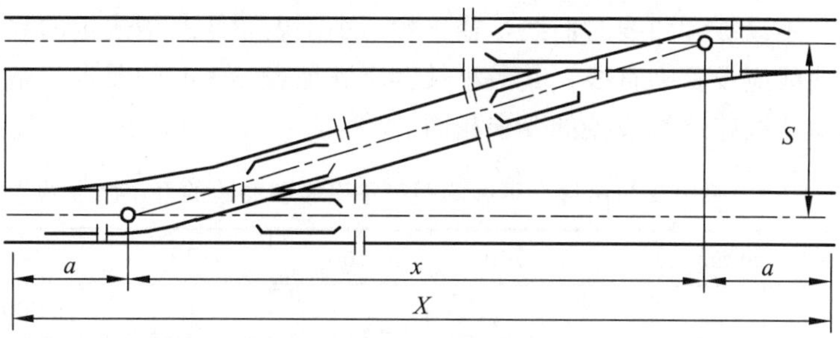

图 3.3.4　普通渡线

若两道岔的辙叉号数 N 及线间距 S 为已知，则普通渡线在水平方向的投影长度为：

$$x = S \cdot \cot\alpha = S \cdot N$$

全部连接长度在水平方向的投影长度为：

$$X = 2a + x = 2a + S \cdot \cot\alpha = 2a + SN$$

2. **交叉渡线**

交叉渡线是由四副辙叉号数相同的单开道岔和一副菱形交叉及连接轨道组成。在需要连续铺设两条方向相反的普通渡线而受地面长度限制时采用这种渡线，如图 3.3.5 所示。交叉渡线的计算与普通渡线相同。

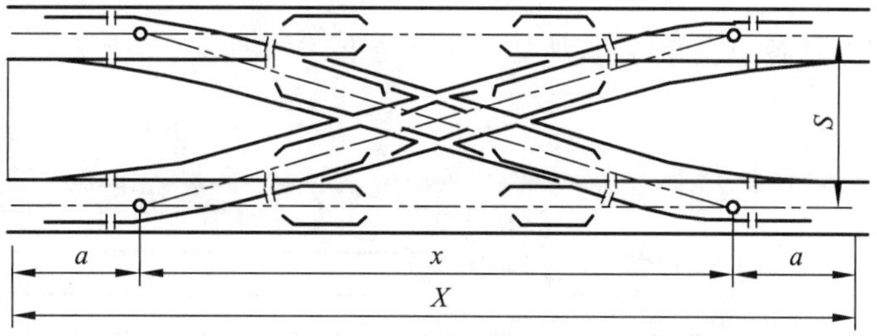

图 3.3.5　交叉渡线

（三）线路平行错移连接

在车站两平行线路间的某一段需要修建站台或其他建筑物及为某种作业需要而变更线间距离时，其中一条线路要平行移动，移动后的线路与原线路之间用反向曲线连接，这种连接形式称为线路平行错移连接，如图 3.3.6 所示。

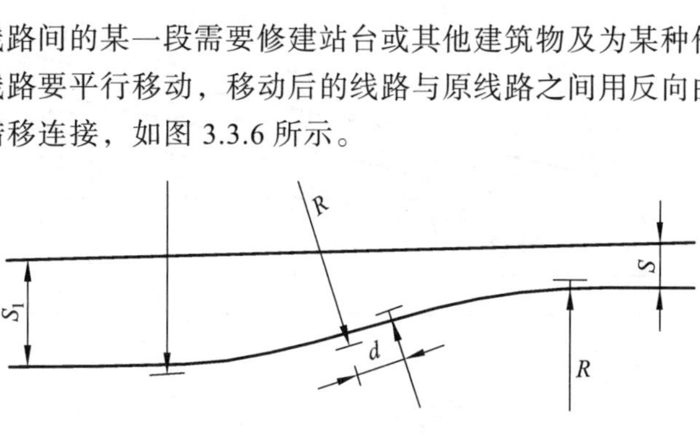

图 3.3.6　平行错移连接

平行错移连接反向曲线半径，在站内正线应根据铁路等级、结合旅客列车行车速度及地形条件比选确定。不设缓和曲线时曲线半径一般不小于表 3.3.3 中规定的数值。站内正线两反向曲线的缓和曲线应设置夹直线，其最小长度应满足表 3.3.4 的要求。站线反向曲线间的夹直线长度与缩短式线路终端连接的要求相同。

表 3.3.3 采用反向曲线变更线间距可不设缓和曲线的最小圆曲线半径 单位：m

路段设计速度/（km·h^{-1}）		200	160	120	100	80
工程条件	一般	—	12 000	10 000	8 000	5 000
	困难			5 000	4 000	3 000

表 3.3.4 圆曲线或夹直线最小长度 单位：m

路段设计速度/（km·h^{-1}）		200	160	120	100	80
工程条件	一般	160	130	80	60	50
	困难	120	80	50	40	30

（四）梯线连接

将几条平行线路连接在一条公共线上，这条公共线就叫梯线。按道岔位置的布置不同，梯线可分为直线梯线、缩短梯线及复式梯线三种。

1. 直线梯线

直线梯线的特点是各道岔依次排列在一条直线上，如图 3.3.7 所示。

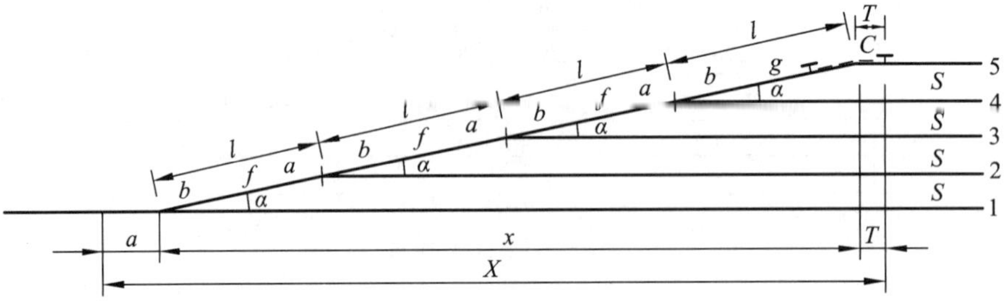

（a）

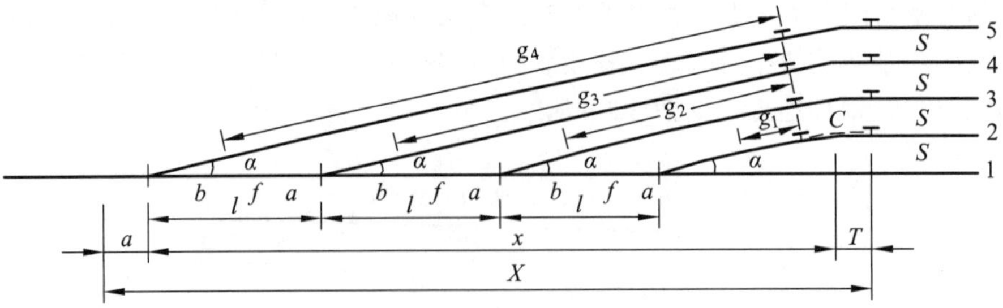

（a）

图 3.3.7 直线梯线

图 3.3.7（a）所示为梯线与各平行线路成一个道岔辙叉角（α），如各道岔辙叉号数相同，且各线路间距相等时，则梯线全长在水平方向的投影长度为：

$$X = a + x + T = a + (n-1)\cdot l\cdot \cos\alpha + T$$

式中　n——平行线路数；

　　　l——两相邻道岔中心距离。

图 3.3.7（b）所示为梯线与各平行线路平行，如各道岔辙叉号数相同，各线路间距相等，相邻线路连接曲线半径之差为 S，且线路各部分都是平行的，则梯线全长在水平方向的投影长度为：

$$X = a + (n-2)\cdot l + (b + g_1 + T)\cdot \cos\alpha + T$$

直线梯线的优点是扳道员扳道时不需要跨越线路，较安全；瞭望条件好，便于检查道岔开通方向。它的缺点是当线路较多时，梯线较长，进入各线经过的道岔数也不均匀，影响调车作业效率，同时，内外侧线路长度相差较大。因此，这种梯线仅适用于线路较少的到发场和调车场。

2. 缩短梯线

当平行线路间距较大时，为了缩短梯线的长度将梯线在与平行线路成一道岔角的基础上再转一个角γ（$\gamma=\beta-\alpha$），而与平行线路形成角β（$\beta>\alpha$），这样就形成缩短渡线，如图 3.3.8 所示。

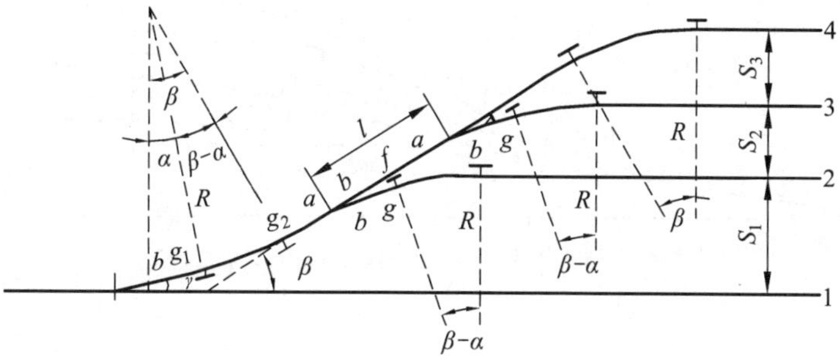

（a）

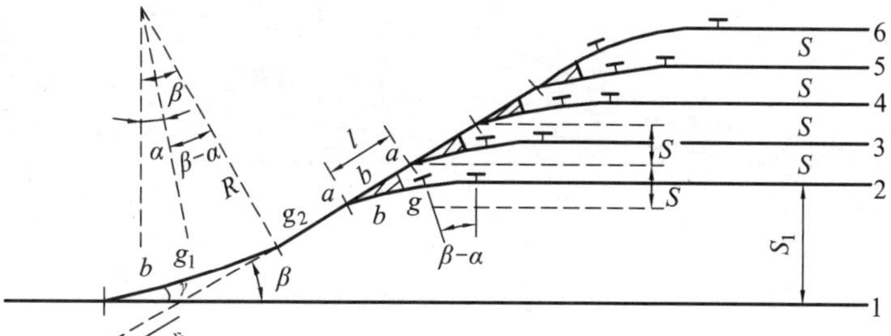

（b）

图 3.3.8　缩短梯线

从图中可以看出，倾斜角β越大，梯线就越短。由于两相邻道岔的中心距离 l 不得小于 $a+b$，故角β有最大值。当已知道岔辙叉号数和线路间距时，则角β的最大值可表示为：

$$\sin\beta_{\max} = \frac{S}{a+b}$$

缩短梯线的主要优点是缩短了梯线的连接长度，使内外侧线路长度相差悬殊的情况得到改善。线路间距较大时，还能提高土地有效使用，另外还可保持直线梯线扳道员扳道时不需跨线的优点。其缺点是连接曲线较多，对调车作业不利。同时，由于角（β）受到一定限制，当连接线路较多时，缩短梯线连接长度的优点不显著。因此，这种梯线仅适用于连接线路数量较少且线间距较大的地方（如货场、机务段燃料场及车辆段等处）。

3. 复式梯线

将几条与基线成不同倾斜角的梯线组合起来，连接较多的平行线路，既可缩短梯线的长度，又可使各平行线的长度均匀，这种连接形式称为复式梯线，如图 3.3.9 所示。

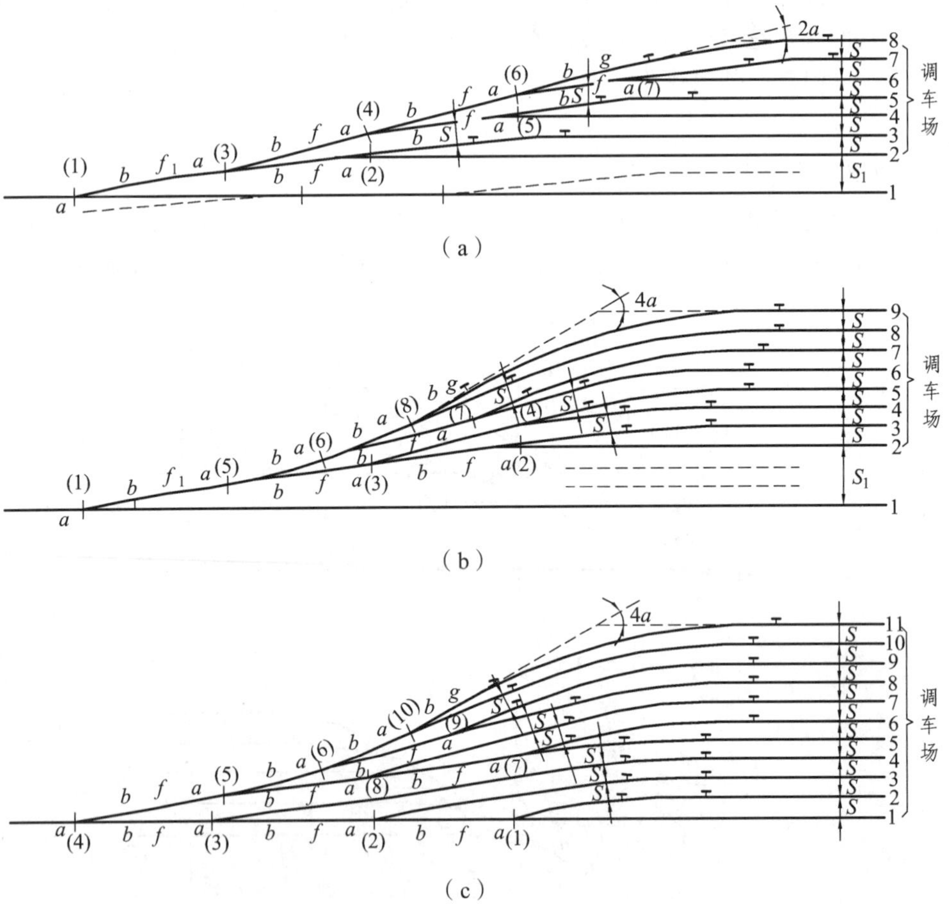

图 3.3.9　复式梯线

图 3.3.9（a）中，连接 4～8 道的梯线是从连接 1～3 道的梯线外侧分出去的，所以它与 1 道成 2α 角。它内侧又分出两条梯线,一条连接 4、5 道，另一条连接 6、7 道。由于这两条梯线相互平行，而且线间距为 S，故第（4）、第（6）两道岔中心距离为 $l = S/\sin\alpha = a+b+f$。各有关线路曲线转角，除 8 道为 2α 外，其余均为α。图中 1 道和 2 道间距 $S_1>S$，S_1 的大小取决于加铺线路（图中虚线）的数目和用途；第（1）第（3）两道岔间的插入段 f_1，其长度主要视 S_1 而定。图中各道岔编号是按作图先后顺序编排的，按照这个顺序及图中标出的道岔配列可以很快地将复式梯线画出来。

图 3.3.9（b）中，复式梯线的构造特点是 8 条线路每两条为一组，车辆进入各条线路（1 道除外）所经过的道岔数相等（都是 4 个）。从图中可以看出，3、4 道，5、6 道，7、8 道及 9 道的连接曲线的转角分别为α、2α、3α 及 4α 。图中 1 道和加辅线路（两虚线）可以是调车线或到发线。如到发线时，$S_1 = 6.5+2 \times 5 = 16.5$（m）。

由图 3.3.9（c）可以看出，线路分组有一定的变化规律：11 条线路分为 4 组，4+3+2+（1+1）= 11。如果是 16 条线路则可分为 5 组，5+4+3+2+（1+1）= 16，其余类推。车场内线路很多时，可采这种复式梯线。

与直线梯线相比，复式梯线的优点是缩短了梯线的长度，可使进入各条线路的车辆经过道岔数目相等或相差不多，可根据需要适当变化梯线结构来调整各线路有效长等。其缺点是曲线多且长，道岔布置分散，当道岔非集中操纵时，扳道员扳道要跨越线路，安全性较差。

当调车线较多时，常用复式梯线连接。有时，调车线数量不多，但用直线梯线连接不能保证各条线路需要的有效长时，也可采用复式梯线。

四、车站线路全长及有效长

车站线路的长度分为全长和有效长两种。

全长是指车站线路一端的道岔基本轨接头至另一端道岔基本轨接头的长度。如为尽头式线路，则指道岔基本轨接头至车挡的长度，如图 3.3.10 所示。线路全长减去该线路上所有道岔的长度叫作铺轨长度。确定线路全长，主要是为了设计时便于估算工程造价，比较设计方案。站内正线铺轨长已在区间正线合并计算，故不另计全长。

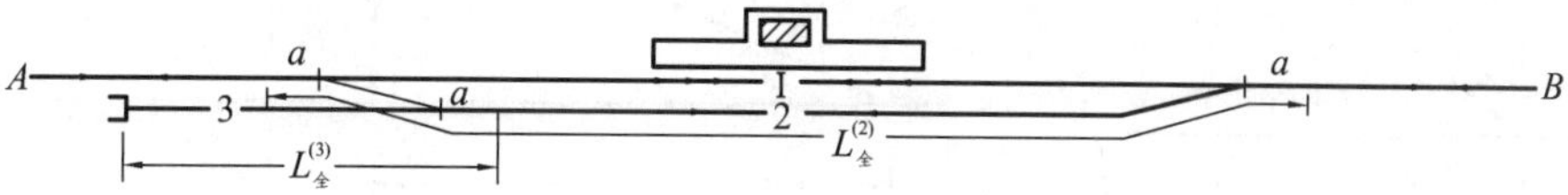

图 3.3.10　线路全长的确定

线路有效长是指在线路全长范围内可以停留机车车辆而不妨碍信号显示、道岔转换及邻线行车的线路部分。

线路有效长起止范围主要由下列因素确定：① 警冲标；② 道岔的尖轨始端（无轨道电路时）或道岔基本轨接头处的钢轨绝缘（有轨道电路时）；③ 出站信号机（或调车信号机）；④ 车挡（为尽头式线路时）；⑤ 辆减速器。

确定线路的有效长主要视线路的用途及其连接形式而定，如图 3.3.11 所示。

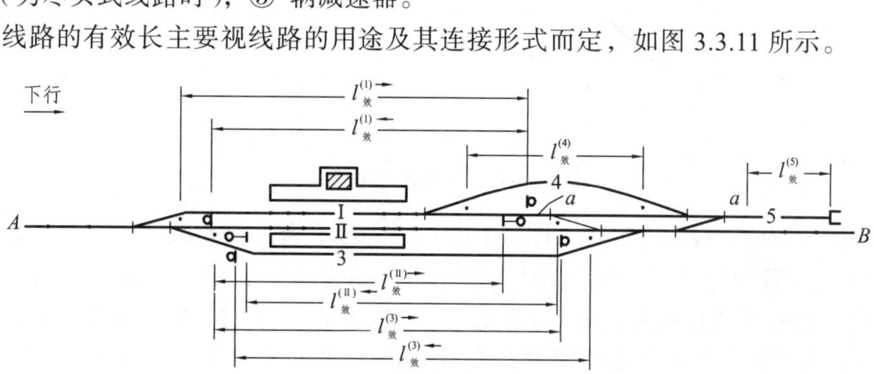

（a）

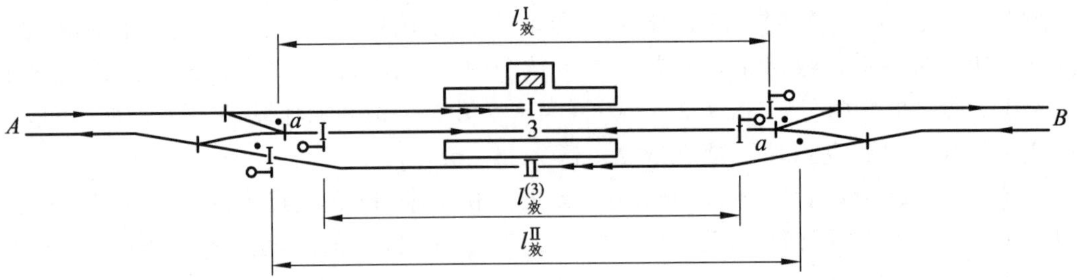

（b）

图 3.3.11　线路有效长的确定

线路需要的有效长度需视线路的用途和能力而定。

到发线的有效长主要由列车长度以及停车时的附加距离组成。

货物列车到发线有效长的确定应综合考虑输送能力、机车类型及所牵引列车的长度、地形条件和相邻各铁路到发线有效长的配合等因素确定。到发线有效长度应按 1 050 m、850 m、750 m 或 650 m 系列选用；以开行组合列车为主的铁路可采用大于 1 050 m 的到发线有效长。

（一）警冲标的位置

警冲标是防止停留在一线上的机车车辆与邻线行驶的机车车辆发生侧面冲撞而设在两条汇合线路线间距离 4 m 中间的线路标志，如图 3.3.12 所示。

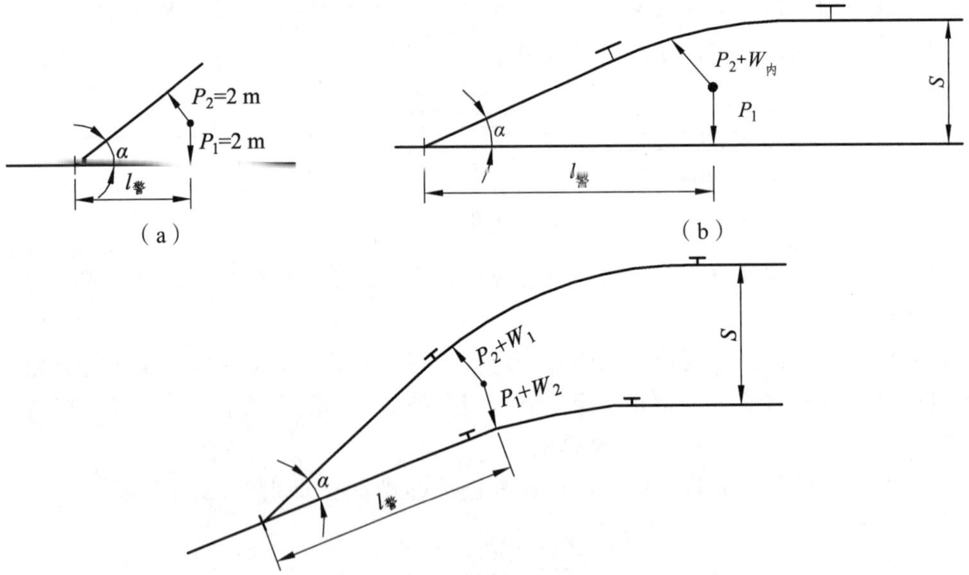

图 3.3.12　警冲标位置

当警冲标位于两直线之间时，如图 3.3.12（a）所示，警冲标至线路中心线的垂直距离为 $P_1 = P_2 = 2$ m。当警冲标位于直线与曲线（包括道岔导曲线）之间时，如图 3.3.12（b）所示，警冲标与直线的距离仍为 $P_1 = 2$ m，与曲线的距离则为 P_2+W_1（W_1 为曲线内侧加宽值）。

道岔中心至警冲标的水平投影距离 $l_{警}$ 与辙叉角 α、线间距离 S 及连接曲线半径 R 等因素有关。

当警冲标位于道岔后分歧线路的曲线间时，要考虑外侧内加宽和内侧外加宽，如图 3.3.12（c）所示。警冲标至道岔中心的距离通过查表得到。

（二）出站信号机的位置

在车站内正线、到发线列车运行方向的左侧应装设出站信号机，有高柱出站信号机和矮柱出站信号机，它的位置除应满足限界要求外，还决定于信号机处道岔的方向（顺向或逆向）、信号机类型及有无轨道电路等。

1. 出站信号机机柱中心与两侧线路中心的最小距离

（1）高柱色灯信号机。

我国采用的高柱色灯信号机的基本宽度有 380 mm 和 410 mm 两种。若信号机相邻线路通行超限货物列车时，直线建筑限界为 2 440 mm，图 3.3.13 所示中的 P_1 值为 2 440+380/2 = 2 630 mm（或 2 440+410/2 = 2 645 mm）；若信号机相邻线路不通行超限货物列车时，直线建筑限界为 2 150 mm，此时 P_1 值为 2 150+380/2 = 2 340 mm（或 2 150+410/2 = 2 355 mm）。

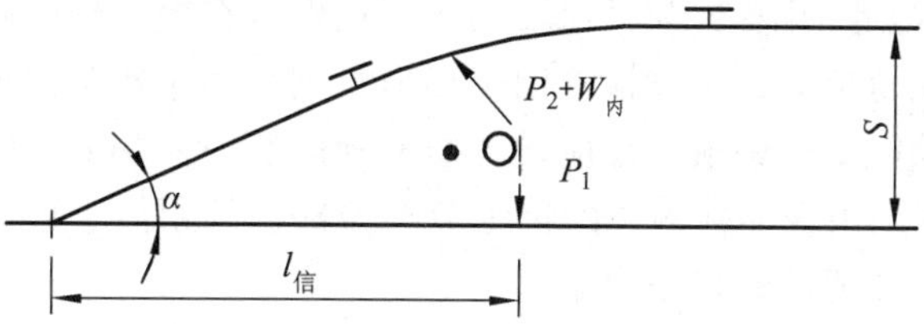

图 3.3.13　出站信号机设置位置

（2）矮型色灯信号机。

透镜式矮型一机构色灯信号机中心至相邻线路中心的距离为 2 029 mm；矮型双机构色灯信号机基础中心至相邻线路中心的距离为 2 199 mm。

2. 出站信号机与道岔中心或道岔尖轨始端（或道岔基本轨接缝）的距离

（1）当车站未装设轨道电路时。

出站信号机后方为逆向道岔，可将信号机安设在道岔尖轨始端处，如图 3.3.14（a）所示。出站信号机后方为顺向道岔，信号机应设在警冲标内方适当地点，如图 3.3.14（b）所示。信号机至道岔中心的距离 $l_信$ 可从书后附录中查定。

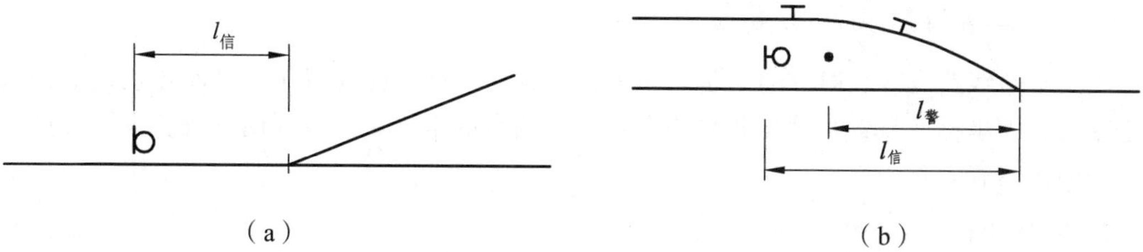

图 3.3.14　出站信号机位置（无轨道电路）

（2）当车站装设轨道电路时。

出站信号机后方为逆向道岔时，可将信号机安设在道岔基本轨接缝处，如图 3.3.15（a）

所示。出站信号机后方为顺向道岔时，信号机仍应设在警冲标内方适当地点，如图 3.3.15（b）所示。

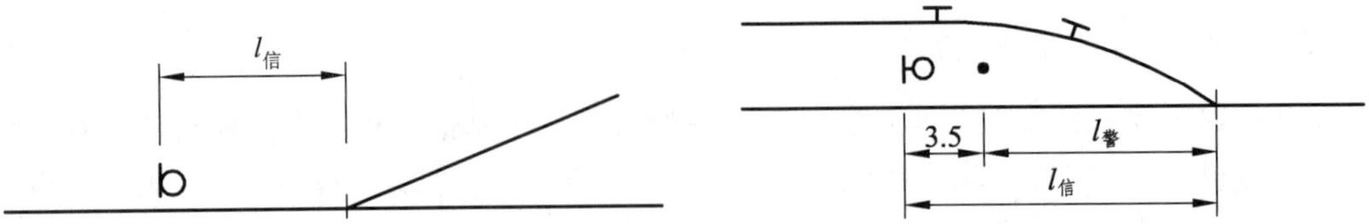

（a）　　　　（b）

图 3.3.15　出站信号机位置（有轨道电路）

当信号机处设有轨道电路时，还应考虑出站信号机、钢轨绝缘与警冲标的相互位置，其设置原则如下：

① 信号机处的钢轨绝缘节位置，原则上应与信号机设在同一坐标处，如图 3.3.16（a）所示。为了避免在安装信号机时造成串轨、换轨或锯轨等，钢轨绝缘允许设置在出站信号机前方 1 m 或后方 6.5 m 的范围内，如图 3.3.16（b）（c）所示。

② 警冲标与钢轨绝缘的距离，为了保证机车车辆停留在警冲标内侧时最外方轮对不会越过钢轨绝缘，导致相邻轨道电路区段被占用，根据我国机车车辆车钩顶端至最外侧轮对中心的距离，在客货共线铁路上，钢轨绝缘应设在警冲标内侧 3～4 m 的距离处（设计时一般取 3.5 m）。在困难条件下，当警冲标内方的绝缘节至警冲标的距离小于规定的数值时，该绝缘节被称为侵限绝缘，需要明确地标记出来。

在确定出站信号机、钢轨绝缘和警冲标的位置时，首先应考虑在不影响到发线有效长的条件下，按现有的钢轨接缝设置绝缘节和信号机的位置，然后再将警冲标移设至距钢轨绝缘规定的距离处（警冲标的位置需满足至相邻线路中心距离的要求）。如现有的钢轨接缝安装绝缘不能保证到发线有效长或不宜设置信号机时，应以短轨拼凑等办法安装绝缘，以满足各方面的要求。

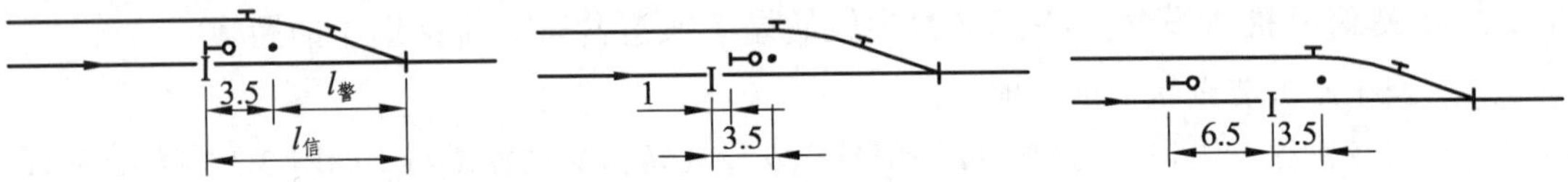

（a）　　　　（b）　　　　（c）

图 3.3.16　信号机位置与钢轨绝缘位置关系（单位：m）

（三）车站线路实际有效长的推算

确定车站线路有效长时，通常是采用坐标计算法，即首先应以车站平面图正线上的最外方道岔中心为坐标原点，计算出各线路有效长控制点的坐标，然后利用有效长推算表推算出各线路的实际有效长。

1. 坐标计算

（1）线路及道岔编号；

（2）确定各线路间距；

（3）确定各道岔的辙叉号数及两相邻道岔中心间的距离；

（4）确定各连接曲线要素（R、α、T、L）；

（5）确定 $l_{警}$、$l_{信}$；

（6）确定各线路有效长控制点；

（7）计算坐标：包括道岔中心、连接曲线的角顶、警冲标、出站信号机、车挡等的坐标。

2. 推算各线路实际有效长

利用有效长推算表推算出各线路的实际有效长。

现举例说明如下：

【例 3.3.1】 已知：如图 3.3.17 所示，客货共线中间站 A 共有 4 条线路，正线直向通过速度 $v \leqslant 120$ km/h，采用混凝土岔枕。Ⅱ道正线兼到发线通行超限货物列车，1、3 道为到发线，安全线有效长 50 m，中间站台宽 4 m。出站信号机采用基本宽度为 380 mm 的高柱色灯信号机，设有轨道电路，到发线采用双进路。

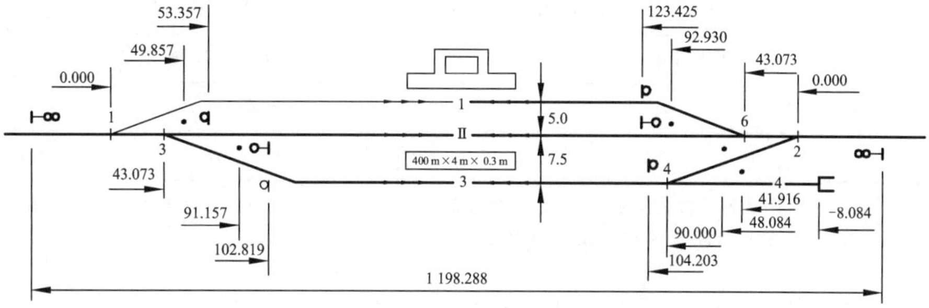

图 3.3.17　A 站示意图

要求：

（1）标出各道岔中心、连接曲线的角顶、警冲标及信号机的坐标；

（2）确定各到发线的实际有效长，其中最短的一条线路的有效长按标准有效长 850 m 设计。

解：计算过程如下：

（1）计算各有关点的坐标。

① 线路及道岔编号，如图 3.3.17 所示。

② 确定各线路间距。对于正线与 3 道之间的距离，可以通过简单的计算求出，站台边缘到相邻两线之间的最小距离为 1 750 mm，再加上站台的宽度 4 000 mm，共 7 500 mm，其他线路之间的间距都可以从表 3.2.1 中直接查出来，全部为 5 000 mm。

③ 确定各道岔的辙叉号及相邻两岔心间的距离。道岔辙叉号可根据道岔辙叉号数的选用规定进行确定，可以看出该站的所有道岔的辙叉号都是采用 12 号。相邻两岔心间的距离可查本书附录表 4 确定。

④ 确定各连接曲线半径。根据连接曲线半径不应小于连接道岔的导曲线半径的要求，A 站内各股道的连接曲线半径均采用 400 m。

⑤ 推算各点坐标。以车站两端正线上的最外方道岔中心为原点，由外向内按表 3.3.5 的格式逐一推算各道岔中心、连接曲线的角顶、警冲标及出站信号机的 X 坐标，Y 坐标一般不计算。计算过程中，有关数据可以从本书附录表或设计手册中查出。线路数目不多时，可将

计算结果标在布置图上；线路数目多且构造复杂时，因坐标点太多，应另列坐标计算表。

表 3.3.5　坐标计算表

基点	计算说明	坐标	基点	计算说明	坐标
2	原点	0.00	1	原点	0.00
4	查附表 4	43.073	3	查附表 4	43.073
Δ_2	$NS=12\times5$	60	5	基点 3+NS（$NS=60$）	103.073
Δ_4	基点+NS（$NS=12\times7.5$）	133.073	Δ_1	$NS=12\times7.5$	90
X_1	查附表 10	82.5	S_1	a_5+基点 5	119.926
$X_{Ⅱ}$	基点 4+查附表 10	102.873	$S_{Ⅱ}$	基点 3+查附表 10	121.973
X_3	基点 4+查附表 10	102.873	S_3	查附表 10	59.8
②	查附表 10	78.5	①	查附表 10	54.0
④	基点 4+查附表 10	97.073	③	基点 3+查附表 10	115.373
			⑤	基点 5－$L_{警}$（$L_{警}=49.574$）	53.499
			—[	L⑤－50	3.499

注：1、2、3、4、5 表示各道岔岔心；①代表 1 号道岔的警冲标的位置；Δ_1表示 1 号道岔连接曲线角顶；S_1表示 1 道上行方向出站信号机；X_1表示 1 道下行方向出站信号机；—[代表尽头线车挡。

（2）推算各条线路实际有效长（可按表 3.3.6 计算）。

将各条线路的有效长控制点（信号机及警冲标）的 X 坐标填入表 3.3.6 的 3、4 栏内，这两项数字相加得第 5 栏。第 5 栏中数字最大者就是有效长最短的线路（即控制有效长）。其有效长按规定的标准有效长度 850 m 设计。其他各条线路的实际有效长根据与该线路的有效长的差额确定，见表 3.3.6。

表 3.3.6　各线路有效长推算表　　单位：m

线路编号	运行方向	有效长控制点 X 坐标		共计	各线路有效长之差	各线路有效长
		左端	右端			
1	2	3	4	5	6	7
1	上行方向	78.5	119.926	198.426	20.520	870
	下行方向	82.5	119.926	202.426	16.520	866
Ⅱ	上行方向	97.073	121.973	219.046	0	850
	下行方向	102.873	115.373	218.246	0.8	850
3	上行方向	97.073	59.8	156.873	62.173	912
	下行方向	102.873	54.0	156.873	62.173	912

根据推算出的各点坐标，又可以很容易地绘出该站平面图比例尺图。

技能训练

推算车站线路实际有效长。

如图 3.3.18 所示，客货共线某中间站共有四条线路，正线直向通过速度 $v \leqslant 120$ km/h，采用混凝土岔枕。Ⅱ道正线兼到发线通行超限货物列车，1、3 道为到发线，4 道为安全线，其有效长为 50 m，中间站台的长、宽、高尺寸为 400 m × 6 m × 0.3 m。出站信号机采用基本宽度为 380 mm 的高柱色灯信号机，设有轨道电路。

要求：

（1）标出各道岔中心、连接曲线的角顶、警冲标及信号机的坐标；

（2）确定各到发线的实际有效长，其中最短的一条线路的有效长按标准有效长 850 m 设计。

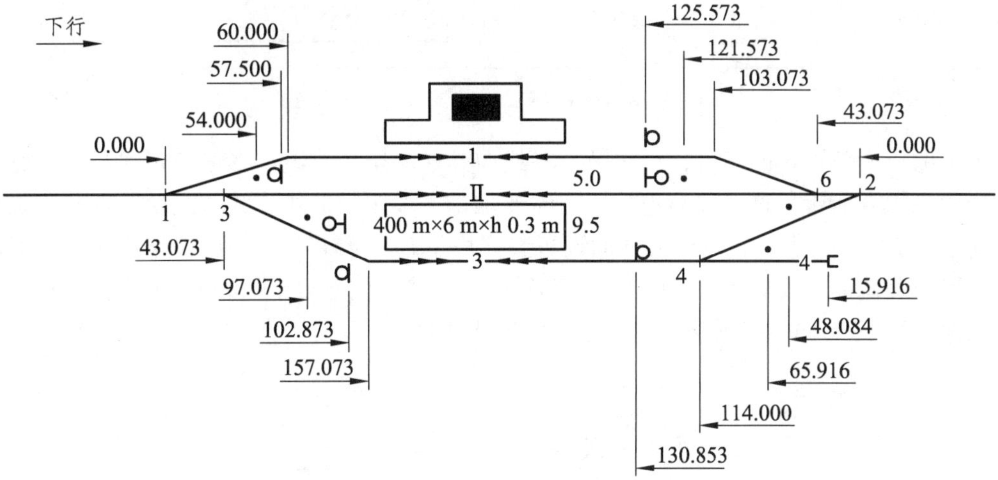

图 3.3.18　车站示意图（单位：m）

复习思考题

1. 铁路线路有哪些种类？
2. 车站线路是如何编号的？车站道岔是如何编号的？
3. 影响相邻线路间距的因素有哪些？
4. 曲线地段线间距为什么要加宽？如何加宽？
5. 道岔的辙叉号数是如何规定的？
6. 两相邻道岔常见的配列形式有哪几种？
7. 常见的车站线路连接形式有哪几种？
8. 直线、缩短梯线以及复式梯线的优点和缺点各是什么？
9.何谓线路有效长？线路有效长起止范围由哪几项因素来确定？
10. 如何确定警冲标、出站信号机的位置？
11. 如何推算车站线路有效长？

【拓展知识】

线路连接的特殊形式

当线路间距较大且需进行连接时，为缩短连接长度，减少占地长度，可采用特殊方式进行连接，如缩短式线路终端连接、缩短渡线等。

1. 缩短式线路终端连接

当两平行线路的线间距很大时（如机务段、货场、车辆段等地），如采用普通线路终端连接，则全部连接的长度就很长，如图 3.3.19 所示。

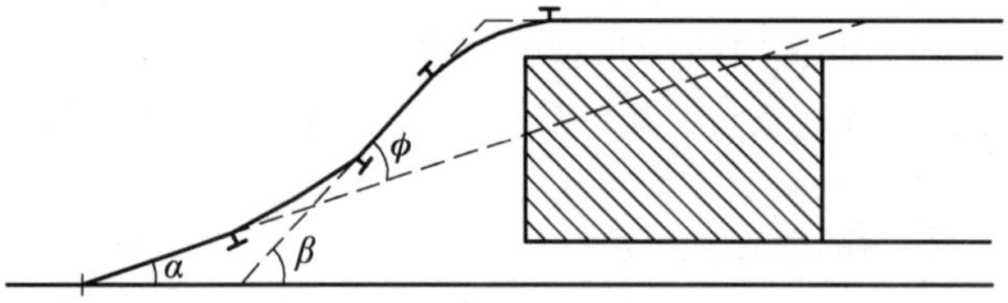

图 3.3.19　缩短式与普通式终端连接比较

为了缩短全部连接的长度，可将道岔岔线向外转一个角（ϕ），形成缩短式的线路终端连接，如图 3.3.20 所示。这种线路连接方式需要加铺一段附加曲线，并在道岔终点与附加曲线起点间设置直线段（g），在反向曲线间设置直线段（d）。直线段（g）应根据连接曲线对轨距加宽的要求确定。直线段（d）在通行正规列车的线路上应不短于 20 m，不通行正规列车的站线上应不短于 15 m，在困难条件下亦不能短于 10 m。

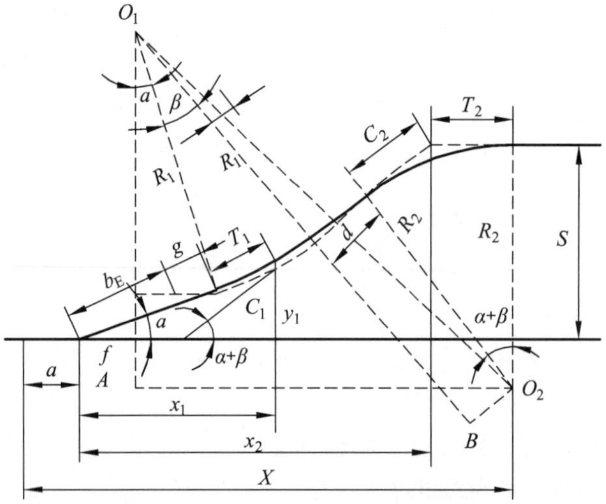

图 3.3.20　缩短式线路终端连接

2. 缩短渡线

当两条平行线路间距较大时，为缩短连接长度，可采用缩短渡线，如图 3.3.21 所示。缩短渡线由两副单开道岔、反向曲线、曲线间直线段（d）及道岔终端与曲线间的直线段（g）组成。

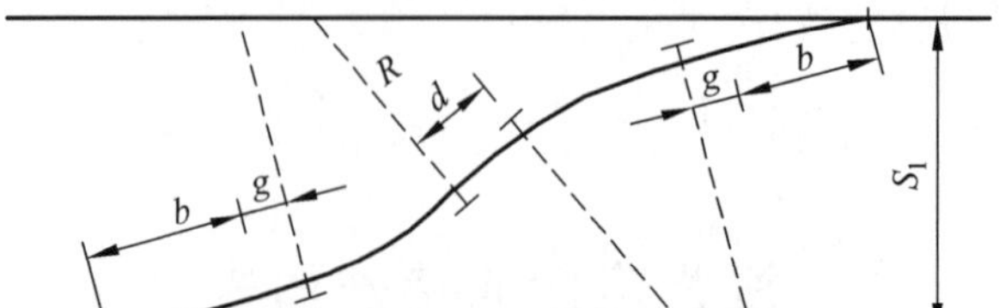

图 3.3.21　缩短渡线

项目四　中间站设备分析

【项目描述】

为提高铁路区段通过能力、保证行车安全并为沿线城乡工农业生产服务而在铁路区段内所设置的车站叫作中间站。中间站的设备规模虽然较小，但是数量很多，其功能主要有两个方面：一是在确保安全的前提下进行不间断接发列车，实现列车的会让与越行，满足行车及通过能力的要求；二是办理客货运业务，实现为车站所在地的城乡工农业生产及人们生活服务。因此，中间站位置的设置，既要符合线路通过能力的要求，又要适当满足地方发展需求，并应考虑地形、地质等自然条件。本项目主要介绍中间站的作业、设备及布置图。

【教学目标】

1. 知识目标

（1）掌握中间站作业内容及主要设备。

（2）掌握中间站到发线、牵出线和货物线设置的有关规定。

（3）掌握中间站到发线单、双进路、超限货物列车到发线的有关规定。

2. 能力目标

（1）分析中间站各类布置图的优缺点。

（2）分析中间站不同布置图的设备设置。

（3）分析中间站到发线进路的设置。

3. 素质目标

（1）具有较好的心理素质，勇于克服困难，积极进取的精神。

（2）具有较强的职业素养，不断开拓创新。

（3）具有爱岗敬业、细心踏实、思维敏锐的职业精神。

任务一　中间站作业和设备分析

【相关知识】

车站是铁路线路上设有配线的分界点。它是铁路运输的基层生产单位，参与旅客、货物运输过程的主要作业环节，是办理列车到发、会让、越行、摘挂及客货运业务的场所。

按照车站所担负的任务量以及它在国家政治、经济方面的地位来划分，车站可分为特等站、一等站、二等站、三等站、四等站、五等站共六个等级。按车站技术作业的不同来划分，可分为编组站、区段站和中间站。编组站和区段站又统称为技术站。按业务性质来划分，可分为客运站、货运站和客货运站。

一、中间站作业

（1）列车的通过、会让、越行，在双线铁路上还办理调整反方向运行列车的转线作业；

（2）旅客乘降和行李、包裹的收发与保管；

（3）货物的承运、装卸、保管与交付；

（4）摘挂列车向货物装卸地点甩挂车辆的调车作业。

有的中间站如有工业、企业线接轨或加力牵引起、终点以及机车折返站时，还需办理工业、企业线的取送车，补机的摘挂、待班和机车整备、转向等作业。

另外，在客货运量较大的个别中间站，还有始发、终到旅客列车及编组始发货物列车的作业。

二、中间站设备配置

为完成上述作业，中间站应设有以下主要设备：

（1）列车到发线和货物装卸线，必要时还应设有调车用的牵出线和安全线。

（2）为旅客服务的站房、站台、站台间的跨越设备（天桥、地道或平过道）和雨棚等。

（3）为货运服务的货物堆放场、货物站台、仓库、雨棚、装卸设备及货运办公房屋等。

（4）信号设备和通信设备。

（5）个别车站为机车整备、转向、给水作业而设置的有关设备等。

（6）必要时还设有存车线和调车线。

根据中间站性质、作业以及在路网中的位置和作业不同，中间站设备的数量、要求也各有不同。

（一）车站线路

车站线路是根据车站相关作业需要而配置的重要基础设备。中间站的线路配备通常除正线以外还要设置到发线、牵出线和货物作业线等。

1. 到发线

（1）到发线数量。

中间站的到发线主要供办理列车的会让、越行和旅客列车及摘挂列车在站作业，其到发线数量不仅与列车对数有关，而且与车站性质和本站作业量有密切关系。

单线铁路中间站应设两条到发线，以使车站具有三交会的条件。这样可以保持良好的运行秩序，对提高作业效率和加速车辆周转都是必要的，也能适应某些特殊车辆（如机械化养路的工程车和轨道车以及不能继续运行而必须摘下的车辆）停留的需要。

双线铁路中间站应设两条到发线，以使双方向列车有同时待避的机会。作业量大时可设三条到发线。

此外，下列中间站的到发线数量可根据车站性质的作业需要适当增加：

① 枢纽前方站、铁路局局界站。此车站是调度区的分界处，列车易产生不均衡到达的情况。为便于调整列车运行秩序，协调好两调度区的工作，可在枢纽前方站和局界站上，于进入枢纽或进入邻局方向的一侧增设到发线。

② 补机牵引的始、终点站和长大下坡的列车技术检查站。由于列车需进行摘挂补机和凉闸及自动制动机试验等技术作业，停站时间较长，交会机会较多，可适当增加到发线。

③ 机车乘务员换乘站。由于乘务组要进行交接班，每列换乘的列车要停站 15 min 左右，列车交会因此增多，需增设到发线。

④ 有两个以上方向的线路引入或有岔线接轨并有大量本站作业的中间站。由于各方向列车交会的需要，作业复杂，停留车辆多，线路占用时间长，应根据作业量及作业性质增设到发线数量，必要时也可增设调车线或存车线。

⑤ 当机车交路采用长交路时，在有摘挂列车需进行整编作业的中间站，应根据整编作业量的大小增加到发线和调车线。

⑥ 办理机车折返作业的中间站。由于列车占用到发线时间较长，机车出入折返所需占用到发线，到发线数量应根据实际需要确定。

当车站同时具备上述两项及以上的作业时，其线路数量应根据作业量情况综合考虑，不宜逐项增加。

（2）到发线进路。

到发线可以设计为单进路或双进路。单进路是指到发线只固定一个列车运行方向（上行或下行）进出站；双进路是指到发线可供上、下行两个方向列车进出站。

单线铁路车站应按双进路设计，可增加线路使用的灵活性。双线铁路车站的到发线原则上应按上、下行分别设计为单进路。但有时为增加车站在调整列车运行上的灵活性以及方便摘挂列车作业，个别到发线也可按双进路设计。通常按下列情况考虑：

① 只有一条到发线的中间站应按双进路设计。

② 设有三条到发线的中间站，在有两条到发线的一侧应有一条到发线设计为双进路。

③ 两正线间有一条到发线的中间站布置图，该到发线应按双进路设计。

（3）超限货物列车到发线。

站内正线须保证能通行超限货物列车。此外，在区段内应选定 3 ~ 5 个满足超限货物列车会让与越行要求的中间站。上述车站除正线外，单线铁路应另有一条线路，双线铁路上、下行应各另有一条线路能通行超限货物列车。

在中间站，选定能通行超限货物列车的到发线，一般应选择邻靠中间站台的线路或车站最外股到发线，如图 4.1.1 所示。

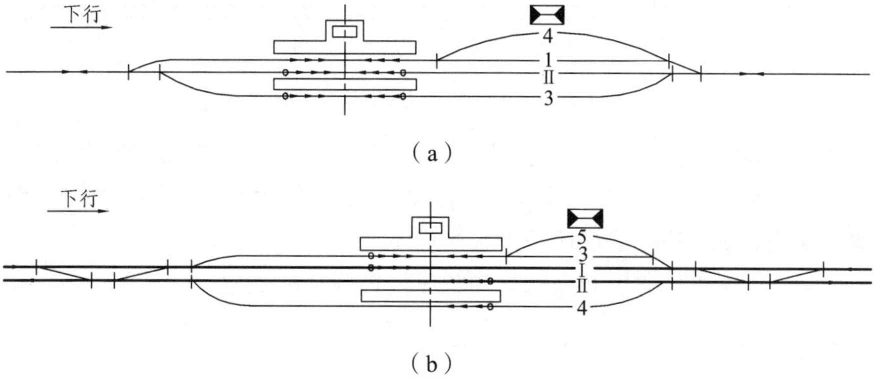

图 4.1.1　通行超限货物列车的到发线布置

2. **牵出线**

中间站牵出线的设置应符合下列规定：

（1）设有货物装卸线的货场，年到发运量较大，相应的调车作业量也较大，加上正线行车速度提高，为确保行车安全和线路区间通过能力，设有铁路物流中心的中间站均应设置牵出线。

（2）当中间站上有岔线接轨而又符合调车条件时，应利用岔线进行调车作业。不设牵出线的单线铁路中间站，可利用正线进行调车作业。

（3）行车量不大或本站作业量较小的单、双线铁路中间站，可利用正线、支线或工业专用线进行调车作业。但其平、纵断面及视线等条件应适合调车作业的要求。为避免调车作业越出站界，进站信号机可适当外移，外移距离应满足调车作业的需要，但不应超过 400 m。在困难条件下，曲线半径不应小于 300 m，坡度不应陡于 6‰。在特别困难条件下，坡度不应陡于正线的限制坡度，且不得超过 12‰。

（4）牵出线的有效长度，应满足摘挂列车一次牵出的车列长度的需要。牵出线过短，调车时必须分部牵出，增加调车钩数，延长作业时间。目前由于中间站的车流组织加强，成组集中到达显著增多，在站作业常牵引 20 辆以上，因此，中间站牵出线的有效长度原则上不应短于该区段运行货物列车长度的一半。在困难条件下，当受地形限制或本站作业量小时，至少应满足每次能牵 10 辆，故牵出线有效长度不应小于 200 m。

3. **货物线**

在有货场的中间站，为了办理货物装卸作业应铺设货物线。一般铺设 1 ~ 2 条，其长度除满足平均一次来车的需要外，还应保证货物线两侧有足够的货位。

中间站货物线布置形式有通过式、尽头式两种。通过式货物线如图 4.1.1（a）中的 4 道和（b）中的 5 道，其特点是货物线两端均连通到发线，使上、下行调车作业灵活便捷，可提高摘挂列车调车作业效率和到发线的使用能力，故一般应采用通过式。尽头式货物线如图 4.1.2 中的 5 道，其特点是一端连通到发线，另一端深入货区接近货源，且方便地方搬运，作业较安全，货物线有效长利用率较高。因此，在地形困难和有大量牲畜、散装、粗杂货物装卸的车站可采用尽头式货物线。

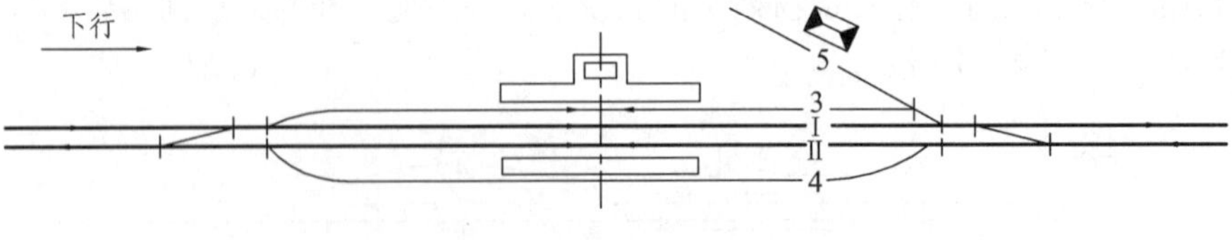

图 4.1.2　中间站尽头式货物线布置

货物线与到发线间的距离，线间无装卸作业时不小于 6.5 m，线间有货位时不小于 15 m。

集装箱、长大笨重货物、散堆装货物装卸线的间距，应根据装卸机械类型、货位的布置、通道的宽度以及相邻线路的作业性质等因素来确定。

由本务机车进行调车作业中间站的货物线应架设接触网。

（二）客运业务设备

为了保证安全、舒适、便捷地输送旅客，中间站应设有为旅客服务的站房、站台、雨棚及站台间的跨线设备等。

1. 站　房

旅客站房是旅客购票、候车以及行包托运与提取的场所，也是铁路车站售票、组织旅客候车与行包、邮件承运、保管与交付的工作地点。中间站的站房可根据车站等级、客流量大小确定规模。客流量不大的车站，旅客站房一般采用定型设计；客流量大的车站，旅客站房应专门设计。

站房位置应结合城镇规划、地形、地质情况及站内作业等因素综合考虑，一般设于城镇一侧，使居民能方便乘车。站房内部各房屋的建筑及其位置应适合于该站的客流量、客流性质和车站管理工作的要求。各房屋的布置应从方便旅客出发，保证旅客进入站房购票、托运行包、走向站台乘车的行程最短。

站房边缘距最近线路中心线的距离一般不小于 15 m，这个宽度能满足旅客上、下车和行包邮件运输车辆的调头及行车人员作业视线的要求。若地形困难，也可采用较小距离，但不得小于 7.75 m，以保证基本站台的宽度不小于 6 m。

2. 旅客站台

（1）站台的类型。

为了方便旅客上、下车及行包的装卸，中间站应修建旅客站台。旅客站台按其与站房和车站到发线的相互位置分为基本站台、中间站台两种。靠站房一侧的为基本站台，设在线路中间的为中间站台，如图 4.1.1 所示。

（2）站台的位置设计。

单线铁路中间站的中间站台设在旅客站房对侧到发线与正线之间，也就是与基本站台间夹两条线路，其优点是站台利用率高，且进行工务维修时方便。双线铁路中间站的中间站台设在站房对侧的正线和到发线之间，其优点是旅客在中间站台上候车较安全，接发列车作业方便，列车待避条件好。

（3）站台的尺寸设计。

中间站旅客站台的长度应根据旅客列车的长度确定，一般不短于 300 m，在人烟稀少的地区或客流量较小的车站，站台长度可适当缩短。

中间站旅客站台的宽度应根据客流密度、行包运送方式及站台上设置的建筑物等因素确定。基本站台宽度在旅客站房范围以内不应小于 6 m。中间站台宽度，在不设天桥、地道和雨棚时，单线铁路区段中间站不应小于 4 m，双线铁路区段中间站不应小于 5 m；在设天桥、地道和雨棚时，其宽度取决于建筑物本身宽度和站台边缘至建筑物的距离，一般站台边缘至建筑物边缘在中间站不应小于 1.5 m，路径设计行车速度为 120 km/h 及以上，邻靠有通过列车正线一侧应再加宽 0.5 m。

旅客站台的高度有 0.3 m、0.5 m 和 1.25 m 三种。普速铁路中间站的旅客站台一般采用高出轨面 0.5 m，邻靠正线及通行超限货物列车线路的旅客站台应采用高出轨面 0.3 m。旅客站台两端斜坡坡度（坡高与坡长比）为便于行包车辆通行一般不陡于 1∶10。

3. 站台间跨线设备

在设有中间站台的车站，为了保证中间站台的旅客进出站安全，中间站台与基本站台之间应设跨线设备。跨线设备的种类主要有平过道、天桥和地道三种。

（1）平过道。

中间站通常多采用平过道。在不设中间站台的车站宜设一处平过道。设有中间站台的车站，中间站台与基本站台间应设置两处平过道相连接，一处设于站台中部供旅客上下车及行车人员通过，另一处设于靠近行包房一端站台端部，以便于行包搬运。平过道的宽度一般采用 2.5 m。若中间平过道仅为行车工作人员走行，可采用 1.5 m。

（2）天桥和地道。

中间站一般只设一座天桥或地道。由于天桥遮挡行车视线，占用站台面积较多，因此一般应优先选用地道。天桥、地道为双向出入口时其宽度不应小于 2.5 m，为单向出入口时其宽度不应小于 3 m。横越设备宜设在站台的中部，进出站检票口之间，供上下车旅客共同使用。在设有天桥或地道的车站，中间站台中部应设一个平过道，以便行车人员通行和行包搬运。

4. 雨　棚

在多雨多雪及酷热地区和旅客较多的中间站上，必要时可修建雨棚。雨棚的长度一般可采用 200 ~ 300 m，宽度可与站台宽度相同。单线铁路可在基本站台上设置，双线铁路在基本站台和中间站台上均可设置。

5. 安全标线

为保证旅客在站台候车时的安全，应在站台边缘处标画安全标线，如图 4.1.3 所示。

图 4.1.3　站台安全标线

对普速铁路而言，旅客列车停靠的高站台的安全标线距站台边缘为 1 000 mm。非高站台安全标线距站台边缘距离为：列车通过速度不大于 120 km/h 时，取 1 000 mm；列车通过速度为 120 km/h 以上至 160 km/h 时，取 1 500 mm；列车通过速度为 160 km/h 以上至 200 km/h 时，取 2 000 mm。也可在距站台边缘 1 200 mm（困难条件下 1 000 mm）处设置防护设施，如屏蔽门等。

（三）货运业务设备

中间站为办理货物的承运、交付、装卸及保管等作业，通常应设有相应的货运业务设备。

主要包括货物线、货物站台、仓库、货物堆放场和货运办公房屋等。

1. 货物站台

中间站的货物站台高度一般与车底板高度相同，即高出轨面 1.1 m，亦称为普通货物站台。

货物站台的宽度，有仓库时按仓库的宽度再加两边过道宽；无仓库时的货物露天堆放站台宽度一般不小于 12 m。站台两端应有不陡于 1∶10 的斜坡，以利于车辆上下站台。货物站台长度按需要计算确定。

2. 货物仓库

中间站上如有怕日晒、雨淋、丢失的货物运输，则应设置仓库。仓库宽度一般采用 9 ~ 12 m，运量较大时可采用 15 m。仓库长度应根据所需堆货面积计算确定。

为方便装卸作业，仓库应设于货物站台上。仓库墙壁外侧至站台边缘的宽度，在铁路一侧一般不小于 3 m，在场地一侧不小于 2 m。

3. 堆放场

有散堆装、长大笨重货物装卸的中间站，其货场要设堆放场。堆放场的面积可根据运量分品种计算确定。中间站因货运量不大，当采用伸臂式起重机或小跨度的门式起重机时,可采用 1 ~ 2 排货位,人力装卸时采用 1 排货位，每排货位宽度可采用 5 m。货堆之间的通道宽度一般为 0.5 ~ 0.7 m。货堆边缘距公路边缘应有 0.5 m 的安全距离。货堆距装卸线钢轨外侧距离：装车时为 2 m，卸车时为 1.5 m，有装有卸时为 2 m。

技能训练

已知：本站为双线横列式中间站，且设有两条到发线，试画出该中间站布置图。

要求：（1）按一定比例尺画出车站站房；

（2）以站房中心线为对称轴，画出下行正线Ⅰ道，在Ⅰ道与站房之间布置到发线 3 道；

（3）在Ⅰ道外侧画出上行正线Ⅱ道，Ⅱ道外侧画出中间站台，注意与站房位置相对一致；

（4）中间站台外侧布置到发线 4 道，最后布置渡线，标记道岔。

任务二　中间站布置图分析

【相关知识】

在单线或双线铁路上，由于地形或运营条件不同，中间站的布置图有横列式和纵列式两类。绝大多数中间站的布置图都采用横列式，只有个别中间站或因地形特殊而采用纵列式布置图。

中间站布置图一般都采用横列式布置图。横列式布置具有站坪长度短，工程投资少；车站值班员对两端咽喉有较好的瞭望条件，便于管理；无中部咽喉，减少扳道人员；零摘、摘挂列车调车时车辆走行距离短，节省运营费；到发线使用灵活，站场布置紧凑等优点。

一、单线横列式中间站布置图

单线横列式中间站布置图如图 4.2.1 所示。

图 4.2.1（a）所示布置图，适用于货运量小、摘挂列车作业时间短、正线平纵断面条件适合办理调车，且利用正线调车不影响区间通过能力的中间站。采用这种布置图时，还应根据具体情况，预留增加到发线和牵出线等的条件。图 4.2.2（b)、(c）所示布置图到发线较多且设有牵出线，适用于货运量大（如市、县所在地或较大物资集散地）且摘挂列车作业时间较长的中间站。

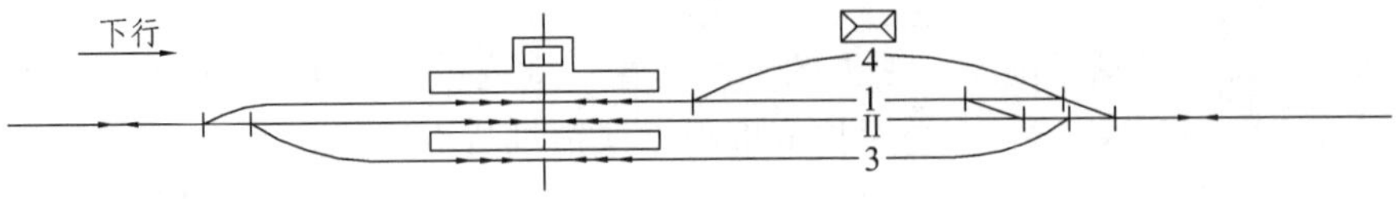

（a）

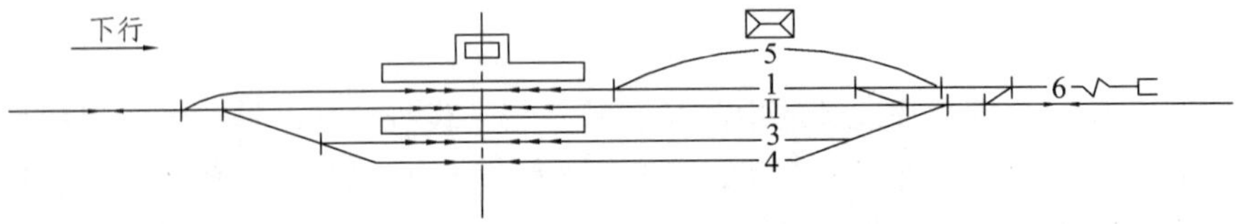

（b）

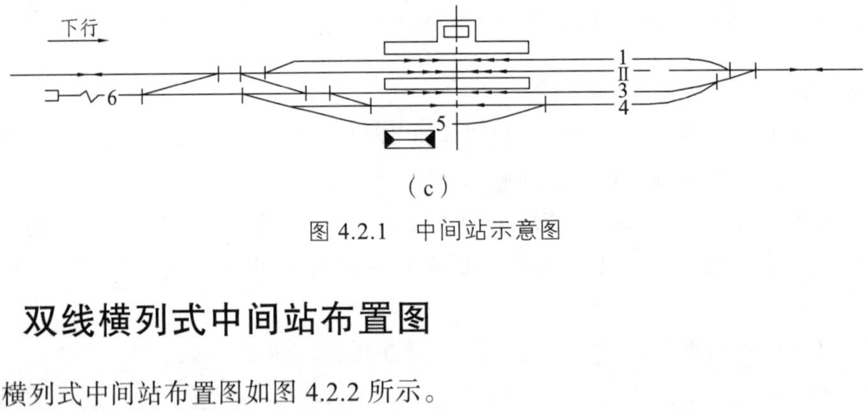

（c）

图 4.2.1　中间站示意图

二、双线横列式中间站布置图

双线横列式中间站布置图如图 4.2.2 所示。

双线横列式中间站布置图，除具备单线横列式中间站的特点外，在双线铁路中间站上，由于要满足调车作业、列车反方向运行以及双方向接发列车的需要，或因区间线路大修、线路临时发生故障和其他情况下采取运行调整措施，必须使一条正线上运行的列车转入另一条正线上继续运行，因此在车站两咽喉区的正线间应各设两条渡线。渡线布置形式以“八”字形的渡线为佳。交叉渡线给养护维修带来不便，故仅在站坪长度受限制时采用。

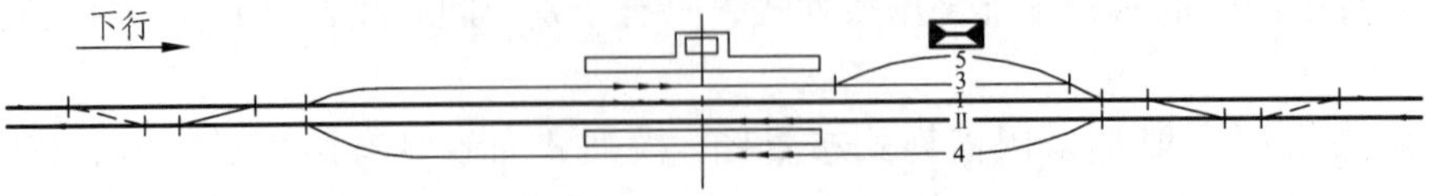

（a）

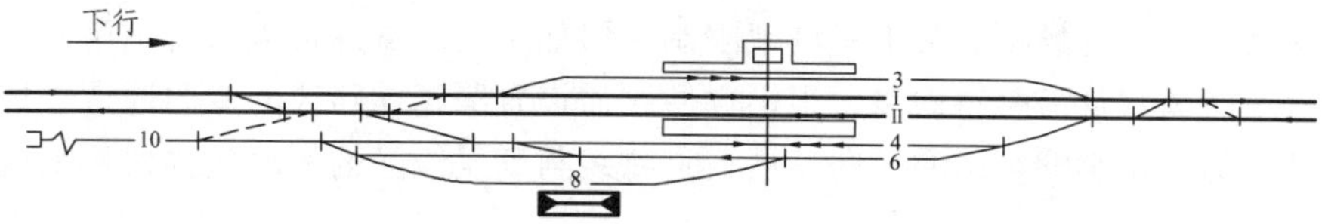

（b）

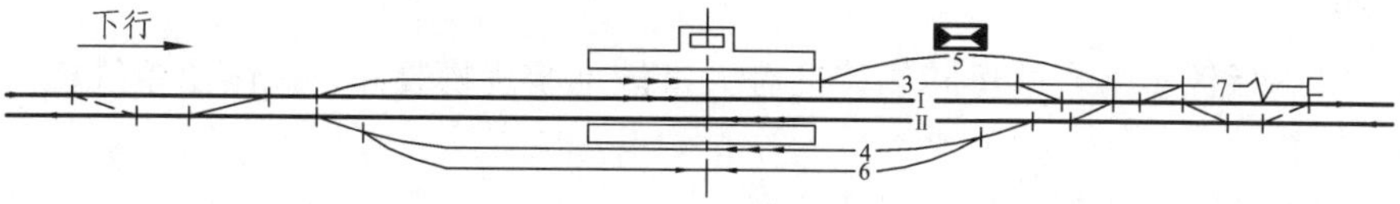

（c）

图 4.2.2　双线横列式中间站布置图

三、中间站货场设置

中间站的货场是联系产、运、销的重要环节，是促进工农业生产、为地方服务的重要设施。其位置应结合主要货源、货流方向、环境保护、城市规划及地形、地质条件选定。其位置宜与主要货源、货流方向一致，并应选择有发展条件、调车作业方便、有利于消除货场堵塞和加速货物周转、缩短装卸车辆在站停留时间的位置。

中间站货场的设置位置以象限来表示，有站同左、站同右、站对右、站对左四个位置，如图 4.2.3 所示。在有矿建、煤等大宗散堆货物或其他季节性货物装卸并经常组织整列或成组列车到发的车站上，应考虑在站房对侧布置连通两端咽喉区的长货物线。

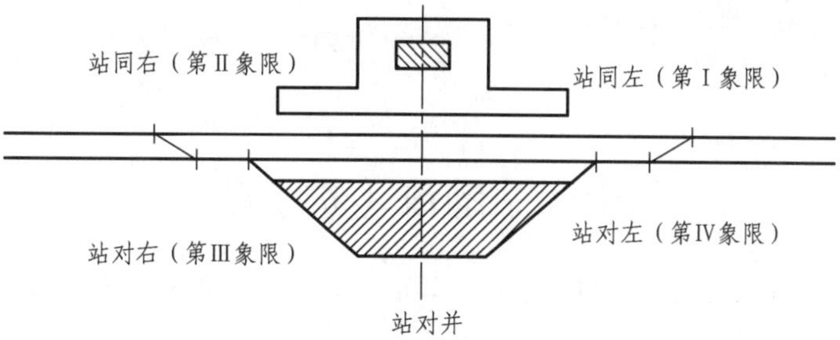

图 4.2.3　货场位置设置示意图

1. 站房同侧

货场设在站房同侧的横列式布置图，其优点是便于车站工作人员管理货场；车站线路向站房对侧发展不受限制；如地方货源货流在站房同侧（大多数情况是这样），还有利于收、发货人取送货物时，无须跨越铁路。缺点是接入站房对侧线路的摘挂列车进行调车作业时，不可避免地要与正线交叉。

2. 站房对侧

如货源货流在站房对侧，或主要货物的集散方向虽在站房的同侧，但地形条件限制站房同侧不宜设置货场，以及站房对侧摘挂作业比重较大时，可考虑将货场设于站对侧，如图 4.2.1（c）和图 4.2.2（b）所示。这种布置可以避免接入站房对侧线路的摘挂列车调车作业与正线行车产生交叉干扰，货场发展又不受城镇限制。但如果地方货源货流来自站房同侧，则会增加货主的搬运距离，且需跨越铁路，很不方便，需设置跨越铁路线的专门通道，以便利地方搬运。另外，为了不影响车站的横向发展，货物线与到发线间的距离应预留将来能加铺线路的空地。

技能训练

已知：本站货源多来自站房同侧，且有大量散堆装货物装卸，试画出单线横列式中间站布置图。

要求：（1）按一定比例尺画出车站站房；

（2）以站房中心线为对称轴，画出正线；

（3）布置中间站台时，注意与站房位置相对一致；

（4）标明进路及股道编号。

（5）试分析该中间站设有牵出线时摘挂列车的调车作业进路。

复习思考题

1. 何谓中间站？中间站的主要作业和设备有哪些？
2. 中间站到发线进路如何设置？
3. 中间站货物线有哪几种类型？试分析各自的优缺点。
4. 中间站站台如何设置？
5. 横列式中间站有哪些特点？
6. 中间站的货场位置如何确定？

【拓展知识】

中间站的改（扩）建

随着铁路行车量的增长、岔线的衔接、车站地方运量的增长、行车条件的改变以及新技术、新设备的采用等，都会引起中间站的改（扩）建。

车站的改（扩）建必须树立全局观念，既要考虑满足铁路运输的要求，还要兼顾城镇工农业生产、居民生活及城镇的发展规划。应尽量节约用地，少占农田；要充分利用原有设施设备，减少废弃工程；施工时还应尽可能减少对车站作业的干扰，保证车站行车和调车作业的安全。

一、几种常见的中间站改（扩）建

（一）增加车站线路

1. 增加到发线

随着行车量的增长或有岔线与车站接轨，都会引起到发线能力的不足。为了保证列车的正常运行，满足列车运行调整的需要，到发线能力不足的车站都需要增加到发线。如加铺到发线，应尽可能向站房对侧发展（见图 4.2.4），以避免拆迁设备或建筑物。

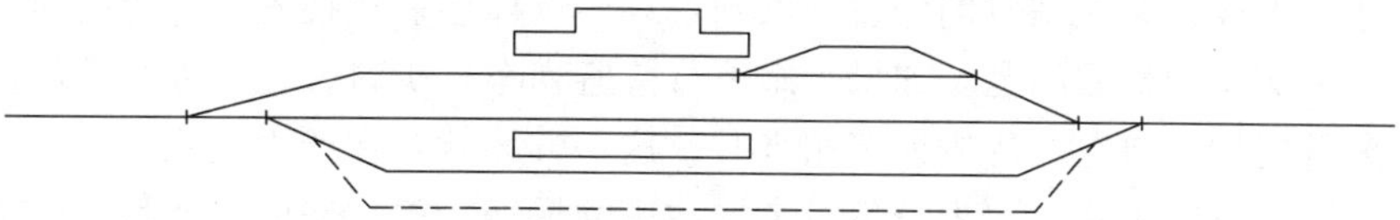

图 4.2.4　中间站改（扩）建增铺到发线示意图

2. 增设货物线

随着车站装卸作业量的增多，现有货位不能满足需求时，则要增加货物线以满足货位装卸需要。加铺货物线应尽可能在货场同侧，如图 4.2.5 所示。

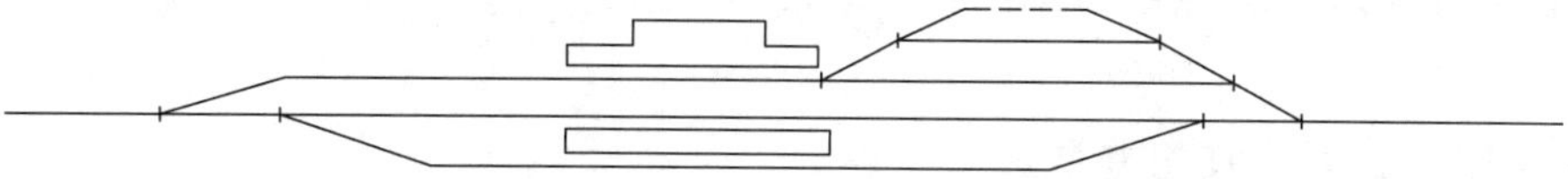

图 4.2.5　中间站改（扩）建增铺货物线示意图

3. 增设牵出线

当行车量增长或地方运量增长，利用正线调车已对车站行车形成了严重干扰，则应加设牵出线，以减少调车对行车的干扰。如图 4.2.6 所示为增设牵出线示意图，该图不但增设了牵出线，同时还延长了货物线，使得货场能力也随之提高。

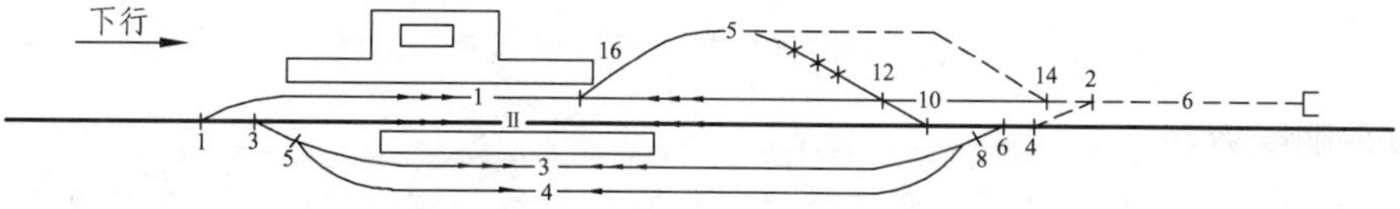

图 4.2.6　中间站改（扩）建增铺牵出线示意图

（二）增设第二正线

由于行车量增长，单线铁路的通过能力不能满足要求，则需铺设双线铁路，此时车站往往也需要增加线路，进行相应改（扩）建。如何在站内增设第二正线需要考虑车站的行车量、区间线路的引入位置等因素，一般可有两个方案选择，如图 4.2.7 所示。

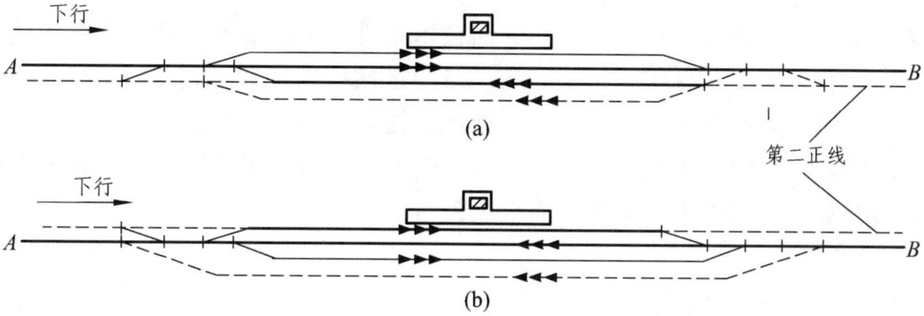

图 4.2.7　中间站改（扩）建增铺第二正线示意图

当区间正线引入如图 4.2.7（a）所示时，车站只需简单地将原单线车站的 3 道改造为正线，并在站对侧增设一条到发线即可。

当区间正线引入如图 4.2.7（b）所示时，为避免对车站站房的拆迁，车站可将原单线车站的 1 道改造为正线，并在站对侧增设一条到发线，这样会造成接发下行待避列车时，与上行正线行车产生交叉干扰的问题。如果车站下行待避列车较少时，这一方案还可行。但当下行待避列车数量增加至与上行待避列车相当时，这一方案就存在严重缺陷。

因此，在增设第二正线时，为避免对车站站房的拆迁，往往需要在区间调整正线位置，以实现图 4.2.7（a）所示的正线引入，而采用图 4.2.7 的（a）方案。

（三）延长线路

当采用大型机车牵引时，列车重量和长度就会增加，这时原有的到发线有效长就会不足。为了能够正常接发列车，调整列车运行，就有必要延长到发线。延长到发线时应考虑以下几点：

1. 两端区间长度不宜相差悬殊

为了让各个区间的列车运行时分尽量一致，当需要延长到发线有效长时，应尽量向运转时分较长的区间一端延长，如图 4.2.8 所示。

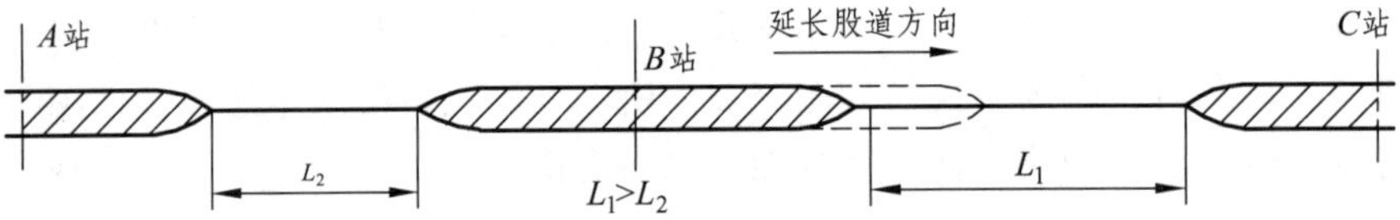

图 4.2.8 中间站改（扩）建延长线路示意图

2. 减少咽喉改动

为缩短改造时间，减少改造工程，降低对行车的干扰，应尽量避免拆动两端咽喉，其拆动的咽喉也尽可能是较简单的咽喉，如图 4.2.9 所示。

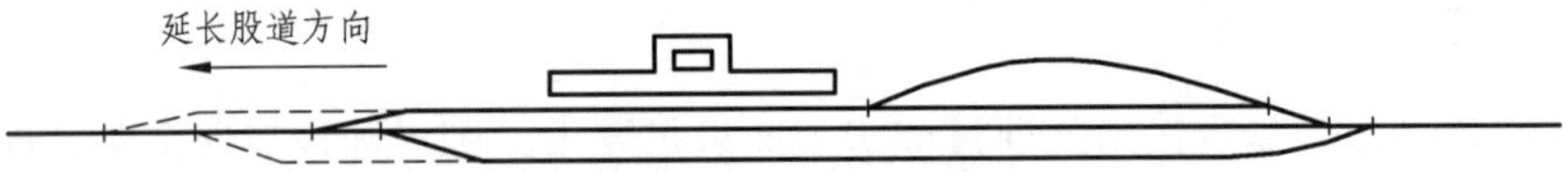

图 4.2.9 中间站改（扩）建延长线路示意图

3. 注意两端线路平、纵断面技术条件

为了减少工程量，满足线路的平、纵断面技术条件，应注意车站两端进站线路的平、纵断面技术条件及有无大型桥隧等建筑物。应尽量向进站线路比较平直且没有桥隧等大型建筑物的一端延长线路。如需要向站外有大半径曲线的进站一端延长线路时，可以将原有曲线半径在允许范围内减小，如图 4.2.10（a）所示；或改为两个较小半径的曲线，如图 4.2.10（b）所示，使车站咽喉设在直线上，避免在曲线上铺设道岔。

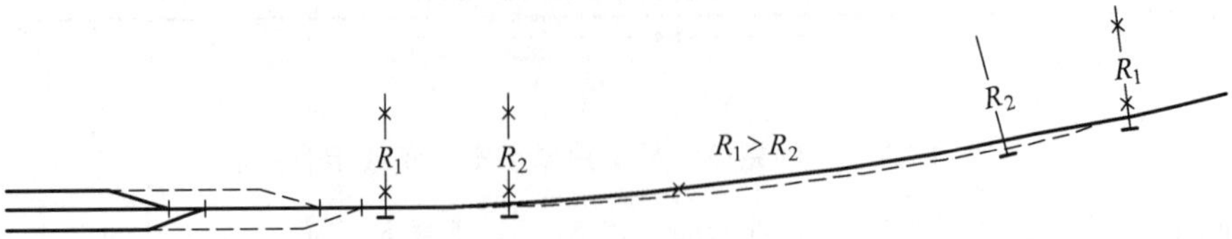

（a）

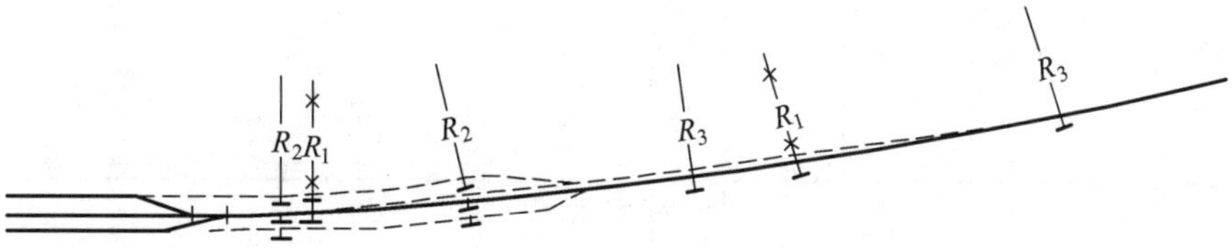

（b）

图 4.2.10　中间站改（扩）建延长线路示意图

（四）改变纵断面

由于改造区间纵断面或延长站坪等，将可能引起站内线路纵断面部分甚至全部需要改造。改造后，应保证列车停车后能够顺利再起动和车辆在线路上的停留安全。当纵断面条件许可且标高变更不大时，应尽可能采用填方的办法改变线路纵断面，尽量采用填道砟的办法解决（但道砟的厚度不应超过 1 m）。如果需要挖方来改变线路纵断面或填方较大时，必须拆除原有线路的上部建筑，经填方或挖方后重新铺设。这样工程量较大，施工时需妥善组织，可采取借用线路或修建临时便线等措施来保证列车的正常运营。

（五）线路提速改造

由于区间线路提速，相应的中间站也应进行提速改造。如将站内的普通道岔改为提速道岔，线路半径按提速要求进行调整；同时，由于有的车站需要停靠动车组，则应将停靠动车组的站台升高至 1.25 m。

既有双线横列式中间站多为两台夹三线布置。线路提速后，由于正线要过提速列车和超限列车，正线一侧的站台只能采用 0.3 m 的低站台，而动车组的停靠则需要高站台。这样就存在将中间站台外移至站对侧到发线外侧，形成两台夹四线布置，或将中间站台靠正线一侧维持低站台，而靠到发线一侧改造成高站台。

图 4.2.11 为双线中间站提速改造示意图，图中原有车站采用 8 组 12 号普通单开道岔，改造后采用 8 组 18 号提速道岔，同时，调整了对向相邻道岔中心距，将相邻道岔间的直轨插入段（f）由原来的 12.5 m 改为 25 m。

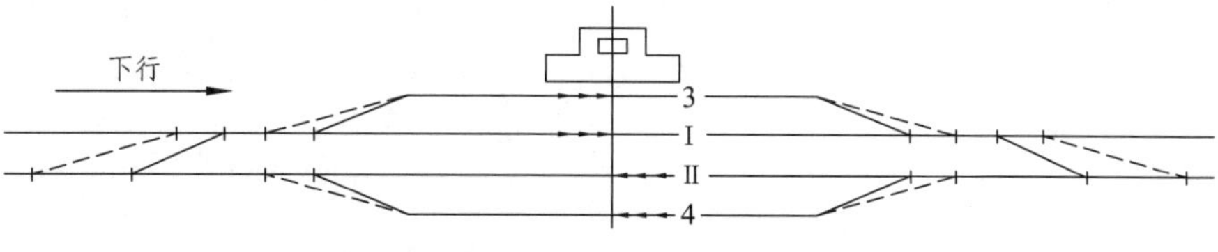

图 4.2.11　中间站提速改造示意图

二、中间站改建举例

下面以实例进一步说明中间站改（扩）建的要求。图 4.2.12 为某中间站示意图，原车站线路有效长为 650 m，由于改用大型机车牵引，列车重量和长度增加，需将到发线有效长延长到 850 m。车站设在阶梯形站坪上，站坪范围内为平道，区间限制坡度为 8‰。由于该站需办理摘挂列车的调车作业，根据规定线路的坡度不应大于 1.5‰。

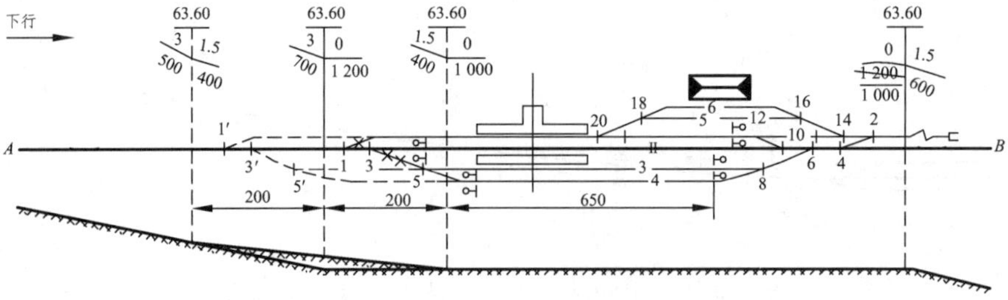

图 4.2.12　中间站改建示意图

延长到发线有效长可以有以下几个方案：

方案Ⅰ：向车站右端延长。

站外坡度为 1.5‰，符合到发线设计技术条件的要求，可以不改变进出站线路的纵断面。但这一方案需拆迁的道岔组数较多，还会使车站中心偏移车站一端不便管理，且现有货场的建筑物也要改变。

方案Ⅱ：向车站左端延长。

需改变现有线路纵断面，将车站左端一部分平道和进站线路上 3‰的一段坡道一并拉成 1.5‰的坡道，使之符合设计技术条件，只需拆迁 3 组道岔。

方案Ⅲ：同时向车站两端延长。

这一方案对方案Ⅰ和方案Ⅱ的缺点都没解决。

若采用方案Ⅱ时，改建的施工应注意不中断或少中断车站正常工作。先填足到发线延长部分的土方，再利用列车运行空隙逐步将正线、咽喉道岔及站线标高抬高，使之符合改建后纵断面的要求，然后铺设三条到发线的延长部分和连接道岔的拆铺。

项目五　区段站设备分析

【项目描述】

区段站是铁路网上牵引区段的分界点，它的主要任务是为邻接的铁路区段供应部分或全部机车及更换乘务组，为此，在区段站上应设有机务段或机务折返段。此外，区段站还为无改编中转货物列车办理规定的技术作业和办理一定数量的货物列车解编作业及客货运业务，在设备条件具备时，还进行机车、车辆的检修业务。本项目将详细介绍区段站的设备、作业和布置图等方面的相关知识。

【教学目标】

1. 知识目标

（1）掌握区段站的主要作业、设备，以及影响区段站分布的因素。

（2）掌握区段站的分类方法。

（3）掌握列车及机车车辆在站内的作业流程，并能够分析区段站主要设备的设置位置。

（4）掌握区段站各类布置图的优缺点。

2. 能力目标

（1）设计区段站主要设备的设置方案。

（2）分析区段站各类布置图的优缺点及适用条件。

（3）根据区段站性质确定各类运转设备的数量及位置。

3. 素质目标

（1）具有自主学习的能力和团队协作精神。

（2）具有严谨、认真的工作态度。

（3）具有较高的职业道德，遵章守纪、爱岗敬业、科学务实、吃苦耐劳。

任务一　区段站作业和设备分析

【相关知识】

一、区段站的分类

区段站按到发场相互位置分为横列式、纵列式和客货纵列式区段站。

1. 横列式区段站

横列式区段站的上、下行到发场平行布置在正线一侧，调车场并列于到发场一侧，如图5.1.1 所示。

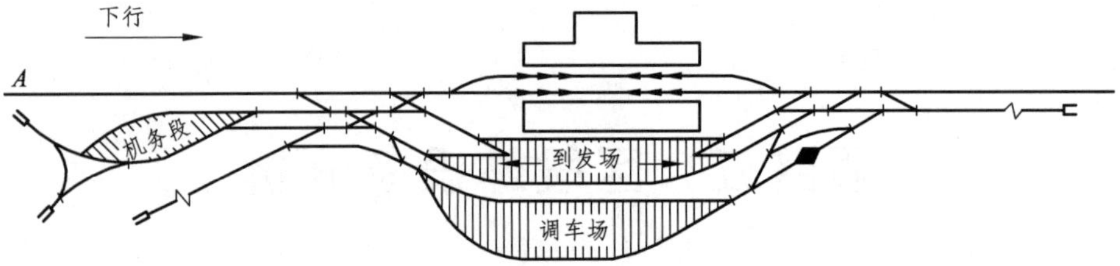

图 5.1.1　单线横列式区段站布置图

2. 纵列式区段站

纵列式区段站的上、下行两个到发场分设在正线两侧，并逆运转方向全部错移，在其中一个到发场一侧设一个双方向共用的调车场，如图 5.1.2 所示。

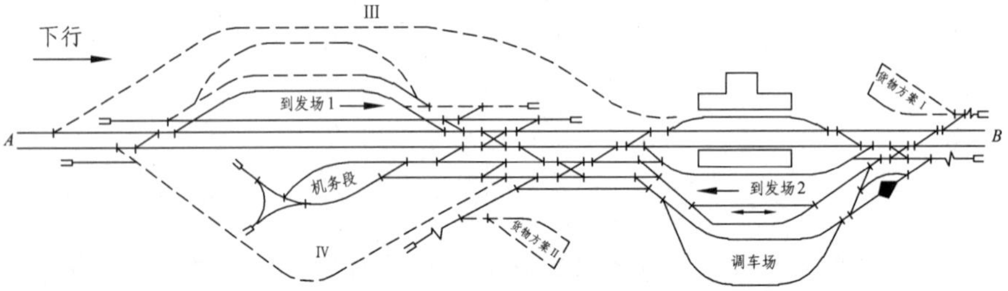

图 5.1.2　双线纵列式区段站布置图

3. 客、货纵列式区段站

客、货纵列式区段站的旅客列车到发场和货物列车到发场分别设置并纵向配列，如图 5.1.3 所示。

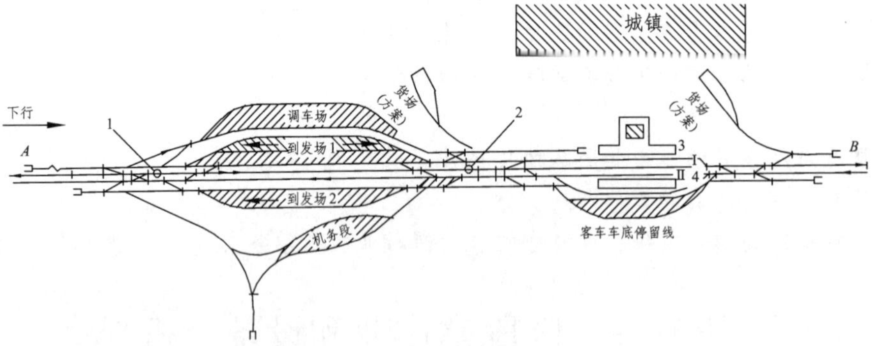

图 5.1.3　双线铁路客货纵列式区段站布置图

二、区段站的主要作业

区段站除了办理与中间站相同的接发列车作业和客、货运业务外，还为相邻区段提供牵引机车，并对机车进行整备、检修、乘务人员换乘，以及对列车进行技术检查、解编区段列车及摘挂列车。

1. 客运作业

区段站的客运作业包括旅客的乘降，行李、包裹和邮件的承运、保管、装卸和交付以及为满足旅客的物质、卫生及文化生活的需要而进行的各种服务等。

2. 货运作业

区段站的货运作业包括货物的承运、装卸、保管和交付，个别区段站还办理鲜活货物运输车辆的途中作业及车辆洗刷作业等。

3. 运转作业

区段站的运转作业包括旅客列车和货物列车的运转作业。

（1）旅客列车运转作业。

旅客列车运转作业包括旅客列车的接、发及通过作业，在客运量大的车站还办理旅客列车始发、终到及个别客车的甩挂作业。

（2）货物列车运转作业。

货物列车运转作业包括办理无改编中转货物列车的接、发及通过作业；区段及摘挂货物列车到发、解编作业；货场及专用线的取送作业等。有的区段站还办理部分改编中转列车的成组甩挂作业、变更运行方向及变更列车重量等作业。

4. 机务作业

区段站的机务作业主要有货物列车机车的更换和乘务组的换班、机车整备及检修作业；当采用循环交路时，在机务段所在的区段上，列车机车不进段，仅在站内到发线上或其附近进行检查、整备作业。当采用长交路时，有的区段站无需更换机车，仅更换机车乘务组或进行部分整备作业。

5. 车辆作业

区段站的车辆作业主要是办理列车的技术检查和车辆的检修（摘车修和不摘车修）作业，在设有站修所或车辆段的区段站上，还办理车辆的辅修和段修作业。

区段站所办理的作业在数量和规模上都远比中间站复杂，在办理的各种列车中，以无改编中转列车为主，它成为区段站行车组织工作的重要环节，也是研究区段站通过能力的核心。

三、区段站的主要设备

1. 客运设备

区段站客运设备的规模与完善程度要比一般中间站大且好，主要有旅客站房、站前广场、旅客站台、雨棚、旅客跨线设备、上水设备等。

2. 货运设备

由于区段站有比较大的货物装卸、货物装载整理等作业，因此货运设备主要有货物站台、仓库、雨棚、货物堆放场、货物装卸线、存车线以及各种装卸机械、办公房屋等。

3. 运转设备

（1）旅客列车运转设备指专供旅客列车使用的旅客列车到发线，当有始发和终到的旅客列车时，还应有客车车底停留线。

（2）货物列车运转设备指专供货物列车使用的货物列车到发线、调车线、牵出线或驼峰机车走行线、机待线等。

4. 机务设备

机务设备主要是指机务段。基本机务段或折返段以及在机务段内设有的机车检修、整备设备等。在采用循环交路时，在机务段所在区段站的到发场及其附近，应设有机车整备设备。

5. 车辆设备

车辆设备主要是指车辆段、列车检修所及站修所等设备。除上述设备外，还应有信号通信设备、给水、排水及电力供应设备和技术办公房屋等其他设备。

四、区段站主要设备的相互位置

区段站的各项主要设备是为完成各项作业而专门设置的，但就整个区段站而言，各项作业及设备即相互联系又相互制约。各项设备的相互位置应根据各项设备所办理的作业性质，结合所在城镇（城市）的发展规划、地形、地质等条件进行综合考虑。既应保证车站作业安全和必要的通过能力，又要保证车站具有良好的技术作业条件，如使作业尽可能平行进行，以避免交叉，保证安全；站内作业要形成流水式，以减少机车车辆在站内的作业流程，进而提高车站的作业效率和车站的通过能力。同时，还应节省工程费用和运营费用，考虑今后进一步发展的可能性和实现为城镇（城市）工农业生产服务的功能等原则。

（一）客运设备的布置

客运设备包括客运业务设备和旅客列车运转设备。

1. 客运业务设备的布置

客运业务设备主要是为旅客运输服务，应按下列要求布置：

旅客站房是旅客办理购票、托取行包以及候车的场所，是站前广场与站场连接的中枢，其位置宜设在车站的中部靠主要居民区一侧，且与城市规划相配合，以方便旅客换乘、购票和候车的需要。

站前广场是车站与城市交通的结合部，是客流、车流和行包流集散的地点，它的布置应根据客流的大小和旅客站房的规模，并应考虑城市规划、道路布局、交通条件，结合地形及远期发展进行设计，避免各种流线之间的相互交叉，确保旅客的迅速疏散。

2. 旅客运转设备的布置

区段站旅客列车到发线应靠近站房，便于旅客上、下车和进出站；并应直接连通正线，使旅客列车的接发进路顺直，确保旅客的舒适与安全。旅客列车到发线一端接通牵出线，便于进行客车车辆换挂的调车作业；另一端接通机务段，以便更换机车。到发线与站房之间要留有适当的距离，为今后发展创造条件。

当区段站有始发或终到的旅客列车车底停留时，应考虑设旅客列车车底停留线，以免占用到发线或调车线，造成站内通视不良，影响到发线或调车线的使用。对个别终到并立即折返的旅客，因停留时间较短，当到发线有余力时，也可不设客车车底停留线。

（二）货运设备的布置

1. 货运运转设备的布置

（1）采用横列式区段站图，货物列车到发场一般应设在旅客站房对侧并紧靠正线，与正线相通，使货物列车到发有便利的通路，如图 5.1.1 所示。

（2）采用纵列式区段站图，上、下行两个方向的货物列车到发场应分别布置在正线两侧，且两个到发场逆运转方向全部错移，如图 5.1.2 所示。

（3）采用客货纵列式区段站图，货物列车到发场与旅客列车到发场沿正线纵向配列，如图 5.1.3 所示。

（4）调车场应并列布置在到发场外侧，紧靠到发场。调车场两端一般各设一条牵出线，有时在一条牵出线上设置驼峰，以保证车站有足够的改编能力。

2. 货运业务设备的布置

货运业务设备主要是货场。区段站的铁路货场直接为工农业生产和城市生活供应服务，其位置选择合理与否，对城市交通和铁路运输均有较大影响。在横列式区段站布置图中，货场的设置可选位置有站同左、站同右、站对左、站对右和站对并五个位置选项。如图 5.1.4 所示为横列式区段站货场位置方案比选图。

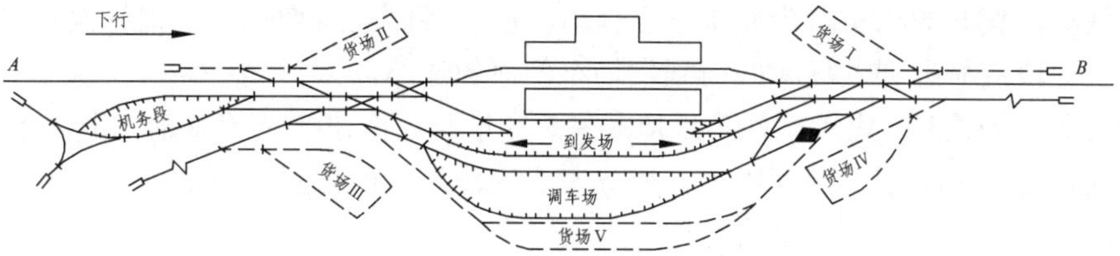

图 5.1.4　横列式区段站货场位置方案比选图

（1）货场设在站房同侧。

货场的位置和城市在同一侧的主要优点：货场靠近主要货源、货流基地和居民区，便于货物集散，货主搬运距离近，无须跨越铁路正线。主要缺点：货场作业车的取送作业必须跨越铁路正线，干扰正线行车。若货运量不大或行车量较少时，该交叉对车站通过能力的影响还不显著；当货运量或行车量较大时，就会严重影响车站的通过能力，也会影响车站的作业效率和作业安全。同时，当货场规模较大或需改建扩建时，货场位置往往与城市发展规划相矛盾，特别是以矿建材料、农药等容易污染环境卫生的货物为主的货场。当货场位于站同右时，对作业的影响更大，因为该端咽喉既有客、货列车的到发作业，又有机车的出入段作业，还有改编列车的转线作业。因此，当机务段位于站对右（见图 5.1.4）时，货场以位于站同左为宜。

单线铁路区段站，货场一般设于站房同侧，咽喉结构简单的一端；双线铁路区段站，当地方运量较少时，货场也设于站房同侧。

当正线列车对数较多、货场装卸量较大时，设于站房同侧的货场应设货物牵出线，以避免货场取送调车时与正线行车的干扰。

（2）货场设在站房对侧。

货场位于站房对侧与货场位于站房同侧的优缺点正好相反。这种设置的实质是将铁路内部取送作业与正线的干扰，转化为铁路与公路之间的交叉干扰。所以，只有当行车量与装卸量都较大，而铁路与公路之间有良好的立体疏解设备时，才宜将货场设于站房对侧。此时应与机务段位于同一侧，便于车站的纵向发展。但若货源、货流在站房对侧，则货场在站房对侧最为有利。

货场设于站对侧有站对左、站对右和站对并三个位置选项。

货场设于站对并时为通过式货场，两端都能办理货场取送，还能办理整车装卸。但对车站的发展会产生极大的限制。若车站没有整车装卸，则一般不采用此方案。

货场设于站对左时，货场取送则会由担当解体的调车机车负责。由于货场设于站对侧的多数原因都是货物装卸作业量较大，这样一般都会专配调车机车负责货场取送。为使负责货场取送的调车机车能够协助尾部编组，实现解编能力均衡。因此，当货场要设于站对侧时，则应设在站对右。

若货场为存放危险货物（如爆炸品、毒害品、氧化剂、易燃液体等）及有碍卫生的粉末状货物的专业货场，则应考虑城市的常年风向，设于下风口并远离居民区。

（三）机务段的布置

机务段是区段站的主要设备之一，是管理、运用和维修配属机车的基层生产单位。它应及时向车站提供良好的机车。为使机车迅速出入段，及时挂运列车，确保各次列车安全、正点出发，机务段应靠近到发场，并与到发场有便捷的通路。

选择机务段场地时，应考虑地形地质条件，尽量避免修建复杂的基础；并为排除地下水、地表水和处理生产废水创造有利条件。机务段在区段站上的位置可以有五种布置方案，如图 5.1.5 所示。

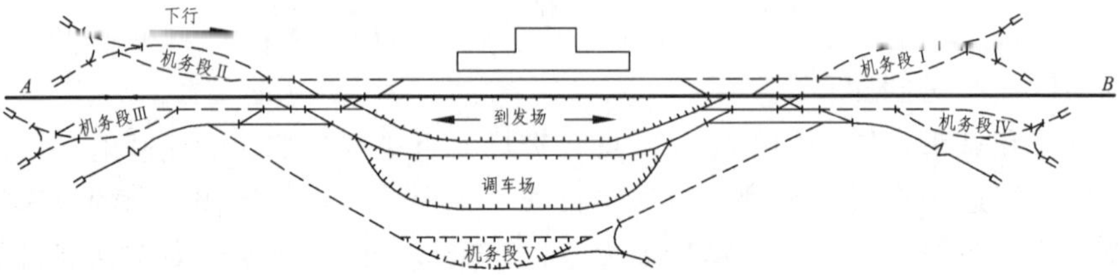

图 5.1.5　横列式区段站机务段配置位置方案比选图

1. 机务段设于站同侧

由于机务段和到发场分设于正线的两侧，所有货物列车机车出入段都要横切正线，在双线铁路区段站上这个现象更为严重。同时站房一般位于城市同侧，机务段占用城市较多的土地不但会影响城市的发展，而且机务段油污较重，还会排出较大的烟、气，会对城市造成一定的污染，恶化城市的环境。此外，机务段本身的发展扩建也会受到严重限制。

2. 机务段设于站对侧

机务段位于站对侧时，避免了货物列车机车出入段与正线的交叉干扰，克服了上述缺点。在双线横列式区段站上，机务段一般以设在站对右（如图 5.1.5 机务段Ⅲ所示位置）最为有利，因为当机务段位于该位置时，一个方向机车出入段与另一个方向列车出发进路产生交叉；如果机务段设在站对左（如图 5.1.5 机务段Ⅳ所示位置），则一个方向机车出入段与另一个方向的列车到达进路产生交叉。从出发交叉和到达交叉的性质相比较，其行车速度、占用进路时间的长短及影响行车的安全程度，显然是到达交叉较严重，所以，机务段宜设在站对右。单线区段站要有发展双线的考虑，因而单线区段站的机务段也宜设于站对右。

当车站发展成纵列式区段站时，机务段设在站对右亦显得非常有利，可以使双方向机车出入段的走行距离都比较短。因此，新建区段站在不受地形、地质及其他条件限制时，机务段应首先考虑设在站对右。

机务段设在站对并的位置，机务段两端均有出、入口，机车从车场两端出、入段，走行距离较短，这是站对并的优点。缺点是机车从车场两端出、入段干扰牵出线作业；同时机务段设在调车场的外侧，有碍车站的横向发展，因此，只有在无解编作业和无发展的区段站上且为折返段，又受地形条件限制时，方可将机务段设在站对并的位置。

据调查统计，横列式区段站上机务段的位置在站对右的占 41%，站对左的占 21%，站对并（即在调车场外侧）的占 15%，其他（包括站同左、站同右）占 23%。经分析，新建的横列式区段站机务段大部分设在站对右的位置，其次是站对左和站对并的位置，其他位置大多系旧有车站。

（四）车辆设备的布置

1. 列检所

为了方便列检人员与车站值班人员的联系，并及时对列车进行技术检查，列检所通常设在靠近到发场的适当地点。

2. 站修所

站修所是铁路货车日常维修的主要基地，其位置应根据取送车辆方便、减少与列车运行或调车作业的干扰、不妨碍站或所发展等因素确定，一般应设在调车场外侧，调车场远期发展以外的适当地点。当车站设有车辆段时，也可与车辆段合并。

3. 车辆段

车辆段的位置设置有两个方案，即站对右与站对左方案，如图 5.1.6 所示。由于车辆段与机务段的主要工作内容都为机械修理，因此日常工作会有比较多的联系，为了方便联系，车辆段通常与机务段设于同一位置，即站对右。

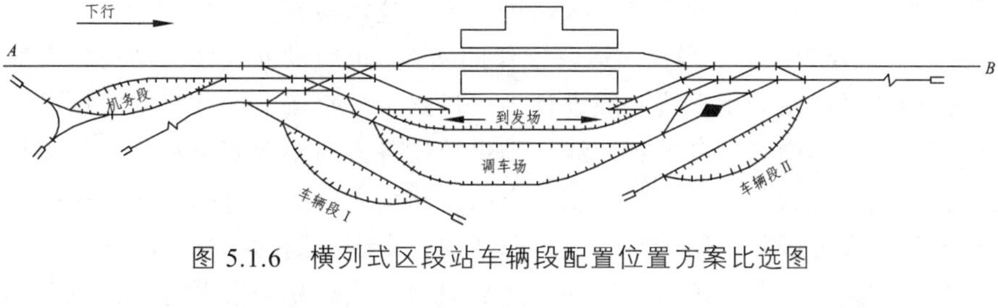

图 5.1.6　横列式区段站车辆段配置位置方案比选图

五、区段站运转设备

区段站的运转设备主要包括客、货列车到发线、客车车底停留线、机车走行线、机待线、机车出入段线、牵出线等。

（一）到发线

1. 货物列车到发线

（1）货物列车到发线数量及长度。

影响列车到发线数量的主要因素有列车开行对数及其列车性质、车站衔接线路方向数及相邻区段的闭塞方式、车站布置图、技术作业过程、作业方式、机车交路等，但一般不少于表 5.1.1 所示。其货物列车到发线的有效长根据线路等级和相邻区段统一规定。

表 5.1.1　到发线数量

换算列车对数	到发线数量（条）（正线及机车走行线除外）	换算列车对数	到发线数量（条）（正线及机车走行线除外）
≤12	3	37 ~ 48	6 ~ 8
13 ~ 18	4	49 ~ 72	8 ~ 10
19 ~ 24	5	73 ~ 96	10 ~ 12
25 ~ 36	6	>96	12 ~ 14

注：① 对表中到发线数量的幅度，可按换算对数的大小对应取值。

② 两个方向以上线路引入（包括按行车办理的铁路专用线）的区段站，考虑列车的同时到发，到发线数量可适当增加。

③ 采用追踪运行图时，到发线数量增加 1 条。

④ 区段站的尽头式正线按到发线计算。

⑤ 客、货纵列式区段站的货物列车到发线数量应扣除旅客列车的换算对数后按本表采用。一级三场区段站的到发线数量按上、下行分场的换算列车对数分别按本表采用。

⑥ 区段站某一方向的换算列车对数，等于该方向各类客、货列车对数（可按该方向接发的各类列车数除以 2 求得）分别乘以相应的换算系数后相加总数。当查表确定到发线数量时，尽端式区段站按接发车一端的各个方向相加后的换算数确定，但可适当减少；通过式区段站按各个方向相加后的换算对数的 1/2 确定。列车对数的换算系数：直达、直通、小运转列车为 1，有解编作业的直达、直通、区段、摘挂、零摘和快零货列车为 2；始发、终到的旅客列车为 1，立即折返的小编组旅客列车为 0.7，停站的旅客列车为 0.5；机车乘务组换班不列检的货物列车为 0.3；不停站的客、货列车不计。

（2）货物列车到发线的布置。

布置到发线时应考虑下列几个问题：

① 到发线应布置在直线上。如到发线有效长范围内设有曲线时，不仅在接发列车时瞭望条件差、作业不便，而且也不利于列检人员进行列车技术检查。

② 到发线的进路设置。根据我国运营工作的实践，单线横列式区段站的到发线均采用双进路。双线横列式区段站的到发线一般设计为单进路，分别按上、下行方向接发列车，但靠近旅客站台的到发线和中间站台的到发线，是供接发各方向旅客列车和某些需停靠旅客站台的列车之用，故应设计为双进路。如有第三方向线路引入且有通过的折角车流或位于局交界口的区段站，为了增加线路使用的灵活性，以适应列车密集到达和减少交叉干扰，可将部分到发线设计为双进路，其余作预留。如到发线数量较少或有充分根据时，也可全部设计为双进路。

到发线按双进路设计，可增加使用灵活性。在实际运营中，各站仍需按线路左侧行车方向固定使用的原则，结合运行图排定的列车到发顺序及其他作业上的要求，固定到发线使用方向。

（3）超限货物列车到发线布置。

除正线必须保证通行超限货物列车外，在单线区段站应另有一条到发线能通行超限货物列车；在双线区段站，上、下行应各有一条到发线能通行超限货物列车。

2. 旅客列车到发线

（1）旅客列车到发线数量及长度。

在我国，横列式及纵列式区段站，客、货列车的到发线是兼用的，一般使用靠旅客站台的到发线或正线接发旅客列车。旅客列车的停站时间一般较短，对到发线的能力影响不大，旅客列车到发线的数量可经过对旅客列车对数换算后与货物列车换算对数相加按表 5.1.1 中的数据确定。客货兼用的到发线有效长应与货物列车到发线有效长一致。

在客货纵列式布置的区段站，若设专用的旅客列车到发场，旅客列车到发线的数量和有效长参照客运站列车到发线的规定加以确定。

（2）到发线与旅客站台的布置形式。

选择到发线与旅客站台的合理布置形式，主要需考虑正线布置要顺直；客、货列车能便捷到发，站内交叉少；旅客跨越线路少，横越线路设备建筑费用少；便于货场设置、支线引入及工业企业线接轨；便于线路保养维修以及便于进一步发展（如从单线发展成双线时，便于增加线路等）。

图 5.1.7（a）为单线铁路区段站到发线与旅客站台的布置形式，其特点是旅客基本站台与中间站台夹两条线路。此种布置形式的优点是旅客列车无交会时，各方向旅客列车均可接入 1 道；有交会时，可分别接入 1、Ⅱ道，正线及以下的各条线路均为货物列车使用，客、货列车主要分布在正线两侧，利于作业，同时不论在站房同侧或对侧设置货场及引入支线、工业企业线都比较方便。修建双线时应与区间综合考虑，可将 1 道或 3 道改为第二正线。因此，这种布置形式一般应优先考虑采用。

图 5.1.7（b）为双线铁路区段站到发线与旅客站台的布置形式，其特点是旅客基本站台与中间站台夹 3 条线路。这种布置形式的优点是正线顺直没有反向曲线，便于线路养护维修，适合于横列式发展为纵列式和客货纵列式站型。当纵列式站型采用此方案，在办理旅客列车三交会时，正线Ⅱ道仍可用来通过货物列车。缺点是基本站台与中间站台夹 3 条线路，天桥或地道的维修费用高；在未设天桥或地道时，4 道上下车的旅客进出站横越线路较多且与 1、Ⅱ、Ⅲ道接发货物列车发生干扰。在双线铁路横列式区段站型中，宜优先采用此方案。

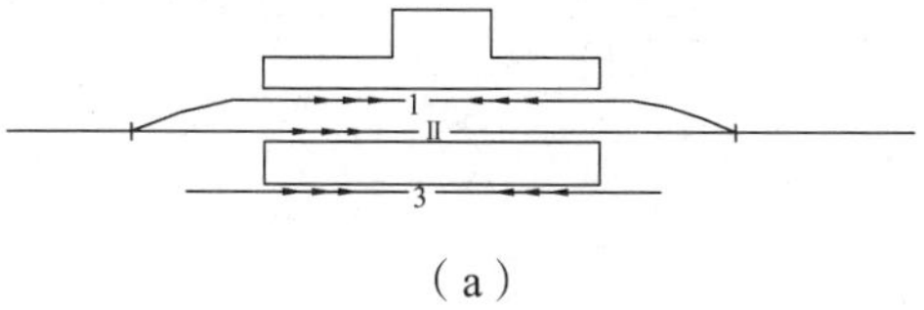

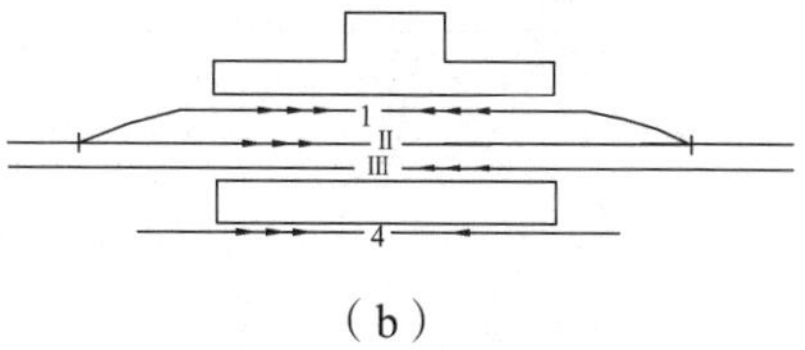

图 5.1.7　区段站旅客站台与线路布置形式图

（3）客车车底停留线。

当区段站有始发、终到旅客列车停留时，一般应设客车车底停留线，以免占用到发线或调车线，并造成站内通视不良，影响到发线或调车线的使用。

客车车底停留线位置应与接发旅客列车的到发线有便捷的通路，通常应设置在站房同侧或调车线外侧。若为市郊旅客列车车底停留，可考虑设置在站房同侧。个别旅客列车立即折返，且停留时间较短，在确定到发线数量已考虑该因素时，也可不设客车车底停留线。设计时应视具体情况确定。

（二）机车走行线、机待线及机车出入段线

1. 机车走行线

车站内专供机车出入段用的线路称为机车走行线。机车走行线的数量及设置位置应根据区段站布置图的类型、列车对数、机务段位置、机车运转交路制度等因素确定。

（1）机车走行线的设置条件。

每昼夜通过车场的机车在 36 次及以上的区段站应设 1 条机车走行线。

纵列式区段站、采用循环交路制的区段站、机务段在站对并位置的区段站以及机车通过 36 次以下的区段站均可不设机车走行线，可利用空闲的到发线出入段。

（2）机车走行线的位置。

机车走行线的位置应根据车站布置图，以减少机车出入段与接发车交叉干扰次数和缓和交叉的严重程度为原则进行确定。

当机务段设在站对右时，机车走行线应设于上、下行到发场之间，如图 5.1.8（a）所示。此时产生的上行货物列车出发与机车出入段的交叉干扰（a 点）性质较缓。若要疏解此交叉干扰可修建上行外包机务段正线。

当机务段设在站对左时，机车走行线应设于上行到发场与调车场之间，如图 5.1.8 （b）所示。此时仅产生上行货物列车到达与下行货物列车机车出入段的交叉。若有上行正线外包机务段，则将机车走行线放置在上、下行到发场之间。

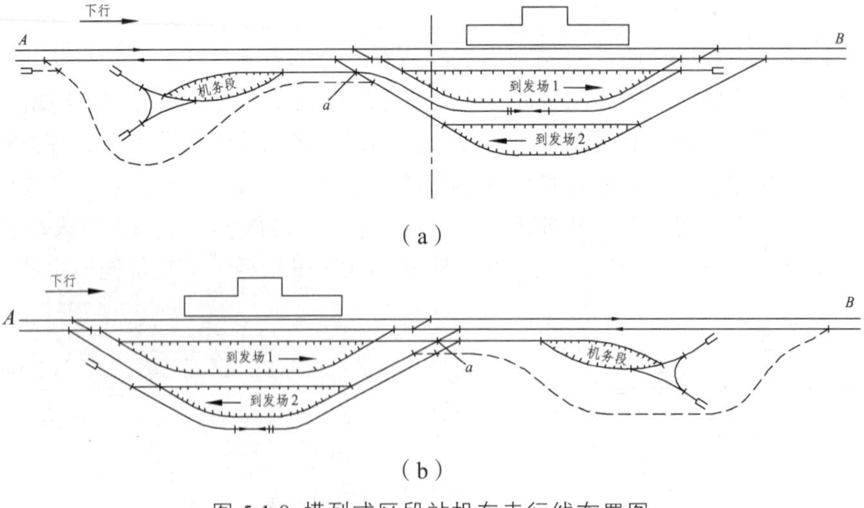

图 5.1.8 横列式区段站机车走行线布置图

单线横列式区段站机车走行线的设置与双线横列式区段站相似。

2. 机待线

设在非机务段一端，专供牵引机车停留的线路称为机待线。

（1）机待线的设置条件。

横列式区段站应设机待线，其作用是便于出、入段机车的停留与交会；机待线与机车走行线相配合可以使机车出、入段与其他作业平行；当机务段位于站房同侧或与车场并列时可以增加出、入段机车穿越正线或牵出线的机会和减少占用交叉点的时间；旅客列车停站的时间短，在旅客列车换挂机车比较多的区段站，可使机车争取时间和避免与其他作业干扰，保证列车正点；区段站直通货物列车的比重占 70%左右，在采用肩回交路的区段站，应保证换挂机车的直通列车正点。因此，只有行车量很小，换挂机车较少（通过车场的机车在 36 次以下）或改建困难的单线铁路区段站可缓设或不设机待线。

（2）机待线的布置形式。

机待线布置形式有贯通式（见图 5.2.1）和尽头式（见图 5.2.2）两种。

① 贯通式机待线的优点：进路比较灵活，咽喉长度短，到发线数量相同时其长度可缩短 20 ~ 60 m，节省占地及铺轨长度。缺点：无隔开进路，安全性差。

② 尽头式机待线的优点：有隔开进路，安全性好，即使司机操纵失误冲击土挡，其损失也比与列车（或转线车列）冲突轻。缺点：咽喉较长。

除地形受限制外，机待线一般应采用尽头式。

（3）机待线的长度。

机待线的有效长度应根据牵引机车长度和相应的安全距离确定，并不应少于两者相加的数值。在尽头线上调车时，距线路终端应有 10 m 的安全距离。贯通式机待线的安全距离，考虑到机车万一越过信号机事故后果严重，故采用 20 m。

因此，贯通式机待线的有效长为：单机 55 m，困难条件不应小于机车长度加 20 m，双机 85 m；尽头式机待线的有效长为：单机 45 m，困难条件不应小于机车长度加 10 m，双机 75 m。

3. 机车出入段线

设在机务段与到发场之间，供机车出入段使用的线路称为机车出入段线。

机车出入段线数量取决于列车对数、列车到发的不均衡性及机车运转方式。横列式区段站一般出、入段线各设一条。当出、入段机车每昼夜不足 60 次时，可缓设一条。由于机车出、入段时要在机务段出、入段处的值班室签点。因此，在机务段最外方道岔与站管道岔之间应有机车停留位置，其有效长度不小于两台机车长度加 10 m 的安全距离，一般不少于 70 m。

（三）调车线与牵出线

1. 调车线

区段站为了集结车辆、解体和编组区段列车及摘挂列车（有的还办理直通或直达列车的解编作业）、停放本站作业车或其他车辆，需设置调车线。

区段站调车线的数量及有效长，应根据车站衔接线路的方向数量、有调作业车数、调车作业方法及列车编组计划等因素来决定。

（1）在有编解作业的区段站。

① 集结线每一衔接方向设 1 条，车流大的方向可适当增加，其有效长度不应小于到发线的有效长度。

② 本站作业车停留线 1 条；待修车和其他车辆停留线 1 条，车数不多可共用 1 条；有岔线接轨且车辆较多可增设 1 条；有危险品车辆时，应设危险品车辆停留线 1 条。上述调车线的有效长度应按该线所集结的最大车辆数确定。

（2）在无改编作业的区段站

调车线应设 2 条，供本站作业车和待修车辆停留及调车用。有效长度应按最大存车数量确定。

2. 牵出线

牵出线是指设在调车场的一端，并与到发线连接，专供车列解体、编组及转线等牵出使用的线路。牵出线是区段站上主要的调车设备。调车作业量不大时，可采用牵出线；调车作业量大时，可在主要牵出线上设置驼峰。

（1）牵出线的数量。

它取决于有调作业车数、编组计划要求、调车作业方法、站内调机台数及分工、货场与工业企业线位置及作业量等因素。

通常区段站调车场两端应各设 1 条牵出线。当每昼夜解编作业量不超过 7 列时，可缓设次要的牵出线。如有运量较小的支线或岔线在该站接轨，其位置和平、纵断面适合调车，经允许，可作为次要牵出线。

在纵列式区段站，如有部分改编货物列车成组甩挂作业时，且线路通过能力受到限制，不能用正线调车，可在站房同侧到发场设专用牵出线。

货场取送车作业，一般可利用调车场牵出线进行。如货场位于站房同侧，装卸作业量又较大，且区间列车对数较多时，宜设专用的货场牵出线，以避免货场调车对正线的干扰。

（2）牵出线的长度。

区段站牵出线的有效长度，一般不应小于到发线的有效长度，以保证整列一次转线。若牵出线仅进行部分改编中转列车加减轴作业时，可适当缩短。次要牵出线的有效长度可以稍短，但不能短于到发线有效长度的一半。

（3）牵出线平、纵断面的要求。

牵出线平面布置应设在直线上，困难条件下可设在曲线上，但应保证有良好的视线，其半径不应小于 1 000 m；特别困难条件下，其半径不应小于 600 m；若仅办理摘挂取送作业的货场或其他厂段的牵出线，在特别困难条件下，可设在半径不小于 300 m 的曲线上。牵出线不应设在反向曲线上。

牵出线应设在平道或小于 2.5‰的面向调车场的下坡道上。办理摘挂、取送作业的货场或厂段的牵出线，宜按上述要求设置，特别困难条件下可设在不大于 6‰的坡道上。

技能训练

按要求画出双线横列式区段站示意图。

要求：（1）按一定比例尺画出车站站房；

（2）以站房中心线为对称轴，画出下行正线 Ⅰ 道，在 Ⅰ 道外侧画出上行正线 Ⅱ 道；

（3）在 Ⅱ 道外侧画出下行到发场 1，到发场 1 的外侧画出到发场 2；

（4）在到发场 1、到发场 2 之间布置机车走行线，最后在站对右的位置画出机务段。

任务二　区段站布置图分析

【相关知识】

区段站的布置图主要是根据与车站通过能力直接有关的设备的相互位置来确定的，也就是根据正线、旅客列车到发线（场）及上、下行货物列车到发线（场）相互位置的不同而确定的。

分析区段站示意图的主要目的是：对于新建区段站，根据区段站在路网上的地位和作用，车站衔接的方向数、车流量及其性质、作业特点、客货运量及地形、地质、远期发展等因素，选择具有一定通过能力的比较合适的布置图；对于要进行改扩建的车站，通过分析，提出正确、合理的改扩建方案；而对于运营中的车站，通过分析，找出各项设备的薄弱环节，制定出合理运用各项设备和改进工作组织方法的方案，以提高区段站的通过能力。

在分析区段站布置图时，一般可按照下列步骤进行：

1. 综合分析区段站的布置特征

对区段站的布置特征，主要分析区段站各项设备间相互位置及相互联系；分析各项设备的运用及作业情况；分析到发场内线路固定使用的原则及作业特点。通过分析，使我们对该车站布置图有一个比较全面的了解。

2. 作业进路分析

作业进路分析包括作业进路交叉分析和平行作业数的分析。根据区段站各项设备的设置位置及设备的运用，分析一定条件下车站咽喉区所产生的主要进路交叉的内容及疏解措施。根据车站咽喉结构分析一定条件下车站咽喉区能够保证的最大平行作业数。通过分析，使我们更加全面、深入地掌握该车站的布置及作业特点。

3. 优缺点及适用条件分析

根据区段站布置特征及作业进路的分析，进一步确定该布置图的优缺点及使用条件，为决策提供依据。

常见的区段站布置图有横列式、纵列式和客货纵列式。

一、单线横列式区段站

如图 5.2.1 所示为单线横列式区段站布置图，车站两端各衔接一个方向。

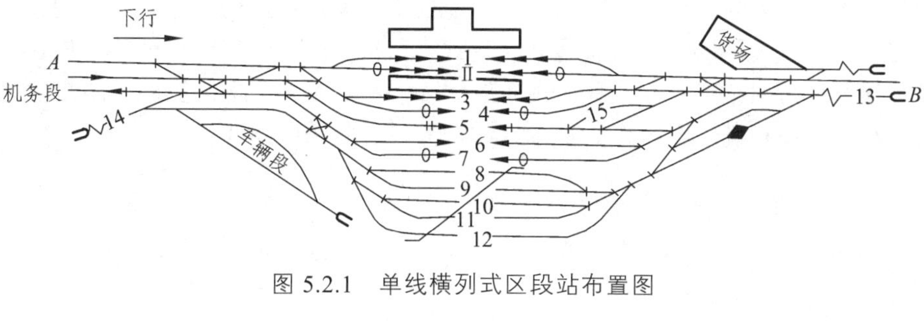

图 5.2.1　单线横列式区段站布置图

（一）设备位置

1. 站房位置

站房位于城镇一侧，方便城镇居民出行。

2. 货场位置

货场设于站同左，该位置的好处是有利于城镇一侧的货物办理运输，也方便车站对货场的管理；不足是往货场的取送调车必须横跨正线，干扰列车的接发车作业；若货场办理的货物多为粉状物或有较大气味的物品，则会影响城镇居民的日常生活；如果货运量增加需要扩建货场则会与城镇发展规划冲突。

3. 到发场与调车场位置

到发场与调车场并列于站房对侧，这样会使货物列车的相关作业远离城镇，对城镇居民的日常生活影响较小。

4. 机务段位置

机务段设于站对右。这是通常选择的位置，可使车站两端咽喉的利用率尽可能趋近。

5. 车辆段

车辆段与机务段一样设在站对右。车辆段的出入调车量一般都较小，对咽喉的占用都不太大，置于何处主要取决于土地面积。在站对右的这一较大空地布置车辆段比较合适。

（二）线路固定使用

图 5.2.1 所示车站为单线车站，Ⅱ道为正线，主要办理上、下行列车的通过，并兼顾上、下行旅客列车和货物列列车的到发。到发线共有 5 条（1、3、4、6、7 道），且全部设计为双进路，以增加作业的灵活性和机动性。1 道和 3 道主要接发上、下行旅客列车，有余力时可接发上、下行货物列车。4、6、7 道为上、下行货物列车到发线，且正线及 4、7 道还可接发超限货物列车。

到发场线路在使用时，按作业要求适当分工。靠近正线的线路，应尽可能接发无改编货物列车（如 3、4 道）；靠近调车场的线路，则主要作为改编货物列车到发线（如 6、7 道）。这样可保证无改编货物列车的到发作业与改编货物列车的转场作业平行进行，增加两端咽喉的机动性。

调车场位于到发场外侧，有 5 条调车线（8 ~ 12 道）。调车场两端各有一条牵出线，负责改编列车的解体和编组作业。B 端牵出线为主要牵出线，主要负责解体作业，并设有小能力驼峰和驼峰迂回线。A 端牵出线为次要牵出线，主要负责编组作业。

与机车出入段有关的线路有：5 道为机车走行线，设在到发场内，供下行货物列车机车出入段走行使用。在 B 端咽喉设有贯通式机待线，供机车临时等待停留使用，以疏解机车进入到发场连挂车列与列车到（发）作业的进路交叉。位于 A 端咽喉区正线与牵出线之间的线路分别是机车入段线和机车出段线，是车站与机务段之间的联络线。

（三）作业进路分析

1. 交叉进路

A 端咽喉区的进路交叉有：

（1）6、7 道接发列车作业进路与机车出入段产生交叉；
（2）1 ~ 4 道部分改编货物列车甩挂车组的调车作业进路与机车出入段产生交叉；
（3）自编列车转入 6 道的调车作业进路与 7 道接发列车作业进路产生交叉。

B 端咽喉区的进路交叉有：
（1）货场取送车作业进路与接发列车作业进路产生交叉；
（2）1 ~ 4 道部分改编货物列车甩挂车组的调车作业进路与 6、7 道接发作业进路产生交叉；
（3）7 道解体车列转线作业进路与 6 道接发列车作业产生交叉。

2. 进路交叉的疏解

进路交叉的疏解是指改变交叉的性质、减轻交叉的负荷及消除该交叉所采取的一系列的措施和方法。由于单线横列式区段站，全部到发线为双进路，大部分进路交叉可采用行车组织的方法进行疏解。如对于两端咽喉的第（3）类交叉可采用灵活使用到发线的方法进行疏解，当 6 道或 7 道进行转线作业时，可将列车接入 3 道或 4 道；对于第（2）类交叉可利用行车空间将要挂的车组提前从调车场取出，临时存放到某空闲线路，当列车到达后直接加挂，减少交叉的负荷，达到疏解交叉的目的。而对于第（1）类交叉，这是由于机务段设于站对右和货场设于站同左所产生的矛盾，是不可避免的，除非改变机务段和货场的位置设置。

3. 咽喉平行作业分析

A 端咽喉最大可保证四项平行作业：
（1）1 ~ 4 道接车或发车；
（2）机车出段；
（3）机车入段；
（4）牵出线调车。

B 端咽喉最大可保证三项平行作业：
（1）1 ~ 4 道接发列车；
（2）机车出段或入段；
（3）牵出线调车。

（四）布置图的优缺点及适用范围

1. 单线横列式区段站的优点

（1）由于该车站为横列式区段站，所以设备布置紧凑，站坪长度短，占地少，设备布置集中，管理方便，定员少，投资少；
（2）由于到发线是双进路设计，所以线路使用灵活、作业方便；
（3）对各种不同地形适应性强，便于今后的发展。

2. 单线横列式区段站的缺点

一个方向的机车出入段走行距离长，站房同侧有专用线接轨时，取送车会干扰正线。

3. 适用条件

单线铁路区段站多选用横列式布置图。

二、双线横列式区段站

如图 5.2.2 所示为双线横列式区段站布置图。

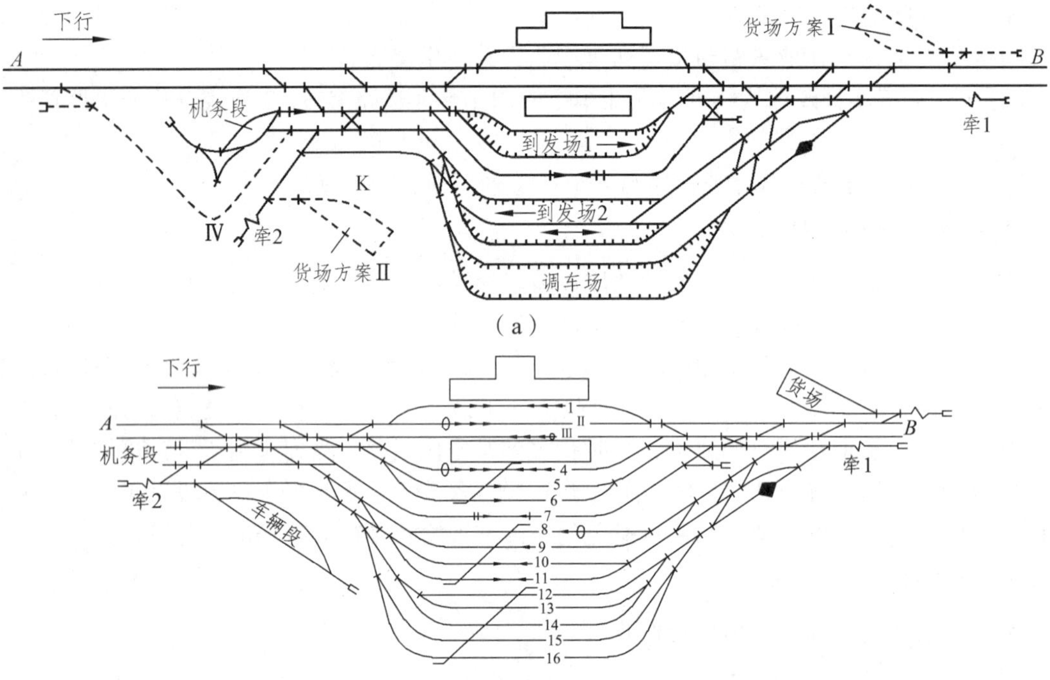

图 5.2.2 双线横列式区段站布置图

（一）设备相互位置

1. 站房位置

站房位于城镇一侧，方便城镇居民出行。

2. 货场位置

货场设于站同左，该位置的好处是有利于城镇一侧的货物办理运输，也方便车站对货场的管理。不足是往货场的取送调车必须横跨正线，干扰列车的接发车作业；若货场办理的货物多为粉状物或有较大气味的物品，则会影响城镇居民的日常生活；如果货运量增加需要扩建货场则会与城镇发展规划冲突。

3. 到发场与调车场位置

下行到发场、上行到发场与调车场并列于站房对侧，这样会使货物列车的相关作业远离城镇，对城镇居民的日常生活影响较小。

4. 机务段位置

机务段设于站对右，这是通常选择的位置，可使车站两端咽喉的利用率尽可能趋近。

5. 车辆段位置

车辆段与机务段一样设在站对右。车辆段的出入调车量一般都较小，对咽喉的占用都不太大，置于何处主要取决于土地面积。在站对右的这一较大空地布置车辆段比较合适。

（二）线路固定使用

图 5.2.2 所示双线横列式区段站，旅客列车到发线靠近正线和站台，便于旅客列车的接发和旅客的上、下车。Ⅱ道为下行正线，主要办理下行通过列车的作业，以及下行旅客列车和货物列车（包括超限货物列车）的接发作业。Ⅲ道为上行正线，主要办理上行通过列车的作业，并兼顾办理上行旅客列车和货物列车（包括超限货物列车）的接发作业。1 道为上、下行旅客列车到发线，紧靠基本站台，方便旅客进出站。当车站有两交会时，下行旅客列车接入 1 道，停靠基本站台；上行旅客列车接入 4 道，停靠中间站台。当有三交会时，则第三列旅客列车可接入Ⅲ道，停靠中间站台。旅客列车到发线与机务段和两端的牵出线接通，以便旅客列车机车的更换和个别车辆的摘挂。

货物列车到发场按上、下行分为两个到发场，并列布置在站房对侧。下行到发场（4 ~ 6 道）主要办理下行货物列车的到发作业，上行到发场（8 ~ 11 道）主要办理上行货物列车的到发作业。在同一到发场中，为避免无改编中转列车的到发作业与改编列车的转线作业产生进路交叉，将无改编中转列车的到发线固定在靠近正线的位置，而改编列车到发线固定在靠近调车场的位置。也可将上行到发场靠近调车场的部分线路设计为双进路，用来接发上、下行改编列车，既增加线路使用的灵活性，又减少一部分进路交叉，如 10、11 道设计为双进路，办理上、下行改编列车的到发作业。

（三）作业进路分析

1. 作业进路交叉分析

如图 5.2.3 所示，双线横列式区段站主要存在以下四种作业进路交叉。

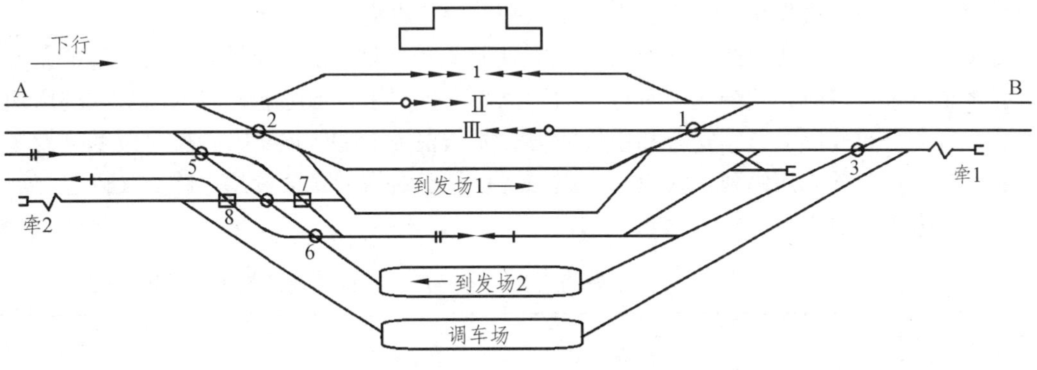

图 5.2.3　双线横列式区段站进路交叉分析图

（1）由于上、下行到发场位于正线同一侧，而又与旅客列车到发线平行布置，因此，在车站 B 端产生了上行旅客列车的到达作业与下行货物列车出发作业的进路交叉（交叉 1）；在车站 A 端产生了上行旅客列车出发作业与下行货物列车到达作业的进路交叉（交叉 2）。

（2）由于上、下行货物列车到发场平行布置在调车场同一侧，使上行货物列车接入到发场 2 的作业进路与到发场 1 解体车列经由牵出线 1 的转场作业进路在 B 端咽喉产生交叉（交叉 3）；上行货物列车由到发场 2 的出发作业进路与到发场 1 自编车列经由牵出线 2 的转场作业进路在 A 端咽喉产生交叉（交叉 4）。

（3）由于上、下行到发场平行布置于正线同一侧，在 A 端咽喉产生了到发场 2 货物列车出发作业与下行货物列车机车经由机走线出入段作业的进路交叉（交叉 5、6）。

（4）由于上、下行到发场平行布置于调车场同一侧，而机务段又位于站对右，所以，在 A 端咽喉产生了上、下行货物列车机车出入段作业与到发场 1 自编车列经由牵出线 2 的转场作业的进路交叉（交叉 7、8）。

2. 作业进路交叉的疏解

作业进路交叉的存在直接影响到车站的作业安全、作业效率和通过能力。在分析进路交叉的同时，还要针对不同的交叉内容及交叉产生的原因，分析疏解进路交叉的措施。对于双线横列式区段站所产生的 8 个交叉，根据具体情况可采用以下疏解措施：

交叉点 3、4、7、8 都与转线作业有关，它们的产生是由于调车场布置在上、下行到发场的一侧。因此，要疏解这些交叉，可采用将上行到发场（到发场 2）靠近调车场的线路设计为双进路（如图 5.2.2 中 10、11 道所示），下行改编货物列车接入上行到发场，就可避免这些交叉。但下行改编货物列车不能固定地接入上行到发场，因为这样又会产生新的交叉。实践证明，将下行改编货物列车灵活地接入上行到发场和下行到发场，利用有利的时间间隔来疏解转线交叉是行之有效的措施。另外，交叉点 3、4、7、8 也可用变更到发场与调车场的相互位置的方法来疏解，即将调车场设置在上、下行到发场之间，但在区段站上改编列车数量不多，这些矛盾并不严重，一般不采用这种方法进行疏解。

交叉点 5、6、7、8 都与机车出入段有关，要疏解这些交叉，只要采用机车循环运转制交路、列车机车在到发线上整备而不入段，这些交叉就可避免。特别是在电力机车和内燃机车牵引的条件下，机车在到发线上整备的可能性就更大。

另外，在运量较大的区段站上，还可以在 A 端修建环绕机务段的外包正线Ⅳ，这样，上行货物列车可经由正线Ⅳ出发，则交叉点 4、5、6 就可以完全疏解了。

交叉点 1、2 为客、货列车的到、发交叉，性质比较严重，是双线横列式区段站的主要矛盾。在客车对数不多时，这种交叉对行车的干扰尚不太严重，但随着旅客列车对数的增加，这种交叉就会严重地影响行车安全和通过能力。要从根本上疏解该交叉，就要改变到发场和正线的相互位置，即采用纵列式区段站。表 5.2.1 是双线横列式区段站进路交叉内容、产生原因及疏解措施汇总表。

表 5.2.1　双线横列式区段站进路交叉内容、产生原因及疏解措施汇总表

交叉点	交叉内容	产生原因	交叉性质	疏解方法
1	上行旅客列车到达与下行货物列车出发交叉	上、下行到发场位于正线一侧	行车交叉	改变布置图
2	上行旅客列车出发与下行货物列车到达交叉	上、下行到发场位于正线一侧	行车交叉	改变布置图
3	下行改编货物列车利用牵 1 转线与上行货物列车到达交叉	调车场平行布置于上、下行到发场一侧	行调交叉	1. 下行改编货物列车接入上行到发场； 2. 调车场设于两到发场之间

续表

交叉点	交叉内容	产生原因	交叉性质	疏解方法
4	下行改编货物列车利用牵2转线与上行货物列车到达交叉	调车场平行布置于上、下行到发场一侧	行调交叉	1. 下行改编货物列车接入上行到发场； 2. 调车场设于两到发场之间
5	上行货物列车出发与下行货物列车机车出段交叉	上、下行到发场平行布置于正线同一侧，机走线又设于两到发场之间	行调交叉	1. 采用循环运转制； 2. 修建外包机务段的第三正线
6	上行货物列车出发与下行货物列车机车入段交叉	上、下行到发场平行布置于正线同一侧，机走线又设于两到发场之间	行调交叉	1. 采用循环运转制； 2. 修建外包机务段的第三正线
7	下行改编货物列车利用牵2转线与上、下行货物列车机车出段交叉	调车场平行布置于上、下行到发场一侧，机务段又位于站对右	调车交叉	1. 采用循环运转制； 2. 下行改编货物列车接入上行到发场
8	下行改编货物列车利用牵2转线与上、下行货物列车机车入段交叉	调车场平行布置于上、下行到发场一侧，机务段又位于站对右	调车交叉	1. 采用循环运转制； 2. 下行改编货物列车接入上行到发场

3. 咽喉平行作业分析

A 端咽喉的平行进路：

（1）下行旅客列车到达；

（2）上行旅客列车出发；

（3）下行货物列车机车出段；

（4）上行货物列车机车入段；

（5）牵出线调车。

B 端咽喉可保证四项平行进路：

（1）下行旅客列车出发；

（2）上行旅客列车到达；

（3）下行货物列车机车出段或入段；

（4）牵出线调车。

（四）布置图优缺点及适用条件

1. 双线横列式区段站的优点

（1）各项设备设置位置合理，设备布置集中，定员少，管理方便；

（2）站坪短，占地少，投资少；

（3）对不同的地形适应性强，便于今后的发展。

2. **双线横列式区段站的缺点**

（1）作业进路交叉较多，特别是产生了性质比较严重的上、下行客、货列车到发进路交叉，这是双线横列式区段站本质上的缺点；

（2）下行货物列车机车出入段走行距离较长。

3. **适用条件**

新建的双线铁路区段站，行车量较大，旅客列车对数不多的区段站。

三、双线纵列式区段站

为消除双线横列式图的客货列车交叉，提高车站通过能力。将上、下行货物列车到发场分别设在正线两侧并纵向全部错移，即形成双线纵列式区段站，如图 5.2.4 所示。

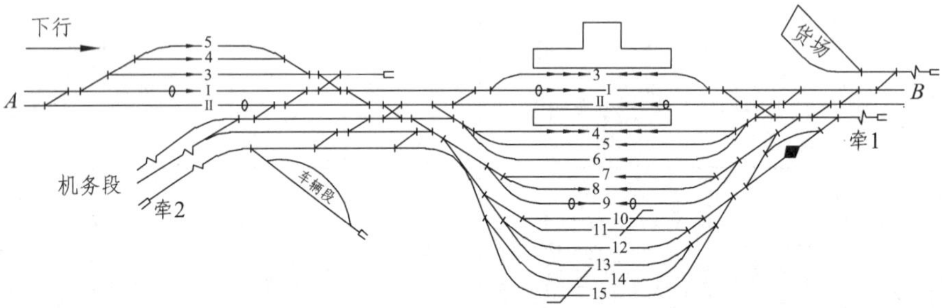

图 5.2.4　双线纵列式区段站布置图

（一）设备相互位置

站房、货场、机务段、车辆段的相对位置与横列式布置图基本一致，其布置优缺点也大致相同。

但因车站办理的货物列车量较大，为了减少下行无改编中转列车的到达与上行出发列车的交叉干扰，特此在下行咽喉端延长方向的下行正线一侧，设下行无改编中转列车到发场 1。在站房对侧正线外侧设上行货物列车和下行改编货物列车到发场 2。车站仍只设一个调车场，且与到发场 2 并列，与到发场 1 纵列，如图 5.2.4 所示。

（二）线路固定使用与进路设置

到发场 1 的到发线供下行无改编中转列车到发。到发场 2 靠近正线的到发线（如图 5.2.4 中 4 ~ 7 道）主要用于接发上行无改编中转货物列车，靠近调车场的到发线（如图 5.2.4 中 8 ~ 9 道）设计为双进路，主要用于接发上、下行改编货物列车。

（三）作业进路分析

1. **作业进路交叉分析**

由于到发场纵列布置在正线两侧，不仅保证了双线横列式站型所具有的基本作业条件，还疏解了双线横列式站型中一些主要交叉问题。

（1）下行无改编中转货物列车的到、发作业与上行旅客列车的发、到作业的进路交叉。

（2）下行改编货物列车经由牵出线的转线作业与上行货物列车到、发作业的进路交叉。

（3）下行无改编中转货物列车机车出入段走行距离缩短。

纵列式区段站布置图不可能解决双线横列式布置图的全部缺点，还存在一些交叉问题。

在纵列式区段站型中，正线布置在上、下行到发场之间，而调车场布置在上行到发场的外侧，因此又产生了新的进路交叉。

（1）由于上、下行只设一个调车场，下行改编货物列车到、发作业进路在中部咽喉和 B 端咽喉与上行客、货列车发、到作业进路产生交叉。当下行改编货物列车对数不多时，这个交叉并不严重。

（2）由于下行到发场 1 在正线的另一侧，所以下行无改编中转货物列车的机车出入段要跨越两条正线，与下行旅客列车的接车进路和上行的客、货列车的发车进路产生交叉。

（3）当有第三方向衔接于到发场 1 或到发场 1 与调车场间进行车组换挂、扣修车的取送等作业时，必然横切中部咽喉的正线和机车出入段的一切通路。

（4）下行改编货物列车机车出入段走行距离仍然很长。

（5）由于上、下行到发场纵列布置，需要有很长的站坪。同时，中部增加一个咽喉，工程造价和运营支出等都比采用横列式站型有所增加。

2. 作业进路交叉的疏解

通过上述分析可以看出，双线纵列式区段站疏解了横列式区段站的主要进路交叉，但又产生了新的进路交叉，特别是中部咽喉，有可能成为能力的薄弱环节。因此，在进行交叉疏解时，应重点考虑中部咽喉，研究减轻中部咽喉作业负担的措施。

对于下行无改编中转货物列车的机车出入段与上行的列车的出发、下行旅客列车的到达作业进路产生的交叉，在机务段所在站上，可采用循环交路或修建外包机务段的第Ⅳ正线及迂回线Ⅲ来解决，如图 5.2.5 的虚线部分。当下行改编货物列车作业量增加，在中部咽喉与上行客、货列车出发作业进路交叉这一矛盾必然更加突出。因此，当双方向改编车流都很大、交换车流不多时，可在到发场 1 外侧再建一个调车场（如图 5.2.5 的虚线部分）进行疏解。

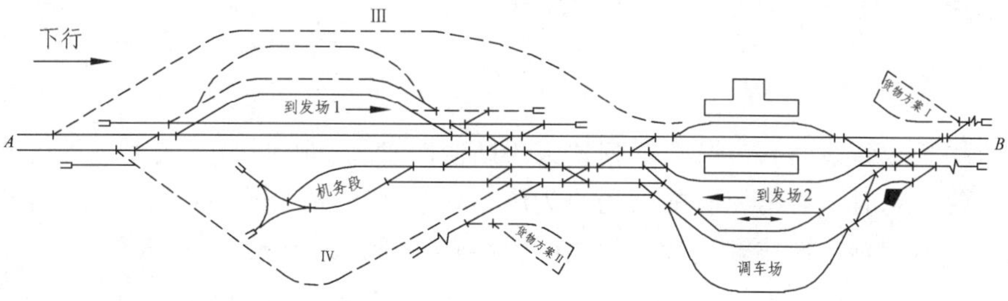

图 5.2.5　进路交叉改善示意图

3. 咽喉平行作业分析

A 端咽喉可以保证两项平行进路：

（1）下行列车到达；

（2）上行列车出发。

中部咽喉可以保证五项平行进路：

（1）下行货物列车出发（或下行旅客列车到达）；

（2）上行列车出发；

（3）机车出段；
（4）机车入段；
（5）牵 2 调车。
B 端咽喉可保证三项平行进路：
（1）下行列车出发；
（2）上行列车到达；
（3）牵 1 调车。

（四）优缺点及适用范围

1. 双线纵列式区段站的优点

（1）进路交叉少，特别是疏解了下行无调中转货物列车与上行旅客列车在横列式车站两端咽喉的到、发作业进路交叉，这是该布置图的最大优势；

（2）下行无调中转货物列车机车出入段走行距离短；

（3）站房同侧的工业企业线接轨比较方便。

2. 双线纵列式区段站的缺点

（1）占地面积大，站坪长；

（2）设备分散，投资大，定员多，管理不便；

（3）一个方向的货物列车机车出入段横切正线；

（4）调机往返于下行到发场与调车场之间时，影响了中部咽喉的能力。

3. 适用条件

当有运量较大的线路引入，旅客列车较多，地形适宜时或站房同侧有货运量较大的支线、工业企业线接轨时，可考虑采用纵列式。

四、客、货纵列式区段站布置图

（一）布置特征

当运量增长或新线引入，既有横列式区段站横向发展受限制时，或客、货运量大，站内作业交叉干扰严重时，可将原有的站场改为旅客列车运转场，沿正线的适当距离另建与其纵列的货物列车运转场，形成客、货纵列式区段站布置图，如图 5.2.6 所示。

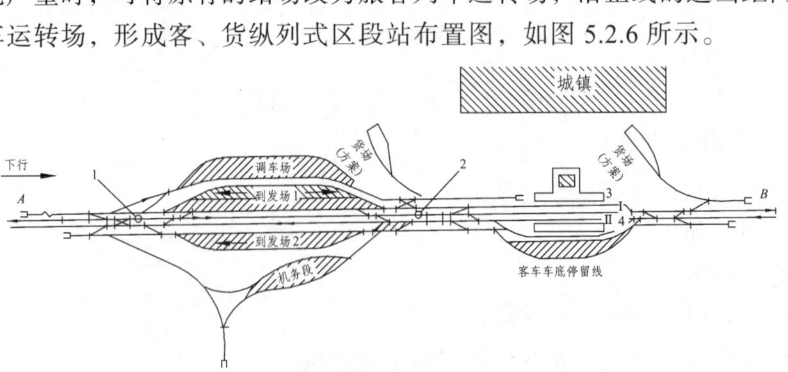

图 5.2.6　双线铁路客、货纵列式区段站布置图

客、货纵列式布置图最明显的特征是旅客列车运转设备与货物列车运转设备纵列布置，上、下行货物列车到发场位于正线的两侧，呈横列布置。客运运转设备除正线外，到发线布置为双进路。Ⅰ道为下行货物列车通过线，Ⅱ道为上行货物列车通过兼上行旅客列车到发线；3、4道为旅客列车到发线，客车车底停留线供本站终到、始发的旅客列车车底停留及个别客车车辆停留、整备用。

货物列车运转设备的布置，上、下行货物列车到发场布置在正线的两侧，到发场2是上行无改编中转货物列车到发场，到发场1是下行货物列车及上行改编货物列车到发场；调车场布置在站房一侧，有利于货场货物的取送及工业企业线的接轨。

机务段设于中部咽喉附近到发场2的外侧，有两个出入口，便于客、货列车机车的换挂。

货场宜设在城镇侧，有利于城镇的搬运作业。

（二）作业进路分析

1. 作业进路交叉分析

该图疏解了双线横列式区段站中上、下行客、货列车到、发进路交叉；消除了下行改编列车转场作业与上行货物列车到发及机车出入段的交叉；增加了上行改编列车到、发与下行货物列车发、到（或下行旅客列车到达）进路交叉（如图 5.2.6 中交叉点 1、2 所示）；下行货物列车及上行改编列车机车出入段和上、下行正线交叉干扰，这也是双线客、货纵列式区段站比较突出的缺点。

2. 咽喉平行作业

A 端咽喉和中部咽喉可以保证四项平行作业：列车到、列车发、机车出（入）段、调车。

B 端咽喉可以保证三项平行作业：下行列车发、上行列车到、客车车底转场。

中部咽喉可保证四项平行作业：列车到、列车发、机车出（入）段、调车。

（三）优缺点及适用条件

1. 客、货纵列式区段站的优点

（1）解决了横列式区段站上、下行客、货列车到、发交叉的基本矛盾；

（2）客、货运转设备分别布置，客、货作业相互干扰少，货运运转设备集中布置，管理方便；

（3）调车场和货场在站房一侧，有利于专用线、工业企业线的接轨，便于取送作业货物搬运；

（4）站坪长度较纵列式短。

2. 客、货纵列式区段站的缺点

（1）机务段的位置不易与图形很好配合，一个方向机车出入段干扰正线；

（2）当客、货两场距离较近时，靠客运场一端牵出线有效长往往受到限制，不能满足整列调车的需要或有曲线；

（3）客、货两场分设，使定员增加。

3. 适用条件

区段站改建而地方受限制时可采用客、货纵列式。

目前，我国单线铁路区段站大部分采用横列式，双线铁路区段站有五分之三采用横列式，纵列式和客、货纵列式各占五分之一。

技能训练

按要求画出双线横列式区段站作业进路交叉示意图。

要求：（1）画出车站站房，在站房一侧画出下行正线、上行正线。

（2）在上行正线外侧画出下行到发场 1，连接到发场 1 与正线；到发场 1 的外侧画出上行到发场 2，连接到发场 2 与上行正线；到发场 1 与到发场 2 之间画出机车走行线；到发场 2 的外侧画出调车场。

（3）顺着机车走行线在左端咽喉画机车出入段线，在右端画机待线；在左、右两端分别画出牵出线 1 和牵出线 2，并把它们与到发场 1、到发场 2、调车场相连。

（4）分别标记以下进路交叉：

① 左端上行旅客列车出发进路与下行货物列车到达进路的交叉 1，右端上行旅客列车到达进路与下行货物列车出发进路的交叉 1′；

② 左端上行货物列车由到发场 2 的出发进路与到发场 1 自编列车经由牵出线 2 的转场进路产生的交叉 2，右端上行货物列车接入到发场 2 的到达进路与到发场 1 解体车列经由牵出线 1 的转场进路产生的交叉 2′；

③ 上、下行货物列车机车出入段与到发场 1 的自编车列经由牵出线 2 的转线作业在左端产生的交叉 3；

④ 到发场 2 上行货物列车出发进路与下行货物列车机车（包括客车机车）经由机走线出入段的进路产生的交叉 4。

复习思考题

1. 区段站的主要任务是什么？
2. 区段站办理的主要作业有哪些？应具备哪些主要设备？
3. 区段站如何分类？
4. 简述区段站货场的选位原则。
5. 双线横列式区段站布置图主要存在哪些交叉干扰？如何疏解？
6. 双线横列式区段站各咽喉的最大平行进路有哪几条？

【拓展知识】

区段站货场平面布置图

区段站货运量较大，一般都设有专门的货场。货场的主要任务是办理货物的承运、保管、装卸和交付等作业。货场内用来办理货运业务的设备称为货运设备，主要包括：货物线、货物站台、仓库、货棚、堆放场、装卸机械、检斤设备和办公房屋等。

货运设备的总体布置即为货场布置图。货场设备布置应力求紧凑、合理、充分利用场地、便于作业，并留有发展余地。

货场的布置图按货物线的布置形式不同可分为尽端式、通过式和混合式三种。

一、尽端式货场

货物线为尽端式布置如图 5.2.7 所示。尽端式货场的优点是：占地少，铺轨及道路长度短，工程投资少，易与地形结合，也便于与城市规划相配合；货物线与道路交叉少，零星车辆取送方便，货场改建比较容易。其缺点是：车辆取送作业均在货场一端进行，咽喉负担较重；取送车作业与装卸车作业有干扰。

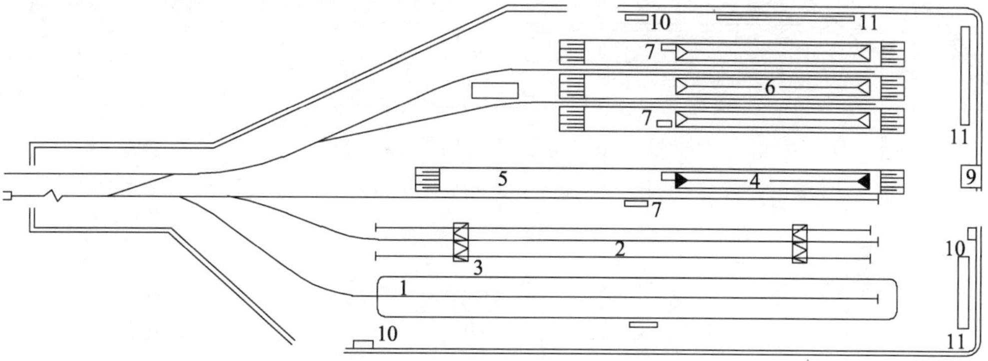

图 5.2.7　尽端式货场平面布置图

1—货物线；2—笨重货物及集装箱场地；3—门吊；4—仓库；5—普通货物站台；6—雨棚；7—货运员办公室；8—货运办公室；9—货运营业室；10—门卫室；11—其他办公用房

二、通过式货场

货物线为通过式，如图 5.2.8 所示。通过式货场的优点是：取送车作业在货场两端进行，互不干扰，取送方便，能力大；有可能利用货物线办理整列装卸。缺点是：占地大，铺轨及道路均较长，工程投资大，零星车辆取送不便，货场道路与货物线交叉较多，取送车作业与地方搬运有干扰。

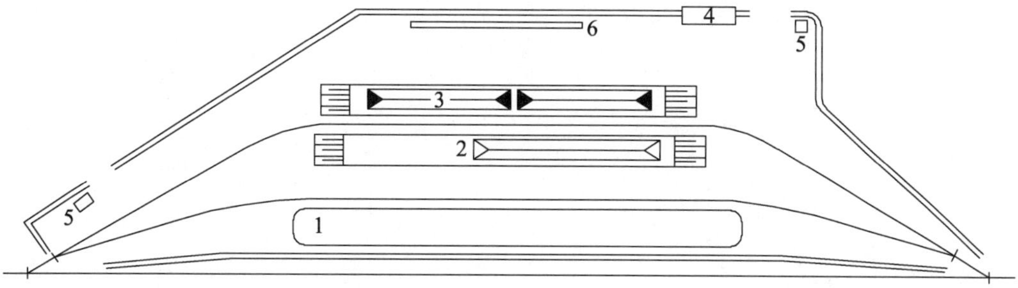

图 5.2.8　通过式货场平面布置图

1—堆放场；2—雨棚；3—仓库；4—货运办公室；5—门卫室；6—其他办公用房

三、混合式货场

货物线部分为通过式、部分为尽端式布置，如图 5.2.9 所示，它兼有通过式与尽端式货场的优点和缺点。

货场的布置形式应根据作业量、货物品类、作业性质及当地条件等因素，通过全面比较选择来确定。区段站货场装卸量一般不太大，宜采用尽端式或混合式货场，只有当运量较大、品类单纯、有条件组成大车组装卸和货场设在“站对并”位置时，才采用通过式货场。

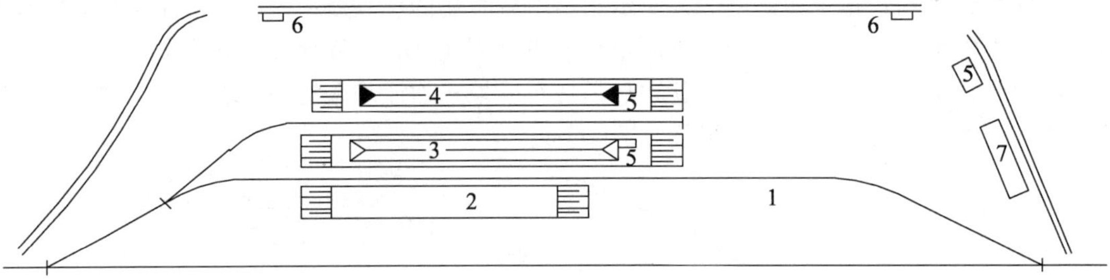

图 5.2.9　混合式货场平面布置图

1—堆放场；2—站台；3—雨棚；4—仓库；5—货运办公室；6—门卫室；7—其他办公用房

项目六　编组站设备分析

【项目描述】

编组站以办理改编中转货物列车作业为主，同时对机车进行整备和检修作业，并对车辆进行日常检修和定期维修作业等。为完成各项作业，编组站应设置调车设备、行车设备、机务设备及车辆设备等。根据设备的不同位置，编组站的布置图有单向横列式、单向纵列式、双向纵列式及混合式等多种形式。本项目将详细介绍编组站的作业和设备，分析各种布置图的特征、优缺点及适用范围。

【教学目标】

1. 知识目标

（1）掌握编组站办理的主要作业。

（2）掌握调车驼峰的类型及组成。

（3）掌握编组站的作业流程。

（4）掌握各种编组站布置图的特点及适用范围。

2. 能力目标

（1）识别驼峰和各种调速设备。

（2）会画车辆在编组站的作业流程图。

（3）会运用编组站车场办理到解集编发作业。

3. 素质目标

（1）培养学生具有良好的职业道德。

（2）培养学生勤于思考、做事认真的良好作风。

（3）培养学生具备分析问题的能力。

任务一　编组站作业和设备分析

【相关知识】

编组站是在铁路网上办理货物列车解体、编组作业，并为此设有比较完善的调车设备的车站。

编组站和区段站统称为技术站。如果仅从技术作业上看，编组站和区段站办理的技术作业种类基本相同，都办理列车的接发、解编，机车整备及换挂，列车的技术检查及车辆检修等作业。其实，二者在作业的数量、性质以及设备的种类和规模上均有明显的区别：区段站以办理无改编中转货物列车为主，办理少量区段、摘挂列车的改编作业；而编组站以办理改编中转货物列车为主，解编包括小运转列车在内的各种货物列车，负责路网上和枢纽中车流的组织，其调车场和调车设备的规模和能力均比区段站大得多。

一、编组站的作业

根据编组站在路网和枢纽内的作用和所承担的任务以及作业对象，编组站主要办理以下几项作业。

1. 改编中转货物列车作业

改编中转货物列车作业是编组站最主要的作业，包括解体列车的到达作业和解体作业，始发列车的集结、编组作业和出发作业。这类作业的数量多且复杂，分别在不同的车场办理。

2. 无改编中转货物列车作业

无改编中转货物列车作业主要是换挂机车和列车的技术检查，办理地点只限于到发场或通过车场。

3. 部分改编中转货物列车作业

部分改编中转货物列车作业除进行无改编中转货物列车的作业外，有时还要变更列车重量、变更列车运行方向或进行成组甩挂等少量调车作业，这些作业一般在到发场或通过车场进行。

4. 本站作业车的作业

本站作业车（地方作业车）是指到达本枢纽或本站货场及工业企业线或段管线内进行货物装卸或倒装的车辆。其作业过程相比改编中转列车增加了送车、装卸和取车等内容，其中重点是取送车作业。本站作业车的取送有编开枢纽小运转列车和调车取送两种方式。一般而言，当编组站设有货场并有工业企业线连接且货运量较大时，固定配属专用调机，担当取送作业；当本站货运量很小，枢纽内货运站运量较大且装卸车作业点多而分散时，主要采取枢纽小运转列车进行取送。

5. 机务作业

编组站的机务作业和区段站一样，包括机车出段、入段、段内整备及检修作业。

6. 车辆检修作业

编组站的车辆检修作业包括：在到发线上进行的列车技术检查及不摘车维修；在列检或调车过程中发现车辆损坏需摘车倒装后送往车辆段或站修所进行的修理（即站修）；根据车辆使用规定期限定期送车辆段维修（即段修）。

7. 其他作业

根据当地需要，编组站有时还需要办理以下作业：

（1）客运作业，包括旅客乘降及换乘。

（2）货运作业，包括货物装卸、换装、牲畜车上水、清除粪便、鱼苗车换水等。

（3）军运列车供应作业。

为了减少对编组站解编作业的干扰，确保主要任务的完成，应尽量不在编组站上办理或少办理客、货业务。

二、编组站的设备

1. 调车设备

调车设备是编组站的核心设备，包括调车驼峰、调车场（线）、牵出线等几部分，用以办理列车的解体和编组作业。当区段车流较大时，可设置专门的辅助调车场。

2. 行车设备

行车设备主要是指接发货物列车的到发线，用以办理货物列车的到达和出发作业。根据其作业量的大小和作业性质的不同，可设置到发场或到达场、出发场（包括通过车场）。

为保证各衔接方向列车同时到发，避免与其他作业进路的干扰，一般应将上、下行到发线分别设置。编组站作业量较大时，应将到达场与出发场分开，以提高作业的流水性。为加速无改编中转列车作业，减少对其他作业的干扰，有时需单独设置通过车场（直通场）。

3. 机务设备

机务设备是指用以对本务机车和调车机车进行各项整备和修理作业的线路和设备。编组站一般均设有机务段，而且规模较大。机务段位置应根据编组站主要车场的配置形式，结合地形、地质和风向等条件确定。路网性的双向编组站，为减少机车出入段的走行距离及避免与其他作业的交叉干扰，可以增设第二套整备设备。

4. 车辆设备

车辆设备是指供到发的车辆进行检查和修理的设备，包括列检所、站修所和车辆段。用于日常检修的列检所通常设在到达场、出发场或到发场的适当地点，以方便与车站运转部门联系。站修所按每日摘车修理量分 10 辆以下、10 ~ 20 辆、20 ~ 30 辆三种标准设置，一般在调车场的最外侧设有 1 ~ 2 股站修线。车辆段在站内的位置一般从取送便利、联系方便（与站修所、倒装站台、牵出线）以及不影响车站及本段发展等三方面综合考虑。

5. 货运设备

（1）整倒装设备：每日办理装载不良或车辆破损的整倒装作业量较大时，为加速车辆周转，在调车场内车辆检修设备的一侧设置相应的整倒装设备，配线连通驼峰和站修线。作业量较小时，为节省投资，此项作业送往附近货场办理。

（2）牲畜、鱼苗车的上水换水设备：因列车在编组站的到达场停留时间较长，给水栓一般设在到达线间。

（3）货场：兼办货运业务的编组站需设置货场。为减少对车站各项作业的干扰，货场（或工业企业线）最好不要在编组站接轨，如必须在站接轨时，其衔接方式应视货场到发车流性质及车站布置图等因素确定，一般不宜靠近机务段的咽喉区，而应在调车场尾部接轨，以便于取送。

6. 其他设备

（1）客运设备：编组站的客运业务很少，一般利用正线办理客车到发（通过）。旅客列车较多时，也可以设置 1 ~ 2 条到发线及 1 ~ 2 个旅客站台。

（2）站内外连接线路设备：如进出站线路、站内联络线和机车走行线等。

此外，编组站还必须具有信号、联锁、闭塞、通信和照明等设备。

三、编组站的分类

编组站根据其在路网中的位置、作用和所承担的作业量，可分为路网性编组站、区域性编组站和地方性编组站。

1. 路网性编组站

路网性编组站是指位于路网、枢纽地区的重要地点，承担大量中转车流改编作业，编组大量技术直达和直通列车的大型编组站。路网性编组站一般衔接三个及以上方向或编组三个及以上方向列车，编组两个及以上去向的技术直达列车或技术直达列车和直通列车去向之和达六个，日均出、入有调中转车达6 000辆以上，设有单向纵列式、双向纵列式或双向混合式的站场，其驼峰设有自动或半自动控制设备。

我国目前有12个路网性编组站：哈尔滨南、沈阳西、丰台西、济南西、阜阳北、南京东、郑州北、株洲北、武汉北、新丰镇、成都北、向塘西。

2. 区域性编组站

区域性编组站是指位于铁路干线交会的重要地点，承担较多中转车流改编作业，编组较多的直通和技术直达列车的大中型编组站。区域性编组站一般衔接三个及以上方向或编组三个及以上方向列车，编组三个及以上去向的技术直达列车和直通列车，日均出、入有调车中转车达4 000辆，设有单向混合式、纵列式和双向混合式的站场，其驼峰设有半自动或自动控制设备。

我国目前有14个区域性编组站：山海关、大同西、兰州北、襄阳北、重庆兴隆场、昆明东、贵阳南、柳州南、江村、鹰潭、淮南西、徐州北、石家庄、南仓。

3. 地方性编组站

地方性编组站是指位于铁路干支线交会点、铁路枢纽地区或大宗车流集散的港口、工业区，承担中转、地方车流改编作业的中小型编组站。地方性编组站一般编组两个及以上去向的直通和技术直达列车，日均出、入调中转车达2 500辆，设有单向混合式、横列式布置的站场，其驼峰设有半自动或其他控制设备。

我国目前有12个地方性编组站：牡丹江、三间房、太原北、迎水桥、宝鸡东、安康东、通辽、乔司、怀化南、包头西、芜湖东、南翔。

若在一个铁路枢纽内设有两个或两个以上的编组站，则根据作业分工和作业量，可将其分为以下两类：

（1）主要编组站：主要担当路网上中转车流改编任务，以解编直达、直通列车为主。

（2）辅助编组站：协助主要编组站作业，以编解地区小运转车流为主，个别情况也编组少量直达列车。

编组站还可根据布置图形的不同分为若干类。

四、调车驼峰

编组站作业中的一项主要内容是调车，所以，在编组站设备中，调车设备占据十分重要的地位。编组站的调车设备除了区段站中所介绍的平面牵出线外，主要还有驼峰、辅助编组场、箭翎线等。

驼峰是指将调车场始端道岔区前的线路抬到一定高度，主要利用其高度使车辆自动溜到调车线上用来解体车列的一种调车设备。

（一）驼峰的分类

驼峰按每日解体能力和技术装备，可分为大能力驼峰、中能力驼峰和小能力驼峰三种类型：

1. 大能力驼峰

大能力驼峰日解体能力在 4 000 辆以上，应设 30 条及以上调车线和 2 条溜放线，应配有驼峰进路控制、溜放车组速度控制、推峰速度控制和调车场尾部停车防溜控制系统。

2. 中能力驼峰

中能力驼峰日解体能力为 2 000 ~ 4 000 辆，应设 17 ~ 29 条调车线，宜设 2 条溜放线，应配有驼峰进路控制、溜放车组速度控制、推峰速度控制和调车场尾部停车防溜控制系统。

3. 小能力驼峰

小能力驼峰日解体能力为 2 000 辆以下，应设 16 条及以下调车线和 1 条溜放线，应配有驼峰进路控制和调车场尾部停车防溜控制系统；宜设驼峰机车信号。

驼峰按技术装备不同可分为简易驼峰、非机械化驼峰、机械化驼峰、半自动化驼峰和自动化驼峰。

（二）驼峰的组成

驼峰的范围是指峰前到达场（不设峰前到达场时为牵出线）与调车场头部之间的部分线段，如图 6.1.1 所示。驼峰包括推送部分、溜放部分和峰顶平台。

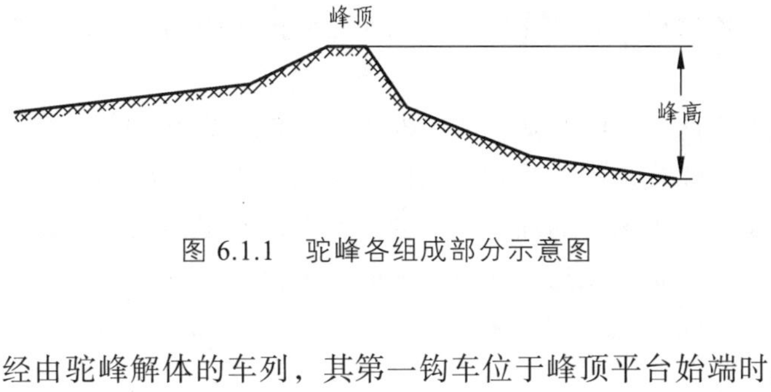

图 6.1.1 驼峰各组成部分示意图

1. 推送部分

推送部分是指经由驼峰解体的车列，其第一钩车位于峰顶平台始端时，车列全长所在的线路范围。其中，由到达场出口咽喉的最外方道岔警冲标到峰顶平台始端的线段叫推送线。这部分包括推送坡与压钩坡（在接近峰顶地段设置的一段较陡的坡段），设置推送坡的目的是使驼峰能够达到一定的高度，设置压钩坡的目的是使车钩压紧，以便摘钩。

2. 溜放部分

溜放部分是指由峰顶（峰顶平台与溜放部分的变坡点）到计算点的线路范围，这个长度也叫驼峰的计算长度。其中由峰顶至第一分路道岔始端的这段线路称为溜放线。溜放部分包括加速坡、中间坡与道岔区坡。加速坡是由峰顶至第一分路道岔前，为使钩车加速以形成前、后钩车间必要的间隔而设置的坡段。中间坡是自第一分路道岔前至线束始端，为设置调整车辆溜放速度的调速工具，以实现车辆溜放间距的坡段。道岔区坡是自线束始端至车场制动位始端，是为保证车辆溜放能够克服道岔区的线路阻力，使车辆顺利溜出道岔区的坡段。

计算点是指确定驼峰高度时，保证难行车在溜车不利条件下溜到调车场难行线某处停车或具有一定速度的地点。驼峰调车场的调速制式不同，计算点的位置也不同。

3. 峰顶平台

峰顶平台是指驼峰推送部分与溜放部分的连接部分设的一段平坡地段。峰顶平台包括压钩坡和加速坡两条竖曲线的切线长，不包括竖曲线的切线长时叫净平台。一般采用 7.5 ~ 10 m，其作用是避免车辆在通过峰顶平台时一车同跨压钩坡与加速坡，改善车辆过峰时的受力条件，并为峰顶作业人员提供较好的作业条件。

（三）驼峰调速系统及调速工具的作用

1. 驼峰调速系统

驼峰调速系统是指为调整溜放车辆的速度而设置的一套设备。

（1）点式调速系统：在驼峰溜放部分和调车线内，钩车溜放的调速设备全部采用减速器的调速系统。

（2）点连式调速系统：在驼峰的溜放部分和调车线的始端采用减速器，在调车场内采用连续式调速设备的调速系统。

（3）连续式调速系统：在驼峰的溜放部分和调车线内，钩车溜放的调速设备连续布置在线路上实现对车辆的连续调速。

2. 调速工具的作用

调速工具用来调控溜放车辆的速度，按其在驼峰调车中的作用可分为间隔制动、目的制动和调速制动。

（1）间隔制动是保证前后溜放钩车间有必要的间隔距离。该距离能确保道岔来得及转换，使减速器能及时转换制动或缓解的状态，以便车辆顺利通过溜放部分进入调车线。

（2）目的制动是为调车场内的停车制动创造条件，使车辆能停在调车线内的预定地点，不与停留车辆发生冲撞或相距太远而造成过大的“天窗”。

（3）调速制动是用以调整溜放钩车的速度，使车辆溜入道岔和减速器时不超过容许速度。

（四）驼峰调车场头部平面布置

1. 驼峰调车场头部平面布置的基本要求

（1）尽量缩短由峰顶至每一条调车线警冲标的距离，并使各条线的这个距离相差不大。

（2）尽量减少车辆由峰顶溜向每一条调车线所经过的道岔数和曲线转向角（包括侧向通过道岔时的辙叉角）度数，并使各条调车线的道岔数和曲线转向角度数相差不大。

（3）尽量减少车辆共同溜行径路的长度，使钩车能迅速分散。

（4）根据设备技术要求分别留出减速器、道岔轨道电路、道岔转辙装置及测速等设备安装的位置。

（5）应留出峰顶连接员室、信号楼、动力室等生产用房和设置道路、平过道、电缆槽、制动软管沟、排水沟的位置。

2. 驼峰调车场头部平面布置的具体规定

（1）调车场线路布置。

调车场的线路一般采用对称的线束布置，每线束内调车线的数量以 6 ~ 8 条为宜。在调车线较多的调车场，由于中间线束的股道比较顺直、曲线阻力小，其股道数量可比外侧线束增多，以平衡各股道的溜放阻力。

（2）道岔类型。

为了缩短由峰顶到调车场计算点的距离，并便于车场内股道呈线束形对称布置，一般在调车场头部应采用 6 号对称道岔，困难条件下，可采用其他对称道岔。当调车场外侧线路连接特别困难时，个别可采用 9 号单开道岔。调车线数量较少的小能力驼峰，当采用 6 号对称道岔布置有困难时，可采用 9 号单开道岔和复式梯线形平面布置。

（3）曲线设置。

为缩短调车场头部的长度，曲线半径不宜小于 200 m，困难时可采用 180 m。如条件允许，应尽可能采用稍大的曲线半径，以利于车辆溜放并减少钢轨的磨耗。应尽量避免反向曲线，必须设置时，两曲线间应有不短于 10 m 的直线段，以便车辆的两台转向架不同时位于两条曲线上。

为缩短调车场头部的长度，曲线可以直接连接除第一分路道岔岔前外的道岔基本轨或辙叉跟，此时，其轨距加宽和外轨超高可以在曲线范围内处理。

（4）推送线和溜放线。

驼峰前设有到达场时，应设 2 条推送线，如采用双溜作业方式，可设 3 ~ 4 条推送线；驼峰前不设到达场时，根据解体作业量的大小，可设 1 ~ 2 条推送线。推送线的间距不应小于 6.5 m。为满足调车人员瞭望的需要，推送线经常提钩地段一般设计成直线。

设有 2 条推送线且调车场线束在 4 个及其以上的驼峰，应设 2 条溜放线。

根据推送线和溜放线的布置数量，驼峰解体方式主要有单推单溜、双推单溜和双推双溜三种方式。

（5）线路间距的规定。

线路间距的规定见表 6.1.1。

表 6.1.1　驼峰及调车场线路间距　　单位：mm

序号	名　称		线间距
1	推送线与其提钩地段的相邻线路间、牵出线与其相邻线路间		6 500
2	峰顶平台两相邻线路间		6 500
3	编发线间	线间有列检小车通过	5 500
		线间无列检小车通过	5 000
4	调车线间		5 000
5	调车场各线束间	有制动员室	7 000
		无制动员室	6 500
6	迂回线与禁溜线间		5 000
7	梯线与其相邻线间		5 000
8	非同一道岔分开两相邻线间在道岔至警冲标范围内		4 000
9	非同一道岔的两相邻线间在警冲标以后		4 000

（6）禁溜线和迂回线。

① 禁溜线是在解体过程中暂时存放禁止从驼峰溜放车辆的尽头式线路。在车列解体过程中，遇有因车辆所装载货物的性质不能溜放或车辆本身结构的原因不能通过峰顶及减速器的车辆，要送往靠近峰顶的禁溜线暂存，以便车列的继续溜放。待车列解体完毕，且禁溜线上已满线时，由调车机经由迂回线送往峰下调车场。

有两条推送线和两个峰顶的驼峰，应设两条禁溜线。禁溜车较少时，可设一条禁溜线或与迂回线合为一条。只设一条禁溜线时，应设在不进行提钩作业的一侧，不妨碍调车人员的瞭望，也有利于作业安全。禁溜线与迂回线合设时，该共用线按迂回线要求设计，靠近峰顶端设一段平坡，以供存放禁溜车使用。

禁溜线的长度可采用 150 m，一般要求能存放 10 车左右。其出岔位置应尽量靠近峰顶，并应为提钩人员的作业安全创造条件，一般是将道岔的尖轨或辙叉设在峰顶平台上。禁溜线始端道岔应采用 9 号单开道岔，直股通溜放线，便于使车辆不在道岔的导曲线范围内脱钩。

② 迂回线是指从推送线绕过峰顶和溜放部分的车辆减速器通往调车场的线路。设置的目的是将禁止通过峰顶及减速器的车辆绕过峰顶送往调车场。驼峰前设有到达场时，应设迂回线；驼峰前不设到达场时，可根据需要设置迂回线。

迂回线一般连接调车场外出的 1～2 条线路。如果连接过多的调车线，通过迂回线送车时，将干扰这些线路的溜放作业。在作业量不大，只有一个峰顶时，可考虑在调车场有站修线的一侧设置一条迂回线。此时，迂回线应设在不进行提钩作业的一侧，有利于提钩人员的安全。在作业量大，设有两条推送线和两个峰顶时，一般应设两条迂回线，其在推送线上的出岔位置应尽可能避开经常提钩地段，如不能避开时，应在跨越道岔处铺设平过道，以利于调车作业人员的安全。

（五）驼峰线路纵断面布置要求

（1）大、中能力驼峰及溜放部分设调速设备的小能力驼峰峰高应保证在溜车不利条件下，以 5 km/h 的推送速度解体车列时，难行车应溜至难行线的计算点。

计算点的位置应根据采用的驼峰调速系统确定。

溜放部分不设调速设备的小能力驼峰峰高应保证溜车有利条件下，以 5 km/h 的推送速度解体车列时，易行车溜入调车场易行线警冲标的速度不应大于 18 km/h；调车线设车辆减速器时，易行车溜入车辆减速器处的速度不应大于其制动能高允许的速度。

（2）驼峰溜放部分的线路纵断面，应设计为面向调车场的下坡。其坡段组成应符合下列要求：

① 加速坡不大于 55‰，在困难条件下，不应小于 35‰。

② 中间坡可设计成多段坡或一段坡。设有车辆减速器地段的线路坡度不宜小于 8‰。加速坡与中间坡的变坡点宜设在第一分路道岔基本轨前。

③ 道岔区坡平均坡度不宜大于 2.5‰；边缘线束不应大于 3.5‰。

④ 驼峰溜放部分的线路纵断面设计应根据采用的调速系统，按下列要求进行验算：

a. 溜车不利条件下，以 5 km/h 的推送速度连续溜放“难—中—难”单个车或采用全减速顶系统时“难行车组—单个易行车”通过车辆减速器、各分路道岔和警冲标时，应有足够的间隔。

b. 车辆进入调速设备的速度，不应超过规定值。

c. 车辆通过各分路道岔的速度，不应大于计算保护区段长度所采用的速度。

（3）驼峰推送部分的线路纵断面应保证在任何困难条件下，用 1 台调车机车可起动车列。峰顶前应设一段坡度不小于 10‰且长度不小于 50 m 的压钩坡。

（4）连接驼峰线路各坡段的竖曲线半径，峰顶邻接压钩坡不应小于 350 m，邻接加速坡应为 350 m；其余溜放部分和迂回线分别不应小于 250 m 和 1 500 m。

（5）峰顶净平台长度宜采用 7.5 ~ 10 m。

（6）禁溜线的纵断面应为凹形，始端道岔至其警冲标附近应设计为下坡，中间停车部分宜设计为平坡，距车挡 10 m 范围内应设计为 10‰的上坡。

五、现代化驼峰设备

（一）驼峰信号设备

驼峰的重要任务是进行车列的解体、编组和其他调车作业。为了指挥调车作业，在驼峰范围内设有各种信号设备。现以图 6.1.2 所示为例，简要介绍有关信号的作用和设置位置。

1. 驼峰主体信号机

驼峰主体信号机用来指挥驼峰机车进行解体作业，每条推送线设一架，位于驼峰线路的最高处，以保证有足够的显示距离，如图 6.1.2 中的 T_2、T_4 所示。

2. 线束调车信号机

为了指挥驼峰机车在峰下调车线之间进行转线调车，在每个线束的头部均设有线束调车信号机，如图 6.1.2 中的 D_{18}、D_{20}、D_{34}、D_{38}、D_{40} 所示。

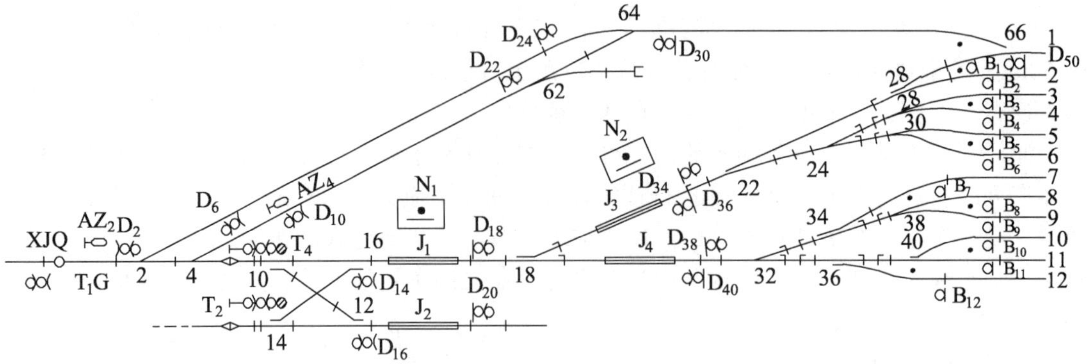

图 6.1.2　驼峰调车场部分示意图

当一个线束内有两台以上的调车机进行整理作业时，由于一个线束设置一架上峰方向的线束调车信号机（如 D_{36} 是 1 线束上峰方向调车信号机）难以区分指示哪台机车上峰作业，因此应在每条调车线上设置线路表示器，如图 6.1.2 中的 $B_1 \sim B_{12}$ 所示。线路表示器随该线束上峰方向调车信号机而显示，平时灭灯。当该线束上峰调车信号开放时，由道岔来确定开放某一调车线的线路表示器，显示一白色灯光。

3. 峰上调车信号机

为了指挥驼峰机车在峰上进行调车作业，如经由迂回线向调车场转送禁止过峰的车辆等作业，应设有峰上调车信号机，如图 6.1.2 中的 D_2、D_6、…、D_{50} 所示。其中，D_{14}、D_{16} 虽设在峰下，但这些信号机的开放与峰上的进路实现必要的联锁关系，因此，它也属于峰上调车信号机。

除上述各种信号机外，在到达场每条线路靠近驼峰一端，还设有驼峰复示信号机，用来表示驼峰主体信号机的各种显示。

（二）驼峰调速设备

1. 调速设备的分类

（1）按调速功能分类。

驼峰调速设备按调速功能分为以下三种：

① 减速设备。在钩车溜放过程中，减速设备用以消耗钩车的能量使车辆减速，如钳夹式车辆减速器、减速顶等。

② 加速设备。在钩车溜放过程中，加速设备给予钩车能量使其加速，如钢索牵引推送小车、加速顶等。

③ 加减速设备。加减速设备是兼有加速和减速功能的设备，如加减速顶等。

（2）按制动方式分类。

驼峰调速设备按制动方式分为以下两种：

① 钳夹式车辆减速器。钳夹式车辆减速器借助于车轮两侧制动夹板上的水平方向制动力对车轮施加压力而产生摩擦，如 T.JK、$T.JK_{2A}$、$T.JY_3$ 型减速器等。

② 非钳夹式车辆减速器。非钳夹式车辆减速器的制动力或由减速器内部部件的摩擦产

生，或由感应电流产生，或由其他方式产生。属于此类减速器的有橡胶轨式、螺旋滚筒式、电磁式和减速小车等。

2. 钳夹式车辆减速器

钳夹式车辆减速器如图 6.1.3 所示，按其制动力的来源又可分为外力式和重力式两种。

图 6.1.3 钳夹式车辆减速器

（1）外力式车辆减速器。

T.JK 型车辆减速器是驼峰间隔制动用的调速设备，是以压缩空气为动力的钳夹式减速器。这种减速器通过压缩空气进入制动缸推动制动夹板对溜行车辆的轮对产生侧压力，使车辆减速。制动力的大小由压缩空气的压力决定，图 6.1.4 所示为其构造及动作示意图。

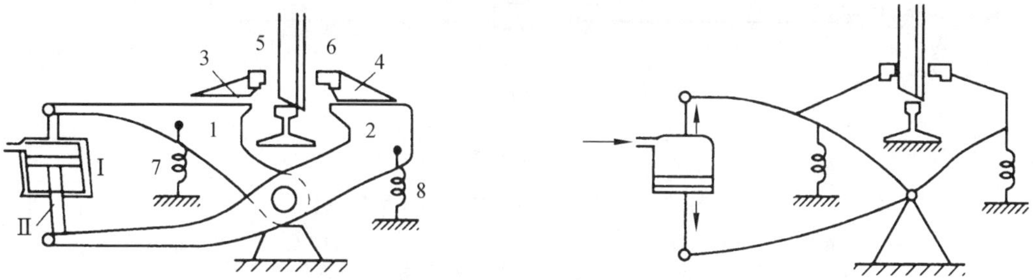

图 6.1.4 T.JK 型减速器构造及动作示意图

1、2—钳形杠杆；3、4—制动梁；5、6—制动夹板；7、8—拉伸弹簧和压缩弹簧

（2）重力式车辆减速器。

重力式车辆减速器是利用被制动车辆本身的重量，通过可浮动基本轨及制动钳的传递，使安装在制动钳上的制动轨（即制动夹板）对车轮两侧产生侧压力而进行制动的。它的制动力与被制动车辆的重量成正比。

重力式车辆减速器接可浮动基本轨及制动夹板起落的动力不同，分为以下三种：

① 液压重力式车辆减速器，如 T.JY$_2$ 型、T.JY$_{2A}$ 型。

② 气动重力式车辆减速器，如 T.JK$_2$ 型、T.JK$_{2A}$ 型。

③ 液压、气动两用重力式车辆减速器，如 T.JY3 型、T.JK3 型。图 6.1.5 所示为 T.JY2 型减速器的构造及动作示意图。

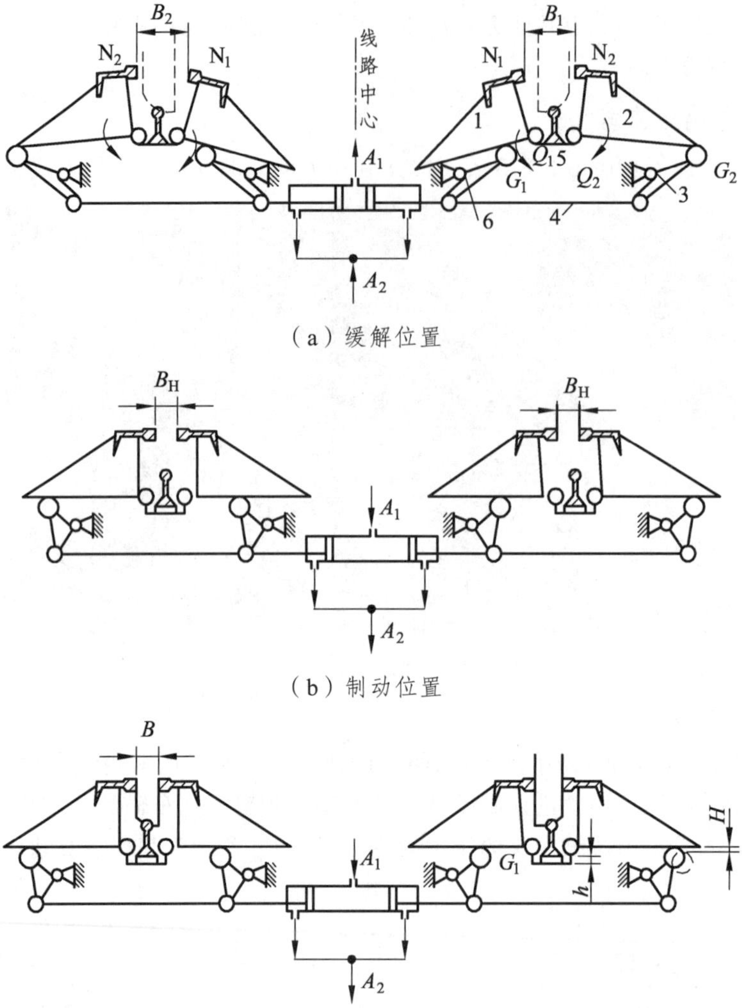

（a）缓解位置

（b）制动位置

（c）工作位置

图 6.1.5　T.JY$_2$ 型减速器动作原理图

A_1、A_2—入池口和出池口；G_1、G_2—交点；N_1、N_2—制动轨；Q_1、Q_2—钢轨承座的连轴；1、2—制动钳；3、6—内外曲拐；4—连杆；5—钢轨承座；

T.JY$_{2A}$ 型车辆减速器是 T.JY$_2$ 型的派生型，其制动原理和设计参数与 T.JY$_2$ 型完全相同。两型的主要零部件也大多通用，其主要区别是 T.JY$_{2A}$ 型的油缸从线路中心处移到线路的外侧以便于检修。T.JY$_2$、T.JY$_{2A}$ 型车辆减速器一般设在调车线的头部，用于目的制动。

T.JY$_3$ 型、T.JK$_3$ 型液压与气动两用车辆减速器可以实现一种定型、两种用途，即采用液压动力源时为 T.JY$_3$ 型，采用气动系统时为 T.JK$_3$ 型。Y.JY$_3$ 型、T.JK$_3$ 型车辆减速器的制动原理和结构与 T.JY$_2$ 型、T.JK$_2$ 型车辆减速器基本相同，该种减速器用于间隔制动。

我国既有驼峰多采用 T.JK 型车辆减速器，设在驼峰溜放部分，用于间隔制动。因此，既有驼峰已形成一套气动设备系统。为了使驼峰统一动力源，在 T.JY$_2$ 型车辆减速器的基础上，经过研究改进后，形成 T.JK$_2$ 型及其派生的 T.JK$_{2A}$ 型车辆减速器，这种减速器亦用于目的制动。

3. 非钳夹式车辆调速设备

（1）减速设备。

① 减速顶（见图 6.1.6）。它是一种无须外部能源，无须外部控制，简而易行地实现对车辆溜放速度自动控制的设备，各类型的减速顶规定有不同的临界速度。当车辆溜放速度低于减速顶的临界度时，减速顶对车辆不起减速作用；当车辆的溜放速度高于减速顶的临界速度时，减速顶对车辆起减速作用。安装在钢轨内侧的减速顶为内侧顶，安装在钢轨外侧的为外侧顶。目前国内使用最多的减速顶为 TDJ 型内侧减速顶。

图 6.1.6　TDJ 型内侧减速顶

② 可控减速顶。可控减速顶由标准油气减速顶和电磁阀两大部分组成。电磁阀不通电时，可控减速顶与普通减速顶的功能相同。电磁通电时，减速顶被锁闭，对车辆的溜行不起减速作用。因此，根据调车作业的需要，可以随机地控制减速顶，令其对溜行中的车辆起减速作用或不起减速作用。可控减速顶的优点是调速灵活性强。其不足之处是需要外部控制，需要在调车场内铺设电缆和每个可控顶相连接，既要增加工程投资，又会对工务维修带来不利影响。

（2）加速设备。

钢索牵引推送小车是调车场内推送车辆用的一种加速设备，它可以用 4 km/h 的速度推送钩车使其与调车线上的停留车安全连挂。

推送小车（见图 6.1.7）有 4 个特殊的轮子，小车沿钢轨内侧轨底走行。推送小车两侧各有一个能上、下运动的推送臂，用来推送车辆的轮缘。小车向推送方向走行时，推送臂抬起，保持在推送位置。当钩车的速度高于小车的速度，从后面追越小车时，小车的推送臂落下。小车返回时，推送臂落下并锁闭。回到起始位置时，推送小车处于死锁闭状态，以保证调车作业的安全。

图 6.1.7　推送小车

小车的各种运行状态由控制台的停机、返回、推送、追车 4 个按钮来控制，可手动亦可用计算机控制。在尾部停车器后方设有警告踏板，发出尾部警告信号时，小车停止推送并自动返回。

（3）加减速设备。

可锁闭式加减速顶是一种加减调速设备，由锁闭式减速顶、压缩空气制动阀和加速顶三部分组成。可锁闭式减速顶布置在前面，加速顶布置在后面。当车辆的速度低于临界速度时，减速顶不起作用。当车辆的速度高于临界速度时，加速顶不起作用，而使减速顶起到减速作用。因此，加速顶是根据车辆溜行速度是低于还是高于预定的临界速度，给溜行车辆以加速力或减速力，从而达到调节车辆溜行速度的目的。

（三）驼峰测量设备

为了对驼峰溜放车辆的速度进行准确控制，必须有一套能测出溜放车辆速度、重量、车辆走行性能（阻力）和线路空闲长度等的测量设备。

1. 测速设备

我国驼峰一般采用 TZ-103 型驼峰测速雷达，其结构原理与所有的测速雷达一样，利用多普勒效应进行测速的原理，如图 6.1.8 所示。雷达测速精度高，能连续测量瞬间速度，基本能满足驼峰溜放速度自动或半自动控制系统的运管要求。

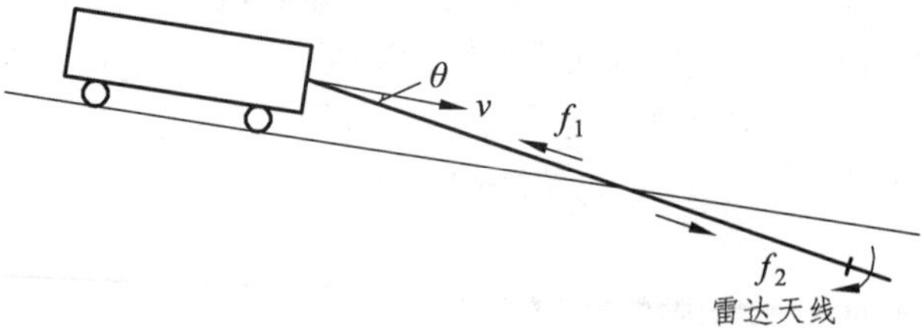

图 6.1.8　多普勒效应测速原理图

f_1—发送期率；f_2—反射频率；v—溜车速度

2. 测长设备

测长（或测距）设备用来测量调车线空闲长度，是驼峰点式或点连式调速系统不可缺少的基础设备。测长设备品种很多，我国主要采用 TDC-103A 型音频动态测长器。在装音频轨道电路的调车线上，向轨端送以某一固定频率的恒定电流时，轨端电压正比于轨道短路点的长度。因此，按确定的模拟系数就可以换算出该轨道短路点的长度，从而得到调车线的空闲长度。

3. 测重设备

测重设备是驼峰自动化基础设备之一，它不仅为非重力式减速器的控制提供重量等级参数，还可供编组作业自动化时统计编成车列的重量，也可根据车重粗略地确定车辆的走行阻力。近年来，我国多采用 T.Z.Y 型塞孔式压磁测重器。测重的车辆可以按其重量分为四个等级：一级车小于或等于 23.0 t；二级车为 23.1 ~ 40.0 t；三级车为 40.1 ~ 55.0 t；四级车大于 55.0 t。

4. 测阻设备

在驼峰点式调速系统中，能否准确地测量和处理溜放车辆的阻力是影响调速系统效果的关键因素。因此，在点式控制制动位前都要设测阻区段，以便测出溜放车辆的运动加速度，进一步计算阻力值。

（四）驼峰溜放车辆进路自动控制设备

驼峰溜放车辆进路自动控制是驼峰解体作业过程的重要环节，也是驼峰自动化的基础设备之一。国内外绝大多数驼峰均采用道岔自动集中来实现溜放进路的自动控制。道岔自动集中设备包括控制信号设备和控制道岔设备两部分。只有驼峰各分路道岔设有自动选路设备时，才称之为道岔自动集中。

车列解体前由计算机自动输入解体钩计划，也可以由驼峰值班员人工办理储存手续（半自动）。车列解体开始后，随着钩车的溜放，控制分路道岔自动适时转换。

（五）驼峰机车无线遥控及推送速度自动控制

驼峰机车上装设有无线遥控装置，可以改善乘务员的劳动条件，提高作业效率，为进一步实现驼峰推送速度自动化创造条件。

驼峰机车无线遥控系统，其推峰速度仍然由驼峰值班员凭经验给定。受人的反应能力、熟练程度、精力集中情况等多种因素的限制，一般不易保证给出最优的推送速度，因而必然影响驼峰作业效率的提高。我国大能力的驼峰基本上均实现了驼峰机车无线遥控，目前正进一步研制全部由微机控制推峰作业全过程的设备。

（六）自动提钩及自动摘接制动软管设备

车列在开始解体前，要关闭车辆的折角塞门，封闭货车制动机的压缩空气通路，要摘开制动软管接头，并将其悬挂在制动软管销上。在车列解体作业中，要根据解体计划摘开车钩。车列编成后还要进行接制动软管作业。上述作业对劳动强度、人身安全和驼峰效率都有影响，但到目前为止，国内外大多数编组站都是用人工操作，驼峰作业中自动提钩和自动摘接制动软管的设备还处在研究试验阶段。

技能训练

试画出驼峰组成部分示意图。

要求：（1）按照 1∶1 000 的比例尺画出峰顶平台，长度为 10 m。

（2）画出推送线，推送线的长度不小于车列全长（800 m）。

（3）画出溜放部分。

任务二　编组站布置图分析

【相关知识】

编组站的车场、调车设备和其他各项设备的相互配置，在满足需要的通过能力和改编能力以及节省工程投资和运营支出的前提下，应符合下列规定：

（1）车站各组成部分的作业应相互协调。

（2）车站作业具有流水性和灵活性。

（3）减少进路交叉和作业干扰。

（4）缩短机车、车辆和列车的走行距离及在站停留时间

（5）便于采用现代化技术装备。

编组站所处的路网位置、衔接干支线的数目、运量及车流性质、车站作业特点、城市规划要求及工程条件不同。在满足前述配置要求的前提下，根据编组站各项设备相互位置的不同，可构成不同的配置图形。

编组站图形按照调车设备的套数及调车驼峰方向，可分为单向布置图和双向布置图。上、下行改编车流共用一套调车设备（包括驼峰、调车场、牵出线）完成解编作业的编组站图形，称为单向布置图，其驼峰溜车方向一般顺主要改编车流运行方向（也称顺向）。上、下行各有一套调车设备，分别承担上、下行改编车流解编作业的编组站图形，称为双向布置图。一般情况下，两系统的调车驼峰应朝向各自的上行和下行调车方向。

按照每一套系统内车场的相互位置不同，编组站图形可分为横列式、纵列式和混合式三种。上、下行到发场与调车场并列配置的称为横列式布置图。到达场、调车场、出发场等主要车场顺序纵向排列的称为纵列式布置图。到达场与调车场纵列，出发场与调车场横列的称为混合式布置图。因此，我国编组站布置图的基本类型，归纳起来有六种：单向横列式、单向混合式、单向纵列式、双向纵列式、双向横列式以及双向混合式。其他类型都是在此基础上派生的。

此外，在铁路现场习惯上把编组站图形称为“几级几场”。所谓“级”是指同一调车系统中到达场、调车场与出发场的纵向排列的车场数，一级式是指到达场、调车场与出发场为横向排列，即横列式；二级式是指到达场与调车场纵向排列，即混合式；而三级式则为到达场、调车场和出发场纵向排列，即纵列式。所谓“场”是指全站主要车场的总数，有几个车场就称为几场，如“一级三场”“二级四场“三级三场”“二级六场”等。

一、单向一级三场横列式编组站布置图

（一）设备布置特点

1. 基本特征

单向一级三场横列式编组站布置图的基本特征是上、下行到发场并列在共用调车场的两侧，如图 6.2.1 所示。两到发场分设在调车场两侧，三场横列，避免了列车到发与车列牵出或转线造成的交叉。

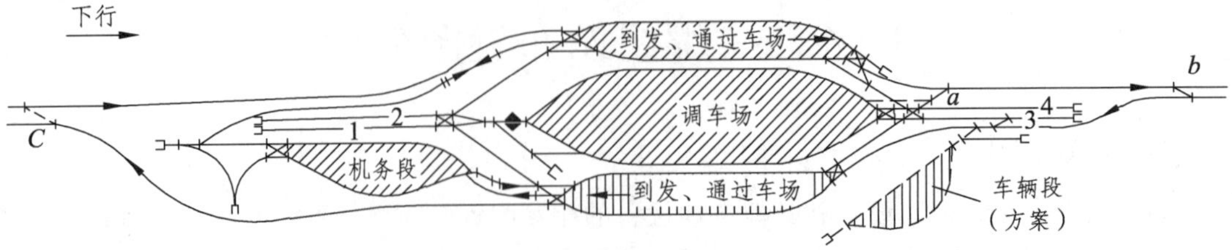

图 6.2.1　单向一级三场横列式编组站布置图

2. **正线外包**

正线外包，并分别与各方向到发场相连通，消除了横列式区段站布置图的客、货交叉，避免了站内调车作业干扰正线。

3. **通过车场**

上、下行通过车场设在到发场外侧，无改编中转列车接发与改编列车转线互不干扰，且与尾部牵出线连通，便于进行成组甩挂和组编作业。为了增加线路使用的机动灵活性，减少定员，节省开支，常将通过车场和到发场合并在一起，使用时，一般尽量将无改编中转列车接在靠近正线的车场外侧，以保持上述优点。

4. **机务段**

机务段设在接发列车较多方向的到发场出口咽喉处，以方便该方向列车本务机车及时出入段，另一方向列车的本务机车经机走线由机务段另一端出入段。这样，可减少机车出入段与其他作业进路的交叉干扰，并使各方向机车在站内的总走行距离最短。

5. **车辆段**

车辆段设在调车场尾部正线外侧，便于利用尾部调机取送检修车。站修所一般设在调车场外侧的线路上。

6. **调车场**

调车场头尾各设两条牵出线，驼峰的位置根据主要改编车流方向、地形、风向以及进一步发展条件确定。两到发场与调车场之间通过四条联络线连接，便于改编车列转场。

（二）作业进路分析

1. **车辆在站内的作业流程**

无调中转车辆及改编车辆在站内的作业流程如图 6.2.2 所示。

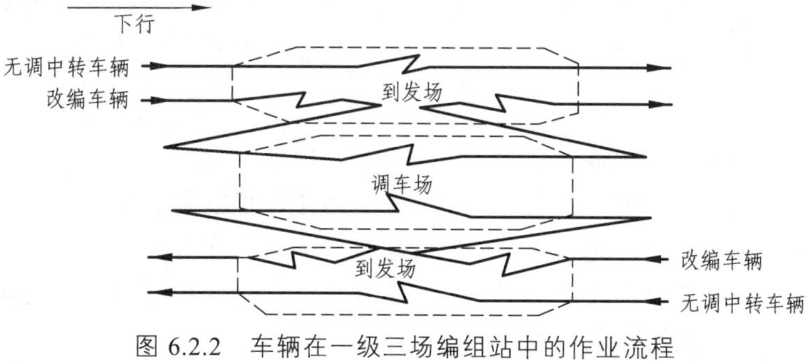

图 6.2.2　车辆在一级三场编组站中的作业流程

由图 6.2.2 可知，上下行无调中转货物列车作业方便，在站内走行距离短。由于调车场和上下行到发场并列布置，因此任何一个方向的改编车辆在站内都有折返走行，走行距离相当于车站长度的两倍，从而增加了车辆在站内的停留时间，而且在车列转线时，驼峰（或牵出线）作业中断，影响车站解编能力。

2. **下行到发场两端咽喉区作业进路**

该车场内机车走行线可布置在办理无调中转列车和改编列车的两组线路之间，以便与该场咽喉区进路相配合。这种布置虽然会使机车出入段与改编列车进路产生交叉，但可避免与解体车列的牵出线转线作业相互干扰。

下行到发场进场咽喉一般应有下列三条平行进路：

（1）列车到达进路。

（2）机车出（入）段。

（3）解体车列的转线作业。

下行到发场出场咽喉一般应有下列两条平行进路：

（1）列车出发进路。

（2）本务机出（入）段（经由尽头线）。

（3）自编车列的牵出转线作业。

3. 上行到发场两端咽喉区作业进路

该车场靠近机务段一端出场咽喉作业比较繁忙，而且解体车列的牵出线以及本务机车出入段与到发场内侧股道的自编列车出发进路间产生交叉干扰。

上行到发场出场咽喉一般应有下列三条平行进路：

（1）部分列车出发进路。

（2）本务机车出（入）段。

（3）解体车列的转线作业。

上行到发场进场咽喉一般应有下列两条平行进路：

（1）列车到达进路。

（2）自编车列的牵出转线作业。

（三）主要优缺点

1. 主要优点

单向一级三场横列式编组站优点有：站坪长度短，工程费用少；车场较少，布置紧凑，作业灵活，方便集中管理；无上、下行客、货列车进路交叉及车列转线交叉。

2. 主要缺点

（1）改编列车解体牵出困难。

调车场位于两到发场之间，整个站场短而宽。由于驼峰峰高的要求，使峰前牵出线与到发场两者标高相差较大，因而场间联络线既有小半径曲线，又有较大坡度。当牵引定数较大时，向驼峰牵出较为困难。加之调机牵引力一般较小，当天气较差时，甚至需分两次牵出或头尾同时牵出解体，极大地降低了改编能力。

（2）改编能力不能充分发挥。

由于改编列车分别在两侧到发场上接发，解编作业分别由上、下行两侧相应的牵出线担任，设备的互换性较差，上、下行车流不均衡时，两侧的调机和牵出线会出现忙闲不均的现象，从而影响能力的发挥。

（3）改编能力较低。

由于改编车流的牵出和转线距离增加，折返走行严重，增加了车辆在站作业的中转时间和调机行程，其改编能力比混合式和纵列式编组站均低。

（4）顺驼峰方向的本务机车走行距离长。

由于单向一级三场横列式编组站无峰下机车走行线，顺驼峰方向的机车出入段需绕行驼峰牵出线或尾部牵出线。

（四）适用范围

单向一级三场编组站布置图适用于双方向改编车流较均衡，解编作业量不大的编组站或地形条件困难、、远期无大发展的中、小型编组站，也可作为远期大型编组站的初期过渡图形。

当一级三场编组站采用小能力驼峰，头部使用一台调车机，实行单推单溜作业方式，调车场尾部使用两台调车机时，解编能力主要受驼峰控制。若尾部牵出线承担一部分解体作业，解编能力可适当提高。当调车场头部和尾部使用两台调车机，实行双推单溜作业方式时，驼峰和尾部牵出线能力基本平衡。

二、单向二级四场混合式编组站布置图

（一）设备布置特点

1. 各车场间相互位置

单向二级四场混合式编组站布置图的基本特征，是各衔接方向的共用到达场和调车场纵列配置，车列解体时不需要牵出转线。上、下行出发场并列设在调车场的两侧，如图 6.2.3 所示。

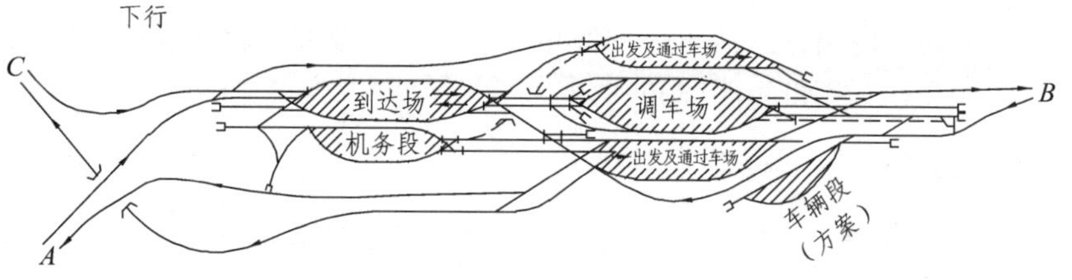

（a）

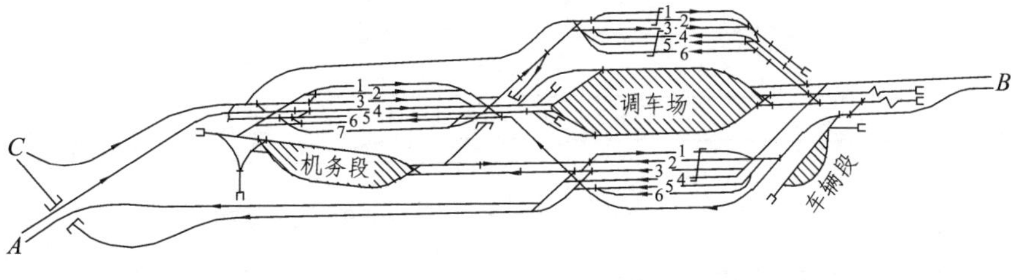

（b）

图 6.2.3　单向二级四场混合式编组站布置图

2. 驼峰与牵出线

到达场与调车场之间设有中小能力驼峰，担当上下行全部改编列车的解体作业，一般实行双推单溜作业方式。调车场尾部设有两条牵出线，通常配有两台调机，担负编组作业，并预留加铺一条牵出线的位置。

3. **通过车场**

上、下行通过车场分别设在两个出发场的外侧。通过车场与出发场既可共用列检设备，又可增加线路使用的机动灵活性，而且也便于利用调车场尾部牵出线进行成组甩挂或坐编作业。

4. **机务段**

如果没有其他条件限制，机务段一般设在到达场旁反驼峰方向（以下简称反向）一侧，除顺驼峰方向（以下简称顺向）无改编中转列车和自编始发列车外，其他大部分机车出入段均比较便捷。

当车站作业量较大时，可修建穿越驼峰跨线桥的峰下机走线，用以解决顺向本务机车出入段横切到达场出场咽喉干扰驼峰作业的问题。

反向到达解体列车的本务机车经到达场入口咽喉机待线入段。反向无改编中转列车和自编始发列车的本务机车经由反向出发场出场咽喉及出入段线进出机务段，径路便利且顺直。

5. **车辆段**

车辆段位置与一级三场相同，设在调车场尾部适当地点。

（二）作业进路分析

1. **车辆在站内的作业流程**

无调中转车辆及改编车辆在站内的作业流程如图 6.2.4 所示。

由图 6.2.4 可知，无调中转列车在出发场外侧股道办理作业，消除解体车列转线与其他作业的交叉。自编列车使用靠近调车场的股道，上、下行改编车辆的径路仍有折返走行，尤其是反驼峰方向的改编车辆走行距离长。

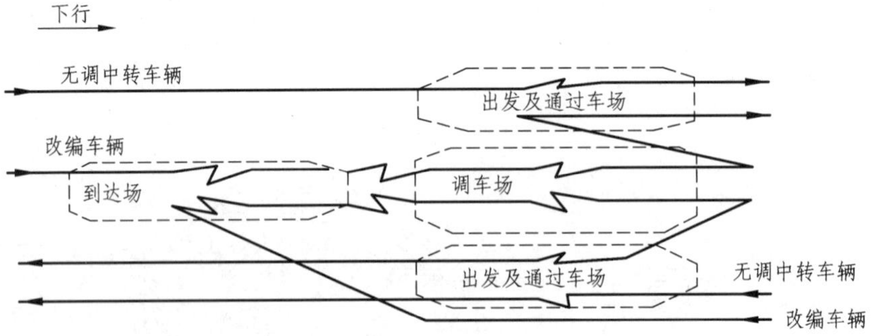

图 6.2.4　车辆在二级四场编组站中的作业流程

2. **到达场两端咽喉区的作业进路**

到达场入场咽喉区应能保证下列三项平行作业：

（1）从入口引入的各方向同时接车。

（2）调机向车场内部分线路连挂待解车列。

（3）反接列车本务机车入段。

到达场出场咽喉区应能保证下列四项平行作业：

（1）推送解体车列上峰。

（2）调机返回。

（3）反驼峰方向列车到达。

（4）顺驼峰方向本务机车入段。

3. 顺驼峰方向出发及通过车场两端咽喉区的作业进路

顺驼峰方向出发及通过车场入场咽喉区应能保证下列两项平行作业：

（1）无调中转列车到达。

（2）本务机车出入段。

顺驼峰方向出发及通过车场出场咽喉区应能保证下列三项平行作业：

（1）顺驼峰方向列车出发。

（2）自编列车转场作业。

（3）本务机车出（入）段（经尽头线）。

4. 反驼峰方向出发及通过车场两端咽喉区的作业进路

反驼峰方向出发及通过车场入场咽喉区应能保证下列两项平行作业：

（1）无调中转列车到达。

（2）自编车列的转线作业。

反驼峰方向出发及通过车场出场咽喉区应能保证下列三项平行作业：

（1）部分列车出发进路。

（2）本务机车出（入）段。

（3）反向改编列车到达。

（三）主要优缺点

1. 主要优点

（1）由于顺反方向改编列车均接入与调车场纵列配置的峰前到达场，克服了一级三场布置图整列转线困难的问题。

（2）改编车辆和调车机车作业行程均较短，顺驼峰方向改编车流的作业是“半流水式”，即到达和解体作业是“流水式”进行，而编组和出发作业是“折返式”进行。反向改编车流的作业流程则是逆向“半流水式”的。

（3）列车解体作业时分较短，驼峰作业效率较高，解体能力较大。

（4）车站站坪长度较纵列式布置图短，可减少工程量，节约用地。

2. 主要缺点

（1）调车场尾部能力较低。由于调车场与上、下行出发场横向排列，编、发转线折返走行，增加了尾部牵出线的负担和车辆走行距离，尾部牵出线的编组能力和横列式编组站大致相同。虽然驼峰能力较大，而且还可以用改造调车设备的方式进一步提高解体能力，但会造成调车场头尾能力不协调，从而影响设备能力的发挥。为提高二级四场编组站尾部编组能力，可以采取如下加强措施：

① 部分调车场线路直接发车，即采用编发线布置，使部分列车直接从编发线出发，减少编成车列向到发场的转线作业，使尾部能力得到提高。

② 调车场尾部设置小能力驼峰。当摘挂和小运转列车、摘挂列车和枢纽小运转列车的编组作业量较大时，为加速这些列车的编组，提高牵出线的作业效率，可在调车场尾部选择与相应线束连接的牵出线设置迂回线的小能力驼峰。必要时，还可考虑在调车场内设置箭翎线或增设辅助调车场，以提高牵出线的能力。

③ 将尾部牵出线与出发场间的联络线在出发场前面一段设置成下坡，加速转场作业，以节省转线时间。

④ 增加尾部调车机台数和牵出线数量。二级四场编组站调车场尾部一般设置两条牵出线，配备两台调机。若配备三台调机，其中一台用于替班，因为能够减少整理作业、交接班或取送车而耽误的时间，牵出线的能力将有所提高，但调机的有效工作时间较短，效率较低。若采用三条牵出线、三台调机同时进行编组作业，尾部编组能力可有较大提高。但因出发场分设在调车场两侧，中间牵出线编成车列的转线与外侧牵出线的编组作业互相干扰，中间牵出线的能力不能充分发挥，应注意咽喉设置的灵活性。

⑤ 出发场后移，如图 6.2.5 所示，将两侧出发场向调车场尾部靠拢布置，尽量缩短编组车列的转线距离，从而减少转线时间，提高尾部能力。但是，这种布置造成出发场部分线路设在曲线上，会增加列车起动阻力，对发车作业带来不便。

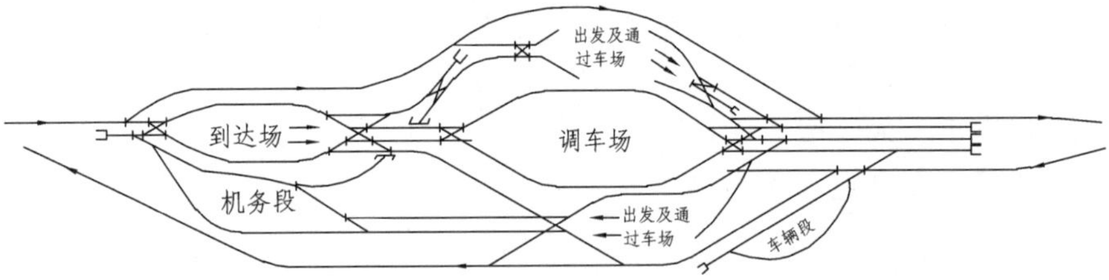

图 6.2.5　单向二级四场混合式编组站（出发场后移）布置图

⑥ 调车场尾部采用“燕尾式”布置，如图 6.2.6 所示。将调车场尾部按线束左右分开，分于两侧出发场并拢。这样，上、下行可各设两条互不干扰的尾部牵出线，并可缩短牵出线与出发场的距离，减少转线时间，从而提高尾部能力。但这种布置两侧牵出线协作较困难，作业机动性较差，可能会出现忙闲不均的现象。当货场及工业企业线在尾部一侧接轨时，会增加另一侧取送作业的复杂性，而且不利于将来向纵列式发展。

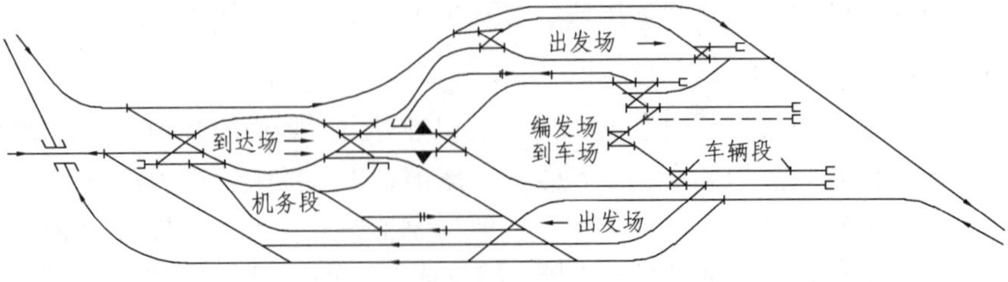

图 6.2.6　单向二级四场混合式编组站（调车场尾部燕尾式）布置图

⑦ 调车场尾部咽喉区采用对称道岔、线束布置，可使尾部咽喉长度有较大缩短，从而减少车列转线的调车作业时间。其缺点是当调车场头部采用四线束、尾部采用三条牵出线时，

头尾咽喉布置配合较复杂。

⑧ 调车场尾部采用调车集中控制设备，其优点是可保证调车作业安全，提高平面调车效率（压缩钩分、减少作业联系时间、提高调机牵引速度和减少岔前折返时间），节省定员，减小劳动强度，且投资较少，有利于既有站场改造。

以上各项措施，均能不同程度地解决二级四场编组站调车场头尾能力不协调的矛盾。

（2）反向改编列车到达与发车的进路交叉。反驼峰方向到达的改编列车可以从到达场出场咽喉处接入，称之为反接；也可以从到达场入场咽喉处接入，称之为环接。二级四场编组站图反向改编列车到达进路按反接设计。

反驼峰方向改编列车到发进路的交叉是各衔接方向共用峰前到达场的单向编组站图形的“固有”缺点。由于二级四场编组站的能力受尾部牵出线控制，这一交叉不构成能力的限制因素。因此当运量不太大时，允许其以平交形式存在；当运量上升时，若交叉点负荷不太严重，可以采用平面疏解方式；当运量继续上升时，交叉点负荷严重，则采用立体疏解形式。

具体疏解方法有如下两种：

① 平面疏解。这种布置是将反向改编列车的接车进路分为两条，一般情况下，反接列车经由反向出发场外侧正线进入峰前到达场。此时反向改编列车横切反向出发场出场咽喉，将会干扰反向列车的出发和本务机出入段。但是，在反向出发场的进场咽喉，由牵出线向反向出发场的转线作业可以顺利进行。如果反向列车正在发车，为保证接发车同时进行，反向改编列车可经反向出发场内侧靠近调车场的线路接入到达场。这时，反向改编列车横切反向出发场进场咽喉，可能会与反向改编车列转线发生交叉。把反向改编列车接车与其他作业的交叉分散在反向出发场的两端咽喉，是二级式编组站减少这一交叉的主要措施。

② 跨线桥立体疏解。从理论上分析，当运量继续上升、交叉点负荷严重、平面疏解不堪重负时，应修建跨线桥疏解反向改编列车接、发车进路的交叉。但由于受机务段和反向出发场位置的限制，在站内很难完成，必须把跨线桥设在站外，修建反向改编列车的环接正线。此时，反向改编列车的接车进路由反接改为环接。这样虽然可同时解决反向列车到发交叉和部分反接列车与推峰作业的干扰，能力和作业效率均有较大提高，但是将恶化进出站线路平纵断面的技术条件，限制车站未来发展，并需增加工程费用和列车走行距离。故只有当反向改编车流量很大，对反向出发场和推峰作业的交叉干扰严重，并造成对车站解编能力的限制时，方考虑采用立体疏解。

（四）适用范围

单向二级四场混合式编组站布置图，一般适用于解编作业量较大或解编作业量大而地形条件困难的大、中型编组站。当顺向改编车流较大或顺、反向改编车流较均衡而顺向车流为重车流时，在运营上是有利的。

当头部设置小能力驼峰，配置两台台调机，实行双推单溜作业方式，尾部设两条牵出线和两台调机时，解编能力受尾部控制。如驼峰调车机协助尾部调车机担任一部分作业，使头尾能力大致均衡，解编能力可适当提高。若头部设置中能力驼峰，单向二级四场编组站布置图的解体能力与纵列式相差不多，但尾部编组能力不足。

单向二级四场编组站布置图一般可适应每日 4 500 ~ 5 200 辆的解编作业量。

三、单向三级三场纵列式编组站布置图

（一）设备布置特点

1. 各车场间的相互位置

单向三级三场纵列式编组站布置图的基本特征，是各衔接方向共用的到达场、调车场和出发场依次纵向配置，如图 6.2.7 所示。所有衔接方向到达的改编列车均接入一个共用的峰前到达场，全部解编作业集中在共用的调车场上办理，发往各方向的自编始发列车也集中在一个共用的出发场上作业。

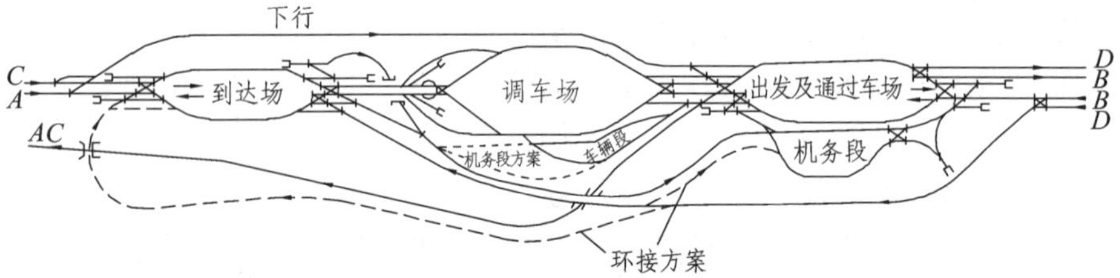

图 6.2.7 单向三级三场纵列式编组站布置图

上、下行无调中转列车到发线一般设在出发场两外侧，使出发列车的技术作业集中在一起，可减少定员，方便作业。

上行到达的改编列车由到达场出场咽喉反驼峰方向接入，称为反接；上行自编列车由出发场入场咽喉反驼峰方向发车，称为反发。为疏解反接和反发的进路交叉，可设置跨线桥，以使各部分通过能力协调一致并保证安全。

当反驼峰方向衔接的线路较多和改编车流较大时，会造成到达场出场咽喉布置更复杂，作业干扰大。若进路合并引入，遇到作业干扰可能造成机外停车，影响列车运行秩序，甚至造成前方站堵塞。这时可考虑将反接进路改建为环接进路，如图 6.2.7 中虚线所示。

2. 机务段

机务段设在出发场反驼峰方向通过车场外侧，这样可使全部的出发列车机车出段和无调中转列车到达机车入段比较方便，特别是便于出发列车及时挂机车，保证列车正点出发。为减少与其他作业的干扰、不妨碍驼峰作业，三级三场编组站均设置峰下跨线桥，顺向改编列车机车经驼峰下跨线桥入段，反驼峰方向到达的机车经到达场内机车走行线方能入段，走行距离长时还会干扰推峰作业。

如果通过车场设在到达场外侧，机务段可设在到达场反驼峰方向一侧、既便于机车出入段，又不会影响车站发展为双向编组站。

当采用环接环发（或反发）进路布置时，如果通过车场位于出发场旁侧，从机车出入段走行距离和对站内作业的交叉干扰来比较、机务段应设在调车场反驼峰方向的一侧（如图 6.2.7 中虚线所示），其缺点是占地较多，不利于发展为双向站型。

3. 车辆段

车辆段设在调车场尾部旁侧，既可利用空地又不妨碍发展，并且便于利用尾部牵出线进

行车辆取送作业。

编组站采用电力和内燃牵引时，由于机车、车辆的整备和修理设备逐步实现机械化和自动化，车辆段往往与机务段布置在一起。虽然该位置不一定能照顾到取送车的便利，但有利于共用机械修配、动力供应、管道等生产设备和生活设施，可节约用地，降低管理费用。因此，如果新建编组站具备共用设备的有利条件时，也可考虑将车辆段和机务段联合设置在同一地点。

4. 正线外包

正线外包，到发进路立交疏解。由于三级三场编组站解编能力较大，为使各部分能力协调一致，并为行车安全创造条件，反向改编列车的到发进路一般采用正线外包、立交疏解布置。

（二）作业进路分析

1. 车辆在站内的作业流程

（1）无调中转车辆在站内的作业流程。

无调中转车辆径路比较顺直，但在站内的走行距离比横列式和混合式都要长。图 6.2.7 中 A、C 两方向之间有折角无调中转列车时，在站内走行距离更长，并且在发车时将横切出发场入场咽喉，影响调车场尾部牵出线调车作业。当 A、C 两方向之间的折角无调中转列车较多时，可考虑在到达场办理这些列车的接发作业。

（2）改编车流在站内的作业流程。

各方向的改编车辆在站内的作业流程都是按到达、解体、编组、出发的顺序进行的。顺驼峰方向的车流是“流水式”作业，反驼峰方向车流的站内作业也是“流水式”，只是车辆在站内的走行距离较长，如图 6.2.8 所示。

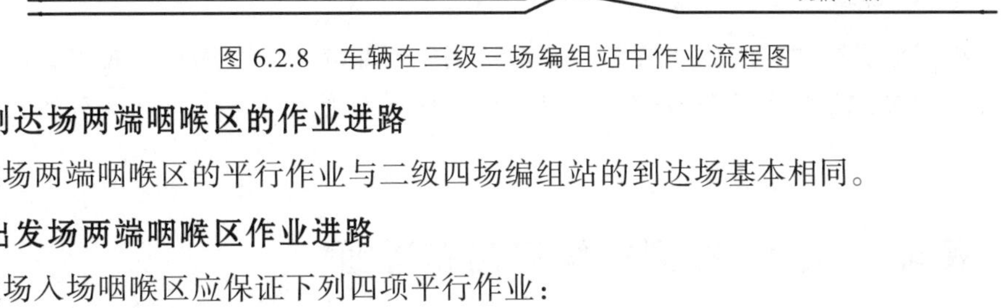

图 6.2.8　车辆在三级三场编组站中作业流程图

2. 到达场两端咽喉区的作业进路

到达场两端咽喉区的平行作业与二级四场编组站的到达场基本相同。

3. 出发场两端咽喉区作业进路

出发场入场咽喉区应保证下列四项平行作业：

（1）顺向无调中转列车接车。

（2）各牵出线上办理的调车作业或将编成车列向出发场内转场。

（3）反向发出无调中转列车或自编列车。

（4）反方向本务机车出入段。

出发场出场区应保证下列四项平行作业：

（1）顺驼峰方向列车出发。

（2）调车机转线。

（3）反驼峰方向无调中转列车到达。

（4）顺向本务机车出入段等。

（三）主要优缺点

1. 主要优点

（1）为车站各方向的到达改编列车的改编作业创造了良好的作业条件，到达、解体、编组和出发作业完全是“流水式”。

（2）各方向改编车辆在站内行程短，缩短了车辆的在站停留时间，解编效率高，改编能力大。由于减少了车列推峰解体前的转线过程，变成车列转往出发场的调车过程也较短，每一车列的解体时分有所缩短，且转场作业相互干扰少，调车场尾部根据需要还可以增设牵出线，因此车站的解编能力你均比较大。当调车场头部设置中能力驼峰，配备两至三台机车，采用双推单溜的作业方式，尾部设两条牵出线时，解编能力受尾部限制，每天可解编 6 500 辆左右。若尾部设三条牵出线，解编能力受驼峰限制，每天可解编 8 000 辆左右，较二级式编组站解编能力提高 30% ~ 40%。

（3）站内各种作业交叉干扰较横列式和混合式都少，车站的通过能力较大。

（4）同类车场集中布置且仅设一套调车设备，线路使用的灵活性大。线路数量、用地面积和车站定员均较双向布置图有较大节省，有利于实现编组站自动化。

2. 主要缺点

（1）反驼峰方向的改编列车走行距离长，这是单向编组站布置图的共同缺点。当采用反接、反发布置时，反向改编车辆较顺向改编车辆要往返多走行相当于到达场中心至出发场中心的两倍距离。

（2）车站站坪长度较长，投资费用多。

（3）站内采用跨线桥立体疏解布置，不利于向双向编组站布置图发展。

（四）适用范围

单向三级三场纵列式编组站布置图，一般适用于顺驼峰方向改编车流较多，解编作业量大，或衔接方向多，要求车站具有较大的灵活性，而且地形条件允许，远期有较大发展的大型编组站。

四、双向三级六场纵列式编组站布置图

（一）设备布置特点

双向三级六场纵列式编组站布置图的主要特征是：上、下行各有一套到达场、调车场、出发场；每套三个车场均依次纵列布置，并组成两个相应并列的独立系统，如图 6.2.9 所示。

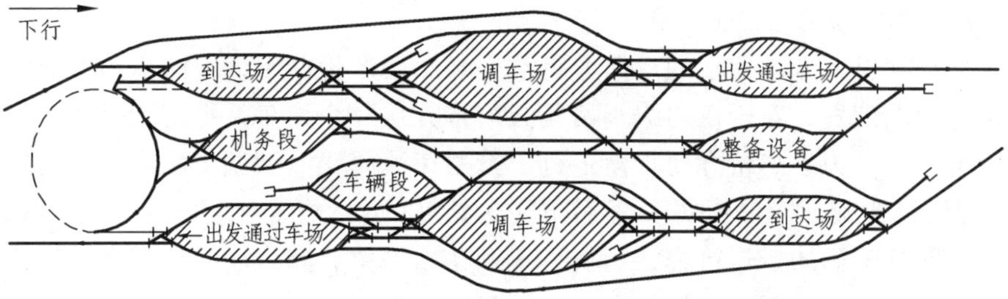

图 6.2.9　双向三级六场纵列式编组站布置图

办理无调中转列车的通过车场，一般分别设在各系统出发场的外侧，使出发场技术作业集中在一起办理，有利于线路灵活使用和成组甩挂作业。

机务段设在两改编系统之间，并靠近机车出入段次数较多的一端，使本务机出入段总走行距离最短。机车走行线也应设在两改编系统之间，一般铺设两条。为了减少车站另一端本务机车出入段的走行距离，以及机车出入段与站内其他作业的干扰，必要时可在车站另一端设置第二套机车整备设备。

车辆段可设在两调车系统之间靠近空车方向的调车场尾部，便于车辆扣修及与调车场联系。

（二）主要优缺点

1. 主要优点

双向三级六场编组站与单向编组站相比，其主要优点是：

（1）反向改编车流作业条件大大改善，主要是保证上、下行改编列车都按照到，调、发顺序流水作业，除折角车流外，不需要牵出转场，无多余的折返行程，且两改编系统平行作业，互不干扰。上、下行两方向改编列车作业条件完全相同，如图 6.2.10 所示。

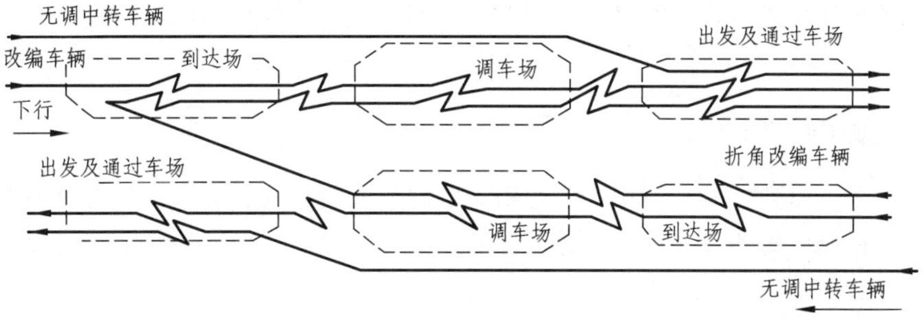

图 6.2.10　车辆在双向三级六场纵列式编组站的作业流程图

（2）通过能力和改编能力都很大。由于有两套调车设备，车场又都是纵向排列，进路交叉少，因而通过能力和改编能力均较大，一般情况下可适应每日 14 000 ~ 16 000 辆的解编作业量。

（3）三级六场布置图由于车场多、线路容量大，对运量的波动有较大的适应性和机动性，有利于调整列车运行秩序，加速机车车辆周转。

2. 主要缺点

双向三级六场纵列式编组站布置图的主要缺点如下：

（1）折角改编车流重复作业。

在有三个及其以上方向衔接的双向编组站，必然会产生两系统间的折角车流。由于折角车流在车站的一端到发，对于双向编组站就必须将其从一个调车系统转到另一个调车系统，因此产生折角走行。为了尽量方便折角走行，折角车流应先溜到调车场内专门为转场车固定的线路上（现场称为交换车停留线），然后再转送到另一个系统的到达场进行重复解体。这样，不仅增加了这部分车辆的折返行程，延长了车辆在站停留时间，同时还会产生转场与站内其他作业的交叉干扰，消耗驼峰解体能力，这是双向编组站最显著的缺点。

为了便于两系统之间的折角车流和其他交换车辆的转场，可在每系统的调车场与另一套系统的到达场之间设置联络线，也可在一套系统的到达场与另一套系统的出发场之间设回转线，如图 6.2.9 中虚线所示。此外，还可以在两系统调车场中间设置共用车场，以便彻底解决折角车流重复解体的问题，如图 6.2.11 所示。

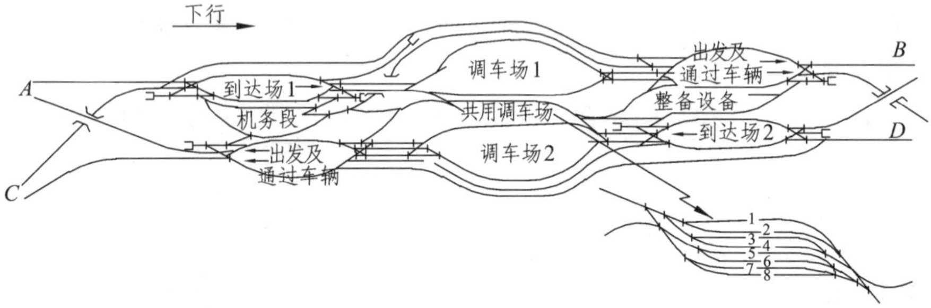

图 6.2.11　设有共用调车场的双向编组站示意图

（2）占地长，投资多。

占地面积大，车站定员增加，工程投资多。双向编组站站坪长约 8～10 km，由于两系统方向相反，要求地形最好是两端高、中间低，且两个系统的纵、横断面较复杂，排水处理较困难。

（三）适用范围

双向三级六场纵列式编组站布置图适用于解编作业量很大，且上、下行改编车流比较均衡，折角车流在总改编车流中所占比重较小（不大于 15%），地形条件不受限制的路网性编组站。

五、双向二级六场混合式编组站布置图

双向混合式编组站是指在车站配有的两套调车系统中，车场的数目和相互位置不同而组成的布置图。由于车场排列方案很多，所以双向混合式布置图可以有多种形式。

双向二级六场混合式编组站是双向布置图中两系统采用二级布置的代表图形，其基本特征是上、下行均为到达场与调车场纵列，出发场及通过场在调车场外侧横列，如图 6.2.12 所示。

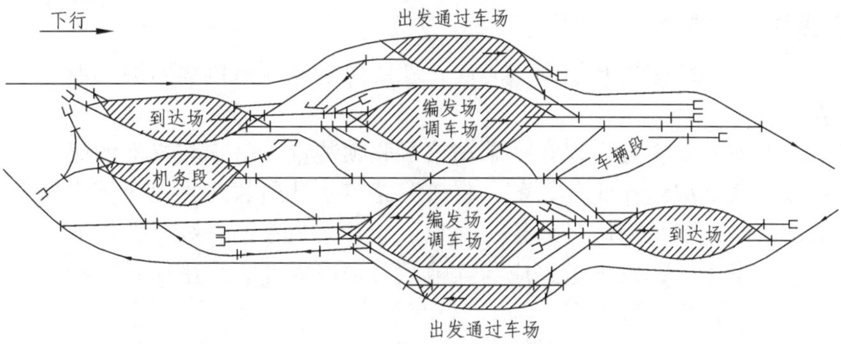

图 6.2.12　双向二级六场混合式编组站布置图

（一）设备布置特点

1. 机务段位置

机务段应设在车站一端到达场一侧，另一端可预留机车整备设备用地。

2. 车辆段位置

车辆段可设于任一调车场尾部附近。

3. 编发线设置

为了消除自编列车从调车场转线至出发场对编组能力的影响，在调车场（编发场）内设置供顺向车流集结、编组和出发的编发线，顺向自编列车无须转线，可在编发线上直接发车，使每列自编列车减少 10 min 左右的编组时间，约占每列平均编组时间的 1/4 ~ 1/3。编组时间的缩短减轻了尾部牵出线的负担，相应地提高了尾部编组能力。对调车机车而言，除了可减少车列转线所用时间，还能节约从出发场返回调车场的时间。

（二）设置编发线产生的新问题

编发线的设置虽然加速了车辆的周转，提高了车站编组能力，但也产生了相关问题。

1. 续溜车的处理

续溜车是指一个车列在调车场固定编发线上集结完毕，在进行编组、技术检查和出发作业这段时间内，由驼峰上继续溜下的该到达站（去向）的车辆。此时，为保障安全，在待发车列没有腾空该线路之前，续溜车不得进入原固定线路，可用借线法或增线法来处理续溜车。

（1）借线法。

借线法又分为借线活用和借线待转两种形式。

借线活用就是将续溜车溜入车流量小的线路，而原来被借线上的车流与其他到站合并。编组时再将借线车辆按要求倒开。此法只适用于车流量小且调车场线路较多的情况，否则容易打乱线路固定使用，造成作业上的困难。

借线待转就是将“续溜车”溜入其他空线暂时存放，待本线腾空后立即转入本线。此法虽然灵活，但会造成调机和车辆的走行公里增加，所以只适用借线机会不多的情况。

（2）增线法。

增线法即用增加调车线数量来集结续溜车。每个有续溜车的到站都增加一条调车线，使续溜车问题彻底解决。但调车线增多会引起工程费用增加，降低不设出发场的经济有利性，所以增线法只能用于车流较大的到站。

2. **编发线的作业安全**

当编发线上车辆集结完毕开始编组时起，就要防止峰顶向该线路继续溜车，以保证编发线上的作业安全。

编发线上的作业安全主要表现在：采用信号联锁装置，防止驼峰上的续溜车误入车列编成线路。即在编发线上编组作业开始前，将该分路道岔开通邻线并锁闭该道岔，直到列车出发才能将该道岔解锁，恢复使用。列检、商检、运转人员在编发线开始作业前应设置脱轨器进行防护。编发线发车时，发车进路应与其他敌对进路隔开。采用铁鞋制动时，可在编发线出口端设置脱鞋器，以免压鞋发车。

（三）主要优缺点

（1）主要优点。

① 解编能力较大，与单向纵列式图相比，改善了反驼峰方向改编列车的作业条件，两个方向的改变车流在站内的作业形成均较短。

② 成组甩挂比较方便，与单向横列式布置图相比，列车推峰解体可以“流水式”地进行，驼峰作业效率比较高。

（2）主要缺点。

① 对折角车流作业不利，要产生重复解体作业。

② 由于设两套调车系统，增加了设备投资及维修管理方面的运营支出。

（四）适用范围

一般适用于双方向解编作业量均较大，或解编作业量均大而地形条件受限制且折角车流较少的大型编组站。在设计中，当既有单向二级四场编组站解编作业量迅速增加，且上、下行改编车流比较均衡，折角车流在总改编车流中的比重较小，经技术经济比较认为发展成单向纵列式并不有利时，可采用双向二级六场布置图。

技能训练

1. 判断图 6.2.13 所示编组站是几级几场。
2. 试画出车辆在图 6.2.13 所示编组站的作业流程示意图，并标注车辆性质类型。

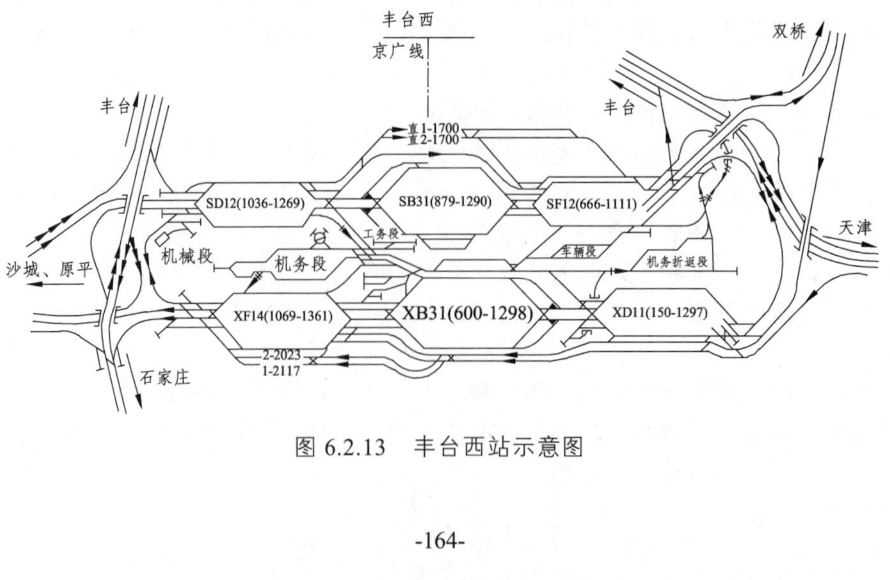

图 6.2.13　丰台西站示意图

复习思考题

1. 编组站和区段站有哪些异同点？
2. 简述编组站的主要作业。
3. 何谓驼峰？驼峰由哪几部分组成？
4. 编组站如何分类？
5. 编组站图中“向”“级”“场”的概念是什么？
6. 单向一级三场编组站的基本特征是什么？它消除了横列式区段站的哪些缺点？
7. 加强混合式编组站尾部编组能力的措施有哪些？
8. 适合编发线的车流特点是什么？为什么反驼峰方向一般不设编发线？
9. 什么是折角车流？双向三级六场编组站减少折角车流的方法有哪些？
10. 什么是续溜车？处理续溜车的措施有哪些？

【拓展知识】

辅助调车场及箭翎线

在编组站编组发出的各种列车中，按编组要求和内容区分有直达、直通、区段、摘挂和小运转列车。前三种列车编组作业简单，一般只需串车、连挂（或邻线车组转线连挂）、牵出转线就完成了编组作业；后两种列车属于多组列车，列车组成组号多，每个组号的车流强度小，通常按方向在一条调车线上集结，编组时需重新牵出解体，按编组计划选编成组，有的还要按站顺连挂成列，然后才能转线腾空调车线。

摘挂和小运转列车编组复杂，作业时间长，占用调车线和牵出线时间较多，干扰、影响其他列车的编组作业，降低调车场尾部整体编组能力。因此，解决好这部分列车的编组问题，对于处理好调车场头尾能力协调，提高解编系统的整体能力是十分重要的。

要提高调车场尾部的能力，目前国内外广泛采用的是设置辅助调车场和箭翎线。

1. 辅助调车场

辅助调车场简称辅助场，它是在主调车场外另设的专门用于摘挂和小运转列车编组的小型调车场。作业时，由辅调场调机从主调车场调车线上将组成摘挂和小运转列车的车辆一次牵出，然后在辅调场上进行分解、编组作业。这样摘挂和小运转列车的重复解编作业不会影响主调车场尾部调机在牵出线上的作业。主调车场调机只需进行直达、直通、区段列车的连挂和转线，作业简化，交叉干扰减少，作业能力大大提高。

（1）辅助调车场位置。

辅助调车场一般设在主调车场尾部牵出线一侧，其位置根据编组站布置图、车流性质及比例的不同而有所差异。

一般情况下，三级式编组站辅调场可设在主调车场旁、地区车流比重较大的一侧，布置成尽头式，如图 6.2.14（a）所示。其多组车流在主调车场内靠辅调场一侧的调车线上预分，利用调车场尾部牵出线（或另设）在辅调场进行编组作业。当地区车流量较大时，可在调车场一侧按预分场与辅调场纵列，布置成通过式，如图 6.2.14（b）所示。

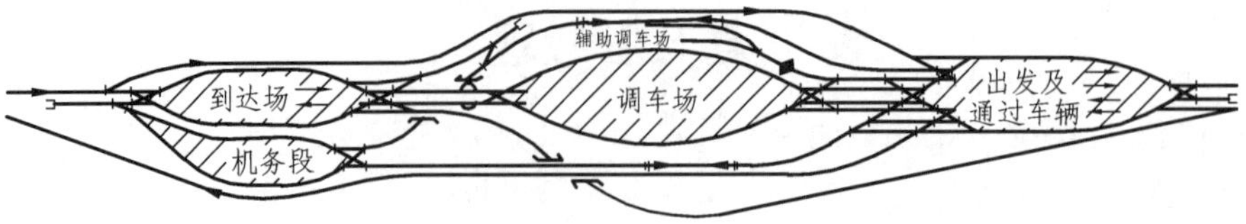

（a）

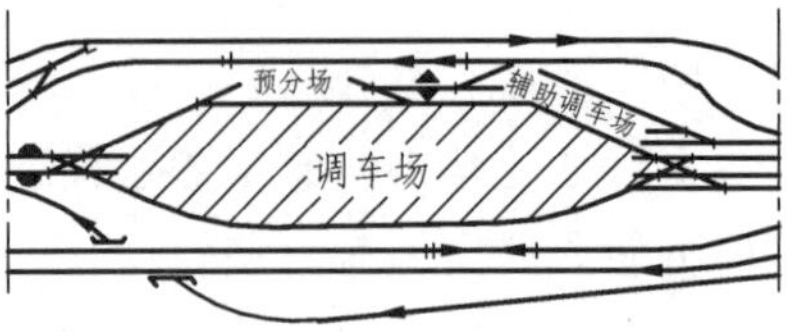

（b）

图 6.2.14　三级三场编组站辅助调车场位置示意图

车流较小时，二级式编组站辅调场可设在场间联络线外、地区车流比重较大的牵出线一侧。辅调场尾部还可与出发场连通，以缩短一侧多组列车转线行程，如图 6.2.15 所示。地区车流较强时，可采用主调车场燕尾式布置，辅调场设在主调场燕尾中间空地处。

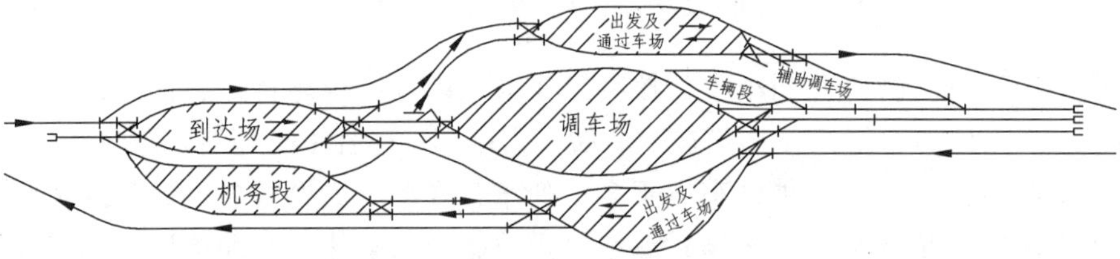

图 6.2.15　二级四场编组站辅助调车场位置示意图

（2）辅助调车场线路数量及布置。

根据对我国摘挂列车、小运转列车车流组号不完全的统计和分析，在采用合理的调车作业方法条件下，辅调场一般有 5 ~ 6 条调车线即可满足需要，其有效长一般采用 400 ~ 500 m。

辅调场线路可设计为尽头式（见图 6.2.16），也可设计为通过式。为加速编组作业，辅调场的牵出线一般应设小能力驼峰，场内应结合纵断面设计采用减速顶、可控顶、停车顶、停车器、挡车器等不同调速设备。

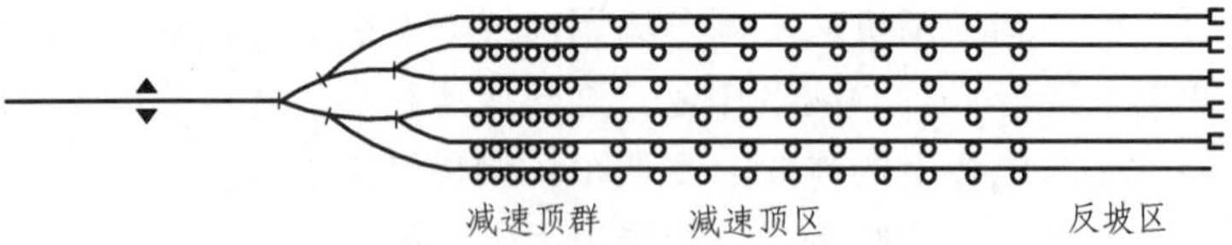

图 6.2.16　尽头式辅助调车场布置图

2. 箭翎线

在解决调车场尾部能力紧张时，还可以在调车场尾部设置箭翎线。箭翎线有单向箭翎线和双向箭翎线两种。

（1）单向箭翎线。

单向箭线也称 S 形箭翎线，由三条尽头线组成，如图 6.2.17 所示。单向箭翎线中间为走行线，两侧为编组存车线，其一端连牵出线，另一端为车挡。由于选编、连挂牵出作业只能在一端进行，同时线路布置像箭翎，故称其为单向箭翎线。

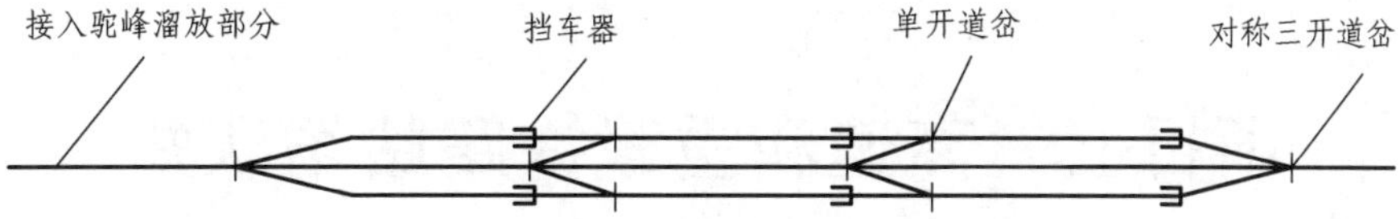

图 6.2.17　单向箭翎线布置图

编组存车线各分成 3 ~ 4 段，每段有效长一般为 150 m，可容纳 10 辆车。在箭翎线头部另设一条大组车存车线和一条禁溜车存车线。箭翎线的分路道岔一般采用 1/7 三开道岔。编组存车线的末端设挡车器或停车器。挡车器能自动起落，溜放车辆时能自动立起挡车，连挂车辆时能自动落下，不影响车辆通过。场内应结合纵断面设计调速制式，采用减速顶等不同的调速工具。

与尽端式辅调场相比，单向箭翎线作业效率较高，能力较大，但是铺轨、铺岔、用地都多，所需设备（如挡车器）较复杂，工程投资相应也较大，因此，只有在摘挂车流较大时方可采用。

（2）双向箭翎线。

与单向箭翎线不同的是，双向箭翎线设在调车场内，也由三条线路组成。双向箭翎线中间为走行线，两侧为编组存车分段线。其一端与解体主驼峰直接连通，另一端与尾部牵出线相连。由于主驼峰可直接向编组存车分段线溜放固定到站的车辆，尾部牵出线调机又可去各线段连挂车辆，两端都可作业，故称其为双向箭翎线，也叫 D 形箭翎线。

编组存车线可分为 3 ~ 4 段，每段有效长为 180 ~ 220 m，可容纳 12 ~ 15 辆车。走行线的分路道岔一般采用 1/7 三开道岔，每段存车线终端设挡车器。图 6.2.18 所示为其布置的一种形式。

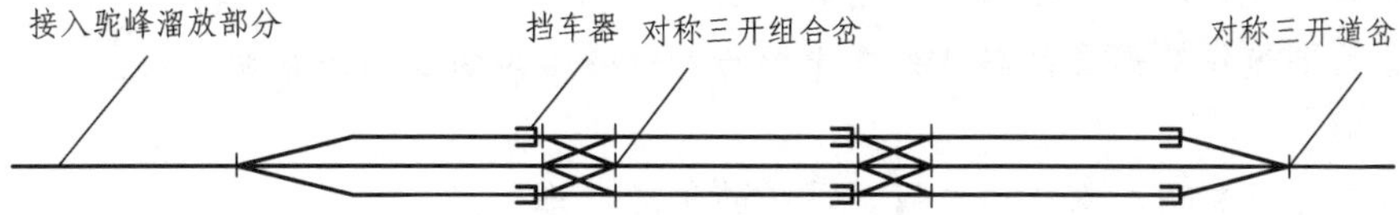

图 6.2.18　双向箭翎线布置图

总之，随着编组站综合自动化程度的提高和设备的完善，调车场尾部能力以及整个编组站通过能力可得到进一步提高。

项目七　高速和重载铁路站场认知

【项目描述】

高速铁路由于行车速度高，车站只办理客运业务，高速铁路上运行的动车组列车不同于普速列车，高速铁路车站的道岔、线路间距、股道有效长等均与普速车站不同。本项目将介绍高速铁路车站布置图和站场的相关知识。

重载铁路具有轴重大、牵引质量大、运量大的特点，本项目将介绍重载运输方式和重载铁路车站布置图。

【教学目标】

1. 知识目标

（1）掌握高速铁路越行站、中间站、始发站的布置图的特点。

（2）掌握高速铁路车站设备特点。

（3）了解重载运输方式。

（4）掌握单元式重载运输方式站场布置图的特点。

2. 能力目标

（1）分析高速铁路始发站的布置图的特点。

（2）分析高速铁路始发站高速列车车场与普速列车车场在同一平面并列合设布置图的特点。

（3）分析开行整列式重载列车时，站场的改建措施。

（4）分析组合分解站布置图的特点。

3. 素质目标

（1）培养学生具有良好的职业道德。

（2）培养学生勤于思考、做事认真的良好作风。

（3）培养学生具备分析问题的能力。

任务一　高速铁路站场认知

【相关知识】

我国高速铁路定义为：新建设计开行 250 km/h（含预留）及以上动车组列车，初期运营速度不小于 200 km/h 的客运专线铁路，设计速度分为 250 km/h、300 km/h、350 km/h 三级。运输组织可采用不同速度等级列车共线运行模式或单一速度等级列车运行模式。

高速铁路的车站是高速铁路运输生产的基层单位，也是城市的窗口，又是高速技术的标志。高速铁路的车站应与城市规划充分协调，重视环境的保护和利用。高速铁路的车站及枢组应该促进各种交通运输方式协调发展，并为旅客的方便出行提供优质的服务。高速车站的分布主要取决于城市分布和市场需求情况。

一、高速铁路车站布置图

高速铁路车站按照业务性质可分为客运站和越行站。客运站按技术作业性质分为始发站和中间站；按照客运量大小可分为特大型、大型、中型及小型车站。

（一）越行站

越行站是专为双线铁路上办理同方向列车越行必要时可兼办少量旅客乘降的车站。

1. 越行站办理的主要作业

（1）办理正线各种列车的通过。

（2）办理待避列车进出到发线，停站待避。

（3）个别车站设有维修工区岔线，需办理相关作业。

2. 越行站布置图

由于横列式图形具有站坪长度短、站场布置紧凑、便于集中管理和定员少等优点，越行站采用横列式图形，如图 7.1.1 所示。图 7.1.1（a）适用于上、下行均有同时待避列车的越行站，图 7.1.1（b）适用于设有维修工区的越行站。维修工区虽然主要设在中间站及其以上规模的车站上，但考虑长大干线车站分布的原因，部分越行站上也会有维修工区分布。

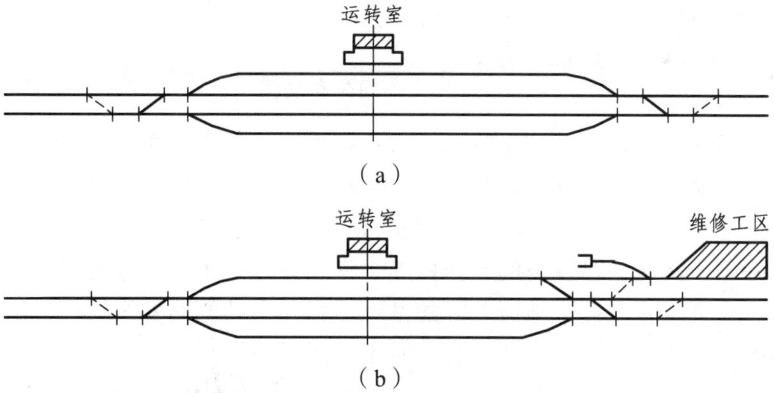

图 7.1.1　越行站布置图

（二）中间站

1. 中间站办理的主要作业

（1）办理正线各种列车通过。

（2）办理待避列车进出到发线。

（3）办理停站列车的客运业务。

（4）有立即折返的中间站办理列车终到和始发作业。

（5）有维修工区岔线接轨的中间站还办理相关作业。

2. 中间站布置图

中间站的布置图有不设维修工区和设有维修工区两种，如图 7.1.2 所示。

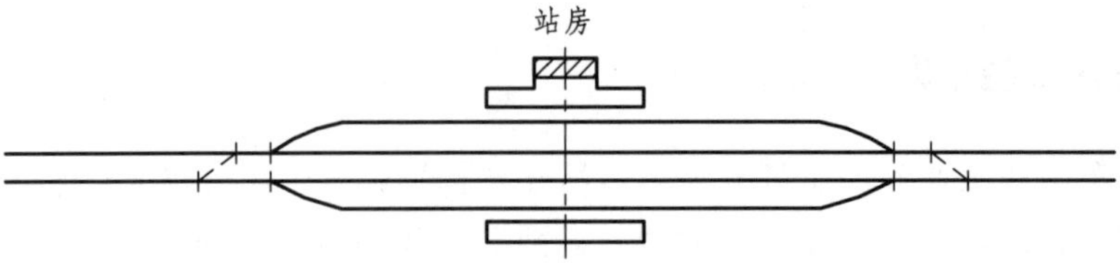

（a）

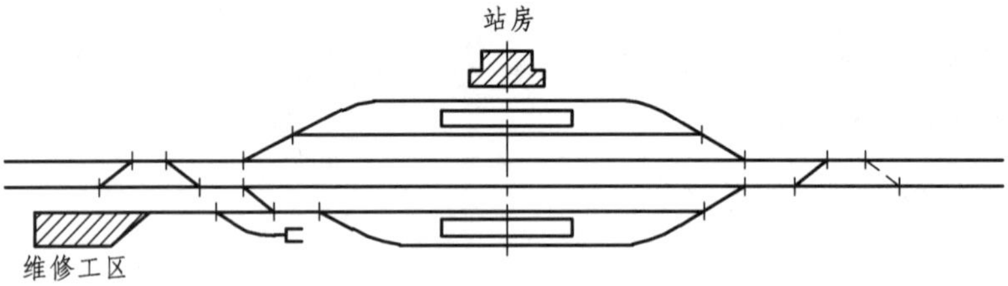

（b）

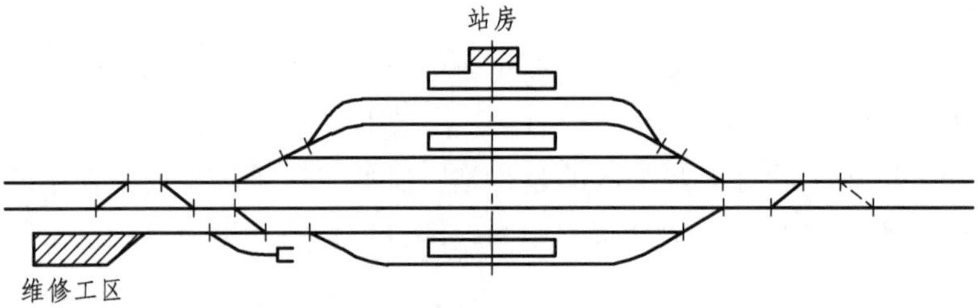

（c）

图 7.1.2　中间站布置图

高速铁路中间站一般采用图 7.1.2（a）所示布置图。当车站作业量较大，动车组列车停站次数较多，或有少量折返作业的高速铁路中间站可采用图 7.1.2（b）或 7.1.2（c）所示布置图。为便于高速列车动车组停留折返，在某些有动车组折返停留作业的中间站，需要设置 4 ~ 5 条到发线。为便于高速铁路设备的维修保养，在高速线的车站上通常根据工务、电务、供电工区的分布，设置维修工区。维修工区的岔线尽量与车站的到发线衔接，以便维修用车的出入。折返用的到发线应根据折返列车到达时不切正线为原则。

这种布置图的优点是站台不靠近正线，高速列车自正线通过时不影响站台上旅客的安全，站台安全退避距离不用加宽。

（三）始发站

1. 始发站办理的主要作业

始发站是针对一条高速线而言，设置在高速铁路的起点和终点，位于特大城市的铁路枢纽，主要办理始发、终到高速列车的作业。新建的高速铁路始发、终到站作业包括以下几项：

（1）办理高速旅客列车的客运业务。

（2）办理高速旅客列车的始发、终到，动车组的取送和折返作业。

（3）办理动车组的整备、检修作业。

2. **始发站布置图**

高速铁路始发站布置图有通过式、尽端式、两条高速铁路交汇的始发站三种形式。

通过式始发站布置图如图 7.1.3 所示。为满足昼间部分旅客列车立即折返需要，接车端咽喉设置了顺接反发折返进路，当立即折返列车较多时，为避免折返列车切割正线，干扰正线通过列车运行,可在接车端设置立体疏解的顺接反发折返联络线或末端设置立交折返线(如图 7.1.3 中虚线所示)，以疏解与顺向到达、通过列车的交叉。若车站无通过列车时，布置图可以简化，正线和到发线间可设置中间站台。

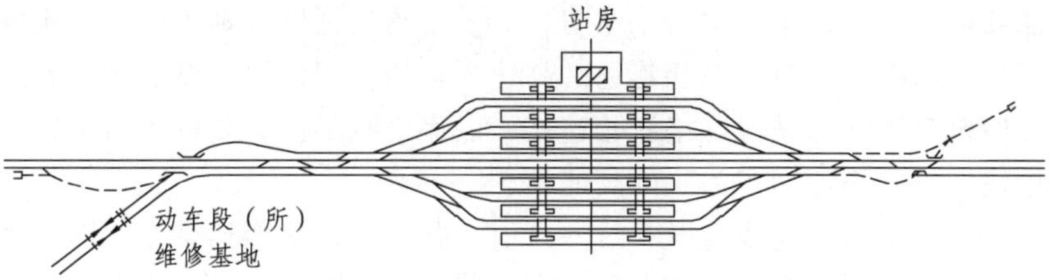

图 7.1.3 通过式始发站布置图

尽端式始发站布置图如图 7.1.4 所示。尽端式始发站设置于客运专线的末端。尽端式到发线难以区分接车、发车进路，客车均需折角运行，为避免上（下）行一侧到发线发车与接车交叉干扰，根据需要可设置立体交叉的反向接车联络线（如图 7.1.4 中虚线所示）。站房结合需要可设置为一侧站房、双侧站房、尽端站房或三者结合的站房。

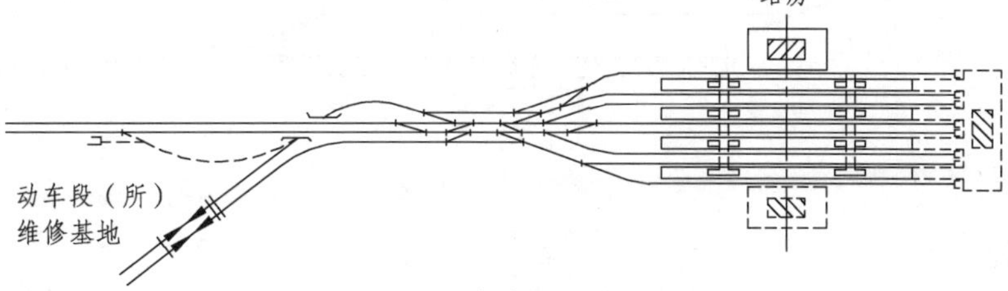

图 7.1.4 尽端式始发站布置图

两条高速铁路交汇的通过式线路别分场布置的始发站布置图如图 7.1.5 所示。车站上行端跨线列车较多，设置了跨线列车联络线，为满足两线间少量折角列车运行需要，两车场间的最外侧到发线相互连通。

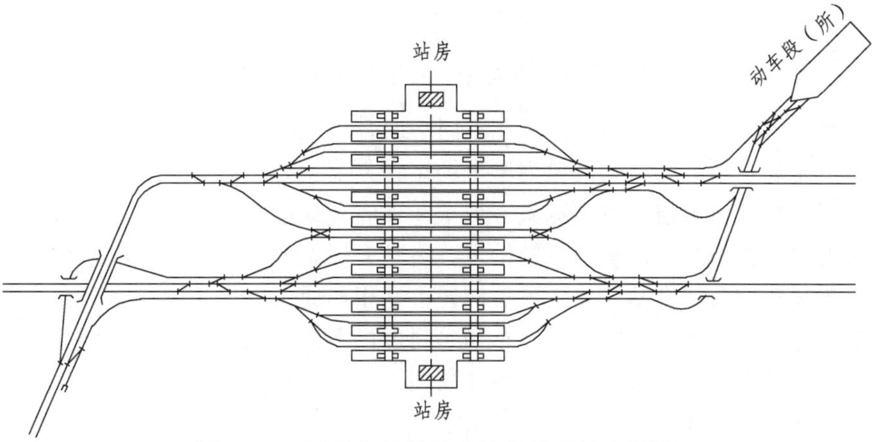

图 7.1.5 两条高速铁路交汇的始发站布置图

大多始发站是利用既有站略加改扩建而形成，如京沪高速铁路上的北京站和上海站均利用现有车站。这种始发站均与普速旅客列车共站，其布置图受既有条件的限制，主要有以下两种基本形式：

（1）高速列车车场与中、普速车场在同一平面并列合设。

图 7.1.6（a）所示为高速线与既有线并行引入既有尽端式客运站布置图，将靠近既有主站房一侧的既有到发线和站台改建为高速列车车场，供接发高速列车之用；将主站房对侧的其他到发线和站台作为中、普速列车车场，且在外侧适当扩建，供接发中、普速列车之用。在既有站对侧新建副站房，主站房与副站房之间采用高架通廊和地道相连，供旅客进出站和换乘，两车场的进口咽喉用渡线互相连通。高速列车的动车段以及既有中、普速列车的客车整备场和机务段都有单独的站段联络线相连接，以保证咽喉区必要的平行进路。这种方案适合于以办理始发、终到高速列车为主的高速站。

图 7.1.6（b）所示为高速线与既有线并行引入既有通过式客运站布置图。既有线在站房一侧，高速线在站房对侧，高速列车车场与中、普速列车车场横列，两车场咽喉区用渡线互相连通，高速车场向外适当扩建。为便于高速列车的旅客进出站，采用高架通廊和地道相连。这种布置方案适合于以通过高速列车为主的车站，由于两车场横列布置，两端咽喉区高、中速列车到发进路交叉严重。

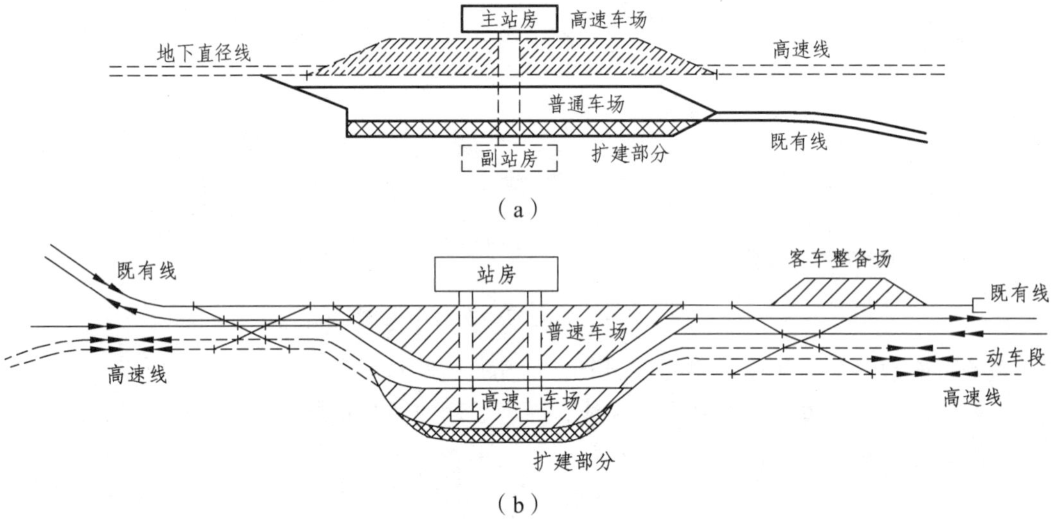

图 7.1.6　高速列车车场与中、普速车场在同一平面并列合设

（2）高速列车车场与中、普速车场在不同平面合设。

图 7.1.7 为既有站上方高架高速列车车场布置方案。高速线高架引入既有站，在其上方设高架高速列车车场，承担接发高速旅客列车和不停车通过车站的中速旅客列车任务；桥下地面既有站为中、普速车场，承担接发始发、终到、停站通过的中速旅客列车和普速旅客列车任务。两车场两端采用进站线路立体疏解设备互相连通，以便于中速客车上、下高速线。但当没有中速客车上、下高速线时，两车场之间也可不必连通，以节省工程费用。高速旅客列车的旅客可通过主、副站房的自动扶梯和高架候车室通廊进、出站和换乘，中、普速旅客列车的旅客可通过高架候车室和地道进、出站。

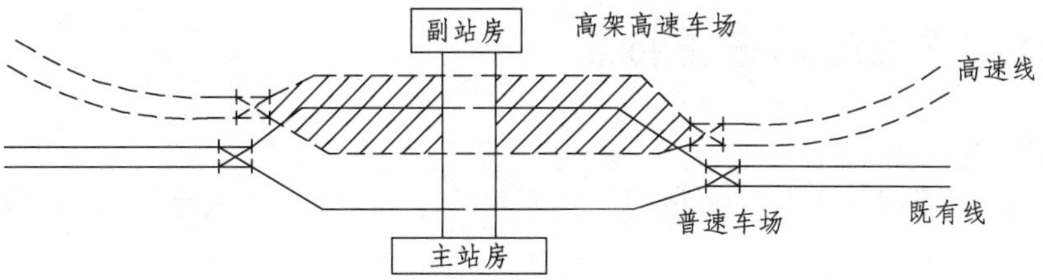

（a）平面

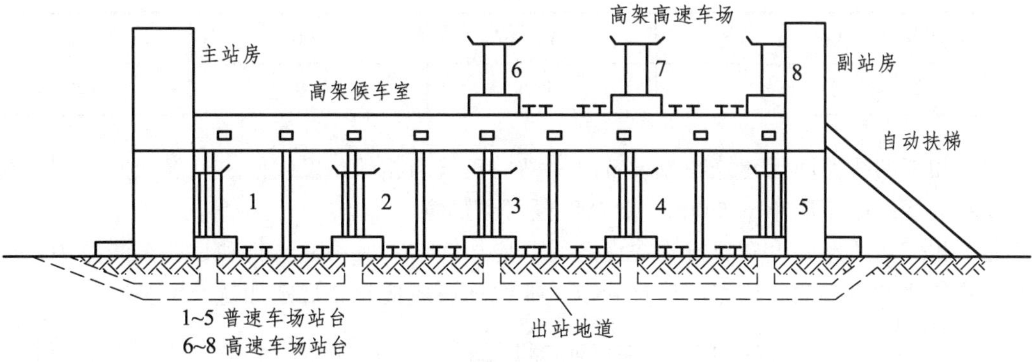

（b）横断面

图 7.1.7　既有站上方高架高速列车车场布置方案

图 7.1.8 所示为既有站下方设地下高速列车车场布置方案。高速线从地下引入既有站，在既有站地下新建高速车场，既有站改建为中、普速车场，其车场的固定用途与上述相同。两车场两采用进站线路疏解设备相连接，以便中速列车上、下高速线。高速旅客列车的旅客可沿地道和自动扶梯进、出站和换乘，中、普速旅客列车的旅客可通过高架候车室和地道进、出站。

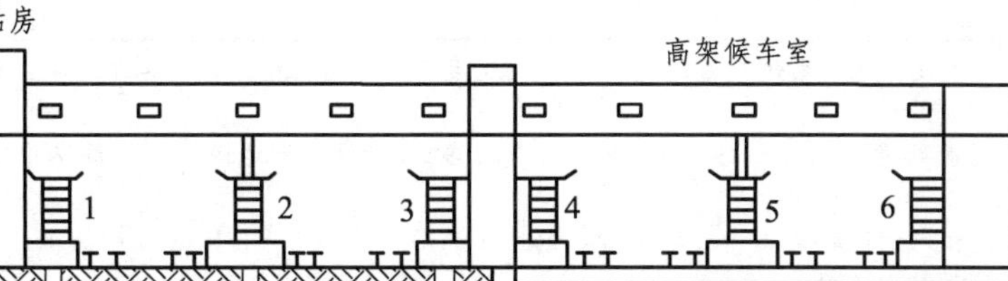

（a）平面

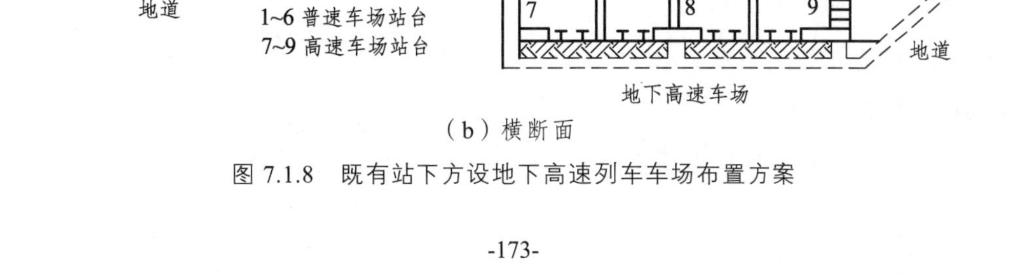

（b）横断面

图 7.1.8　既有站下方设地下高速列车车场布置方案

二、高速铁路站场布置特点

1. 线间距大

（1）车站内正线线间距与区间相同，且不得小于 4.6 m，曲线地段可不加宽。区间正线间距见表 7.1.1。

表 7.1.1　区间正线间距表

设计速度/（$km \cdot h^{-1}$）	350	300	250
最小线间距/m	5.0	4.8	4.6

（2）相邻两线路间无建筑物或设备时，站内正线与相邻到发线间、到发线间、到发线与其他线间的线间距不应小于 5.0 m，曲线地段可不加宽。

（3）相邻两线路间设有建筑物或设备时，应按表 7.1.2 中建筑物和设备至线路中心线的距离、建筑物和设备的结构宽度计算确定，曲线地段应按有关规定加宽。

表 7.1.2　主要建筑物和设备至线路中心线的距离　　　　单位：mm

<table>
<tr><th>序号</th><th colspan="3">建筑物和设备名称</th><th>至线路中心线的距离</th></tr>
<tr><td rowspan="2">1</td><td rowspan="2">旅客站台边缘</td><td colspan="2">位于正线一侧</td><td>1 800</td></tr>
<tr><td colspan="2">位于站线一侧</td><td>1 750</td></tr>
<tr><td rowspan="3">2</td><td rowspan="3">跨线桥柱、天桥柱、雨棚柱和电力照明杆等杆柱边缘</td><td colspan="2">位于正线一侧</td><td>≥2 440</td></tr>
<tr><td colspan="2">位于站线一侧</td><td>≥2 150</td></tr>
<tr><td colspan="2">位于站场最外线路的外侧</td><td>≥3 100</td></tr>
<tr><td rowspan="3">3</td><td rowspan="3">接触网支柱边缘</td><td rowspan="2">位于正线一侧或站场最外线路的外侧</td><td>无砟</td><td>≥3 000</td></tr>
<tr><td>有砟</td><td>≥3 100</td></tr>
<tr><td colspan="2">位于站线一侧</td><td>≥2 500</td></tr>
<tr><td>4</td><td>连续墙体、栅栏、声屏障边缘</td><td colspan="2">位于正线或站线外侧
（无人员通行）</td><td>路基面外</td></tr>
</table>

注：（1）站台位于正线一侧、无列车通过或列车通过速度不大于 80 km/h 时，站台边缘至线路中心线的距离采用 1 750 mm。
（2）有砟轨道线路考虑大型养路机械作业时，路基地段杆柱内侧边缘至正线线路中心线的距离不应小于 3 100 mm。
（3）接触网支柱内侧边缘至正线线路中心线的距离，困难条件下：位于正线一侧不应小于 2 500 mm，位于站线一侧不应小 150 mm。
（4）栅栏边缘至线路中心线的距离应不小于栅栏距地面的高度加 2 440 mm 之和。

（4）动车组存车线间距不应小于 4.6 m。

2. 轨道设计标准高

高速铁路轨道设计标准比普通铁路要求高，具体参数见表 7.1.3。

表 7.1.3　高速铁路站内轨道设计参数表

序号	项目		站内正线（有砟轨道）	到发线（有砟轨道）	其他站线
1	钢轨	类型	60 kg/m	60 kg/m（无螺栓孔新钢轨）	50 kg/m
		每节长度	100 m	25 m	25 m
2	扣件		弹条Ⅱ型扣件	弹条Ⅱ型扣件	弹条Ⅰ型扣件
3	轨枕	类型	Ⅲ型混凝土轨枕	Ⅲ型混凝土轨枕	Ⅱ型混凝土轨枕
		数量	1 667 根/km	1 667 根/km	1 440 根/km
4	道床	材料	特级碎石道砟	一级碎石道砟	碎石道砟
		边坡	1∶1.75	1∶1.75	1∶1.5
		道床厚度	0.35 m	0.35 m	0.25 m

3. 道岔号数大

（1）站内正线与到发线连接的道岔，采用 18 号可动心轨道岔，其容许通过速度直向与区间运行速度相同，侧向为 80 km/h。

（2）两正线间渡线按功能需要选用 18 号及以上道岔。

（3）始发、终到车站以及改、扩建车站，在特别困难条件下，可采用 12 号道岔。

（4）与动车段（所、存车场）、维修车间（工区）等线路连接的到发线上的道岔一般采用 12 号，困难条件下可采用 9 号道岔。

三、高速铁路车站设备

（一）到发线

1. 到发线数量

由于高速铁路车站建成后再改扩建非常困难，因此，规定到发线数量应根据车站办理的旅客列车对数、客流量和运输性质确定，还应满足高峰时段列车密集到发的需要。运输性质指列车越行、立即折返、始发、终到、动车组列车出入段（所）等。

（1）越行站设 2 条到发线，使上下行方向均能办理速度高的旅客车越行速度低的旅客列车。

（2）中间站处办理越行外，还办理客运业务，故设 2 ~ 4 条到发线。有少量折返作业时，其停站时间较长，到发线数量可适当增加。

（3）始发站到发线数量应根据车站办理的旅客列车对数及其性质、旅客列车开行方案、引入线路数量和停站时分等因素确定。列车均需停站的站内正线可全部按到发线计算；如以始发、终到列车为主，仅有少量的不停站通过列车，站内正线（邻靠站台）可适当考虑按到发线计算。

始发站到发线的数量可按表 7.1.4 确定，并应满足高峰时段列车密集到发的需要。

表 7.1.4　始发站到发线数量

列车换算对数/对	到发线数量（正线除外）/条
70 及以下	5
71 ~ 110	6 ~ 8
111 ~ 150	8 ~ 10
151 ~ 190	10 ~ 12

注：（1）表中到发线数量的幅度，可按换算列车对数的多少对应取值。

（2）列车对数的换算系数如下：始发终到列车（出入段）为 1.0；始发终到立即折返列车为 0.9；停车通过列车为 0.7。

（3）以始发、终到列车为主仅有少量不停车列车通过的始发终到站上的正线，可以适当考虑按到发线使用。

2. 到发线有效长

到发线有效长由站台长度、安全防护距离、警冲标至绝缘节的距离组成。

站台长度：按照最大编组要求，确定 16 辆编组时旅客站台长度为 450 m。

安全防护距离：考虑测速测距误差、司机确认停车点距离及动车组过走防护距离，确定最小安全防护距离为 95 m。

警冲标至绝缘节的距离：根据目标第一轮对距离车头的距离最长为 4.85 m，确定警冲标至绝缘节的距离为 5 m。

因此到发线有效长度为：（5+95）× 2+450 = 650（m）。

高速铁路尽端式车站和单方向接发列车的到发线可缩短甚至不考虑进站端的安全防护距离，因此到发线有效长度可以缩短。

（二）旅客站台

1. 站台设置要求

旅客站台的设置应符合下列规定：

（1）站台不宜邻靠正线设置。

高速铁路正线邻靠站台时，除影响后续追踪列车的通过外，还由于通过列车的风压影响，需要加大站台上旅客的安全退避距离，并需设置安全防护设施。因此，高速铁路的旅客站台不宜邻靠正线设置。

（2）站台邻靠正线设置时，列车通过速度不应大于 250 km/h。

当不停站通过旅客列车较少或车站为尽头式布置时，站台也可以设在正线两侧。站台邻靠正线设置时，列车通过速度不应大于 250 km/h。

站台邻靠正线设置，列车通过速度大于 80 km/h 时，在距离站台边缘 1.5 m 处设置站台安全标线，必要时在距离站台边缘 1.2 m 处设置安全防护设施；列车通过速度不大于 80 km/h 时，在距离站台边缘 1.0 m 处设置站台安全标线。站台位于到发线一侧时，在距离站台边缘 1.0 m 处设置站台安全标线。

2. 站台长度

站台长度应按照动车组列车长度考虑停车余量确定。动车组按 16 辆编组，最大长度为

428 m，另考虑前后各加 10 m 的停车余量，确定旅客站台长度为 450 m。

3. 站台宽度

站台宽度应根据车站性质、站台类型、客流密度、安全退避距离、站台出入口宽度等因素确定，一般采用表 7.1.5 中的数据。

表 7.1.5 旅客站台宽度 单位：m

名　称	特大型站	大型站	中型站	小型站
站房或建（构）筑物突出部分边缘至基本站台边缘距离	20.0 ~ 25.0	15.0 ~ 20.0	8.0 ~ 15.0	8.0
岛式中间站台	11.5 ~ 12.0	11.5 ~ 12.0	10.5 ~ 12.0	10.5 ~ 12.0
侧式中间站台	8.5 ~ 9.0	8.5 ~ 9.0	7.5 ~ 9.0	7.0 ~ 9.0

注：站房或建（构）筑物范围以外地段基本站台宽度不应小于侧式中间站台宽度。

4. 站台高度

高速铁路旅客站台高度采用高出轨面 1.25 m，这样的站台高度低于车厢底板 2 ~ 5 cm，便于旅客上下。

（三）旅客进出站通道

旅客进出站通道的设计应根据旅客站房设计、旅客进出站流线等情况综合考虑，并符合下列规定：

1. 旅客进出站通道数量

旅客进出站通道数，特大型站不应少于 3 处，大型站不应少于 2 处，中型和小型站不应少于 1 处；设有高架候车室时，出站通道不应少于 1 处。

2. 旅客进出站通道宽度

旅客进出站通道宽度应根据客流密度确定，旅客进出站应避免在通道内有对流现象。通道宽度主要取决于一次下车或同时进站的旅客最大人数。各型车站旅客进出站通道最小宽度见表 7.1.6。

表 7.1.6 旅客进出站通道最小宽度 单位：m

项目	旅客进出站通道		
	特大型站	大型站	中、小型站
最小宽度	12	8~12	6~8

特大型站进、出通道应分别设置，当高峰小时发送量在 10 000 人及以上的特大型客运站站，通道宽度不应小于 12.0 m；高峰小时发送量在 5 000 ~ 10 000 人的大型客运站，通道宽度应为 8.0 ~ 12.0 m；高峰小时发送量在 1 000 ~ 5 000 人的中型客运站和高峰小时发送量不足 1 000 人的小型客运站，通道宽度应为 6.0 ~ 8.0 m。

3. **旅客进出站通道出入口宽度**

旅客进出站通道通向各站台的出入口，有条件时宜设计为双向出入口，其宽度应满足表 7.1.7 的规定。通道出入口设有自动扶梯或升降电梯时，其宽度应根据设备的数量和要求加宽。

表 7.1.7　旅客站台出入口宽度　　单位：m

名称	特大型及大型站	中型站	小型站
基本站台、岛式中间站台	5.0 ~ 5.5	4.0 ~ 5.0	3.5 ~ 4.0
侧式中间站台	5.0	4.0	3.5 ~ 4.0

注：特大型及大型站的旅客进出站通道出入口宽度已包括设置一部自动扶梯的宽度。

四、高速动车段（所）与车站的布置

1. **动车段（所、场）的类型**

（1）动车段：配属一定数量的动车组，承担动车组的运用整备及存放任务，动车组日常检查、各级修程及临修作业。根据需要设置大修。

（2）动车运用所：派驻动车组，承担动车组的运用整备及存放任务、动车组日常检查及临修作业。根据需要预留发展条件。

（3）动车存车场：承担动车组的存放及运用整备任务。

2. **动车段（所、场）内设备的布置方式**

动车段（所、场）的主要设备有：到发兼停留线（场）、检修库（线）、台车检查设备及动车组清洗设备等。段（所、场）内主要设备的布置形式有两种：

（1）横列式：到发兼停车场与检修库横向排列（见图 7.1.9），具有占地少、作业集中的优点；但检修车需折返运行，增加转线作业费用，且咽喉区有交叉干扰。当停车的动车组数较少（4 ~ 10 列）时可以采用。

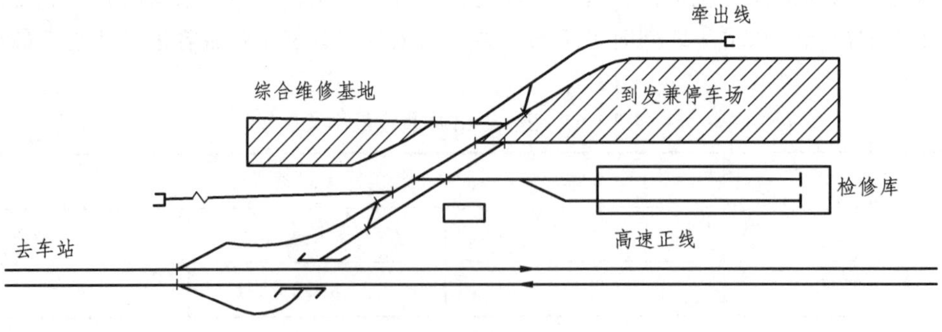

图 7.1.9　横列式动车段设备布置图

（2）纵列式：到发兼停车场与检修库纵向排列（见图 7.1.10），可节省动车组转线作业时间，转线作业与到发作业互不干扰；缺点是占地较长。当动车组到发列数较多且地形允许时可采用纵列式。

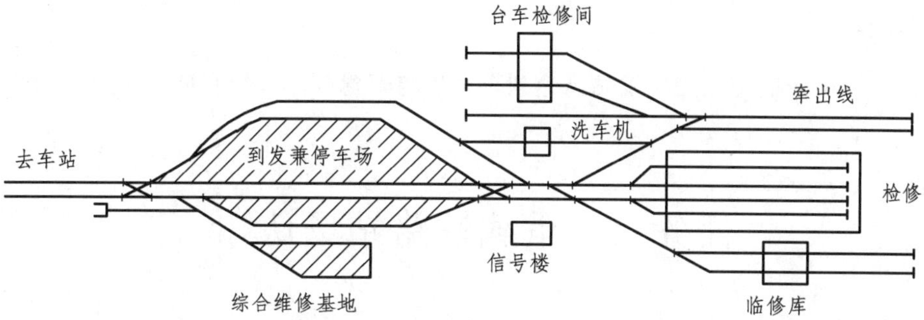

图 7.1.10　纵列式动车段设备布置图

3. 综合维修基地

高速铁路的各项固定设备必须经常保持高质量工作状态，以确保列车安全运行。为此，应设有各专业包括工务、电务、供电、房屋、给水排水等的维修基地。这些基地通常集中在一起形成综合维修基地。它可分为设备更新基地和一般基地，前者配备有更新作业所需的保养用车和其他各种维修用的设备；后者配备有维修车中转用的待避线和平时用作业车的停留线。

综合维修基地应设在有较多始发、终到高速列车的始发站或通过站；在同一车站设置综合维修基地、轨电检测中心以及动车段（所）时，应尽可能设在一起以节省用地；综合维修基地的分布应根据维修用车的实际作业时间、走行速度以及维修“天窗”时间等确定，一般以间隔 50 km 布点为宜。更新基地与一般基地错开布置。

如图 7.1.11 所示为一更新综合维修基地布置示意图，该基地由高速铁路车站内上、下行渡线附近的正线出岔连接，便于维修用车出入基地，也可与站内到发线接轨。

该基地设有下列主要线路：

（1）维修用车停留线—供轨道检测车、大型综合机械维修车、材料搬运车等停放。

（2）材料装卸线、长钢轨运送更换车停留线—供材料和长钢轨装卸用。

（3）道砟装卸线。

（4）电气作业车、架线车停留线。

（5）检修车停留线。

（6）走行线、通路线及牵出线等。

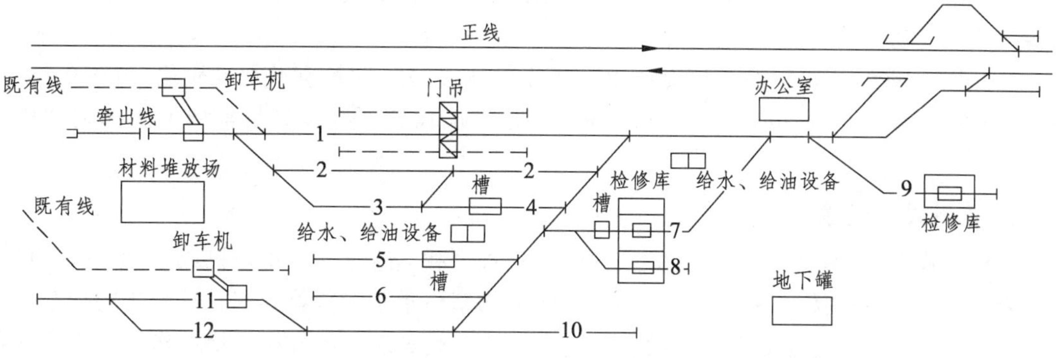

图 7.1.11　综合维修基地（更新基地）设备布置图

1—材料装卸、长钢轨运送更换车停留线；2—机走线、通路线；3—架线车停留线；4—电气作业车停留线；5、6、10—维修机械停留线；7～9—检修线；11—道砟装卸线

技能训练

分析图 7.1.6 中高速铁路始发站高速列车车场与普速列车车场在同一平面并列合设布置时特点。

任务二　重载铁路站场认知

【相关知识】

重载铁路是指采用重载运输方式的铁路。所谓重载运输是指采用大功率的机车或多机牵引的方式，货物列车机车车辆轴重大于等于 250 kN、牵引质量在 8 000 t 及其以上、长而重的货物列车的一种运输方式。目前我国大秦线、大准线，朔黄线、准朔线、北同蒲线、山西中南部铁路、张唐线等既有重载铁路，其列车牵引质量均在 10 000 t 及以上。

发展重载运输是提高列车重量的有效措施。重载运输技术已被国际上公认为是铁路货物运输的发展方向。在我国，现阶段对铁路技术设备进行必要的改造，相应改革运输组织方法，在一些线路上实行重载运输，是扩大运输能力的重大技术措施。由于每一条铁路线路和区段能力紧张程度及可能采取的加强措施并不相同，因此，对于我国需要实行重载运输的不同铁路线，应当根据机年车辆、线路设备条件和货物运输要求采取不同的运输方式。

一、重载运输方式

重载运输方式主要有单元式重载运输、整列式重载运输、组合式重载运输等三种基本方式。

1. 单元式重载运输

以单元式重载列车为主的运输方式称为单元式重载运输，它是将一定编成辆数的同类型货车固定组成一个运输单元，运输单一品类的货物，在装车地和卸车地之间循环往返运行。中途列车不拆散，不进行改编作业，车底固定回空，以减少技术站作业时间，加速机车车辆周转，缩短货物送达时间。

在开行重载单元列车的运煤专线上，部分车站线路要满足重载单元牵引 10 000 t 以上时，到发线有效长为 1 700 ~ 2 800 m。装、卸地点应设置环线以满足整列不摘车装卸作业的要求。

2. 整列式重运输

以整列式重载列车为主的运输方式称为整列式重载运输，它是由单机或多机牵引，机车挂在列车头部，开行按站线有效长 1 050 m 确定的牵引重量的货物列车。这种货物列车采用普通列车的作业组织方法，其到、解、编、发、取、送、装、卸和机车换挂作业与普通货物列年完全一样，只不过牵引重量有显著提高，达到 5 000 t 及以上。这种重载运输方式只要求部分车站的到发线有效长延长至 1 050 m，是我国大部分繁忙干线目前发展重载运输的主要方式。

3. 组合式重运输

以组合式重载列车为主的运输方式称为组合式重载运输，它是由两列或两列以上同方向运行的普通货物列车首尾相接、合并而成的重载组合列车，本务机车分别挂于各自的列车的头部，由最前方列车的机车担任主控机车，成组运行至前方某一技术站或终到站后分解。开行组合列车是在线路通过能力紧张的区段，利用一条运行线行驶两列或两列以上列车的一种行之有效的扩大运输能力的方式。这种列车除了要进行普通货物列车所进行的作业以外，还要进行列车的组合和分解。只有在施工地段以及区间通过能力接近饱和的困难区段上，才根据运输的实际需要开行这种列车。它要求少数中间站的部分线路和技术站、装卸基地站及其前、后方车站的个别线路需要延长，以适应列车越行、会让、组合和分解的需要。

二、开行整列式重载列车的站场改建

1. 中间站的改建

由于整列式重截列车牵引重量达到 5 000 t 及以上，因此，在开行整列式重载列车的既有繁忙干线上，必须将该干线中间站的到发线有效长延长至 1 050 m，以满足重载列车待避旅客列车的需要。

在进行改建时，根据计算期牵引区段开行的重载列车的数量和旅客列车的对数，确定改建车站的数量，尽可能选择没有货场或专用线接轨的中间站，以节省工程费用。当上、下行都开行重载列车时，尽量在一个车站设置上、下行重载列车待避线以便管理。改建后的中间站布置图应尽量选择向车站一端延长的横列式布置图，并应满足重车方向停车的重载列车的启动条件。图 7.2.1 所示为开行重载列车的双线横列式中间站布置图，该图站坪与区间纵断面的配合形式为凸形，站线向车站一端延长改建而成，保证重车方向重载列车的起动。当站坪与区间纵断面的配合形式为凹形时，则到发线应向 A 端延长，才能保证重车方向重载列车的顺利起动。

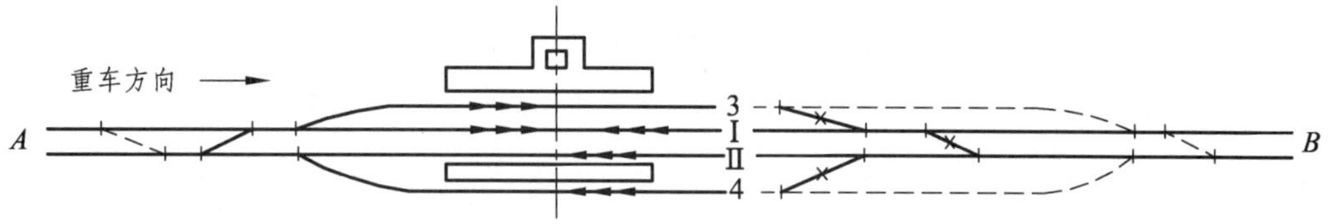

图 7.2.1　重载运输条件下中间站改建示意图

2. 技术站改建

在开行整列式重载列车的既有繁忙干线上，为了满足重载列车接发、解编和换重作业的需要，必须对既有技术站进行改建。技术站的改建主要是延长到发线，使站线有效长达到 1 050 m。

在进行改建时，要充分利用既有设备，不变更站型结构，尽量少改动车站咽喉，特别是驼峰线路，以减少工程费用。根据既有设备及当地地形、地物情况，在车站的一端咽喉延长站线。例如，单向三级三场编组站延长站线时，一般要保持调车驼峰不动，到达场向区间一端延长，调车场向出发场一端延长。困难时可将调车场尾部咽喉与出发场进口咽喉合并，出发场向区间一端延长，如图 7.2.2 所示。延长站线的数量和范围应满足该站最大可能开行的重载列车的需要，并使延长后的站线有利于重载列车的起动。

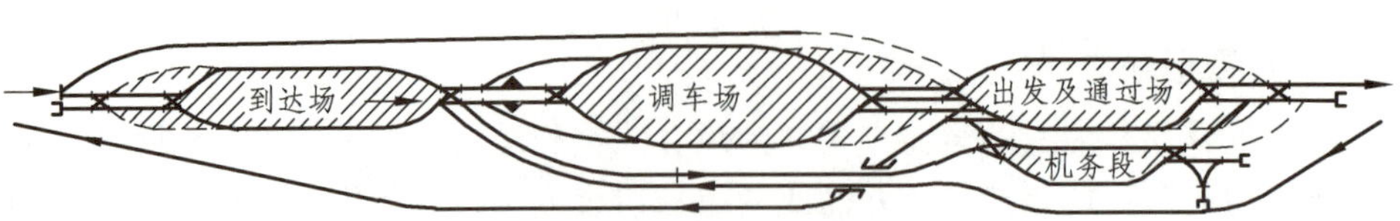

图 7.2.2　重载运输条件下编组站站改建示意图

三、重载单元列车装卸地车站布置图

重载单元列车从装车地到卸车地的技术作业流程为：重载单元列车由始发技术站将空车送至装车地，在装车地由环线或贯通装车线进行装车后，返回始发技术站进行列车的技术检查及机车的检查作业，并把装车地达不到整列装车条件的列车组成重载单元列车。作业完成后，重载单元列车由始发技术站驶往卸车地。列车到达卸车地后，进入终点技术站进行列车到达的技术作业后，再进入终点卸车站，不摘机车连续进行卸车作业。卸后空车返回终点技术站，在终点技术站办理出发作业返回始发技术站，至此完成重载单元列车的一次循环。

1. 始发技术站布置图

图 7.2.3 所示为重载列车装车地始发技术站布置图。该布置图为一级三场编组站，A 方向接干线，B、C 方向衔接装车地。上、下行到发场布置在调车场两侧，接发重载列车的到发线紧靠正线。站修所设在调车场尾部，机务段按预留二级四场规划位置设置。重载列车车辆检修基地规模较大，设在一个方向的正线外侧，与正线立交引入上、下行到发场。

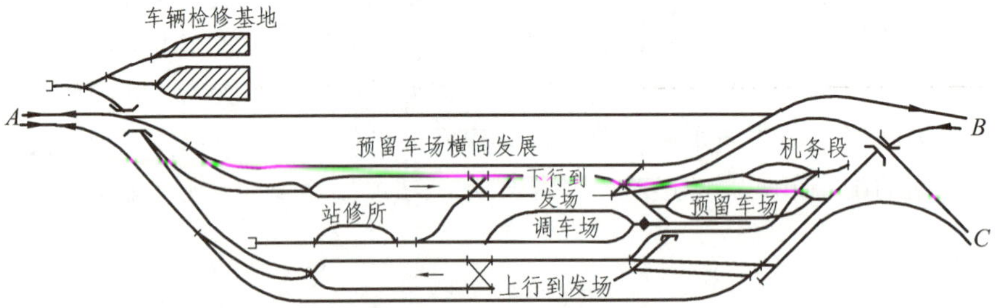

图 7.2.3　单元式重载列车装车地始发技术站布置图

2. 终点技术站布置图

图 7.2.4 所示为单元式重载列车卸车地终点站技术站布置图。站内设有到发线、调车线、存车线、牵出线、机车走行线、机待线，另根据需要设轨道车停留线及大型养路机械停留线等。车站到发线有效长与开行的重载单元列车相适应，站内设有机务设备（折返段）及车辆站修所各 1 处。

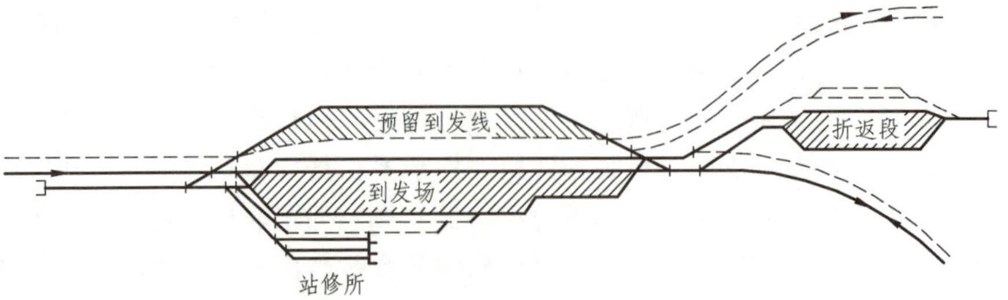

图 7.2.4　重单元列车卸车地终点技术站布置图

3. 终点卸车站布置图

图 7.2.5 所示为开行单元式重载列车的铁路卸车地终点卸车站（港口站），也是路、港交接的煤炭转运站。

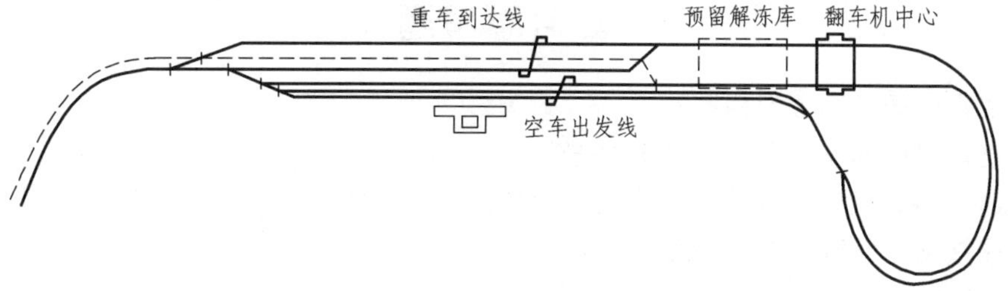

图 7.2.5　重单元列车终点卸车站布置图

车站设有重车到达线、翻车机卸煤线与空车出发线，其到发线有效长可满足 10 000 t 重载单元列车的需要。重车到达线与空车出发线呈纵列环行布置，中部以两条卸煤线连接。两条卸煤线各设一台翻车机，在车机入口处设拨车机及预留解冻库。空车线 4 条分成两组，每组 2 条，两组呈纵列式布置，其中一组与卸煤线衔接，另一组与重车到达场横列布置。重载单元列车卸车采取不摘机车连续流水作业方法。列车到达后，路、港双方在重车到达线办理交接作业，列车运行到拨车机固定停车处，机车落下受电弓并处于非工作状态，按规定的翻车机每次卸车数，由拨车机将重车送至翻车机卸煤线，经车机连续卸车，卸后的空车列经空车出发线返回铁路技术站。

四、组合分解站布置图

组合分解站是为满足重载铁路列车组合、分解作业需要设置的车站。为减轻枢纽技术站组合分解作业的压力，在后方通路上设置一定数量的组合分解站。这些站一方面要承担从装车点发出 10 000 t 或 20 000 t 通过列车，另一方面承担从装车点发出的 5 000 t 列车在该站组合成 10 000 t 或 20 000 t 列车的作业。

组合分解站的到发线按重、空车分方向固定使用设置，到发线数量根据接发车、连挂、分解、机车走行、列检等时间确定。组合分解站股道宜采用在两条组合或分解到发线中间夹一条机走线的布置形式，如图 7.2.6 所示。按组合分解列车的长度，在到发线与机走线之间设置腰岔，设置腰岔的作用是当第一列回空列车接入到发线后，可使后续的第二列空车按行车办理接入站内，避免在站外停车，提高运输效率。

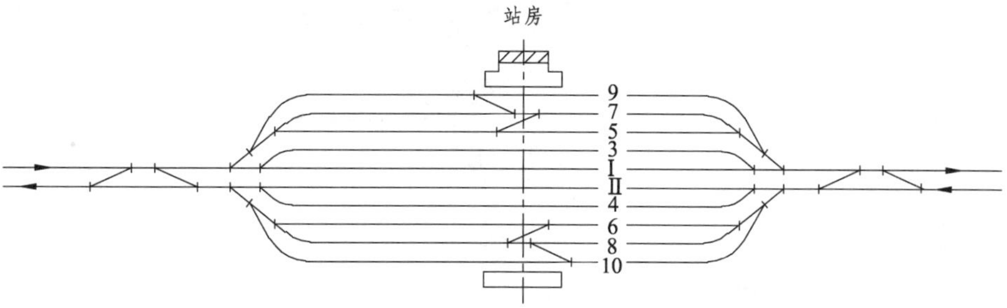

图 7.2.6　组合分解站布置图

技能训练

分析图 7.2.6 中组合分解站各到发线的用途。

复习思考题

1. 高速铁路站场布置有何特点?
2. 高速铁路中间站办理的业务有哪些?
3. 高速铁路始发站办理的业务主要有哪些?
4. 高速铁路车站到发线数量如何确定?
5. 载重运输方式有哪几种?
6. 单元式重载运输方式站场布置图有哪几种?各自有何特点?

【拓展知识】

高速铁路引入既有枢纽的方式

高速铁路引入既有枢纽的方式，按其引入线的平、纵断面不同，分为平面引入、高架引入、地下引入三种方式。按其引入客运站类别不同，分为引入既有站（合设方案）和引入新建站（分设方案）两种方式。按其引入枢纽内的走向和既有线的关系不同，分为并行引入、并线引入、分线引入三种方式。

1. 并行引入方式

图 7.2.7 所示为高速线引入枢纽内主要客运站示意图。高速线 $A'B'$ 与既有干线 AB 在枢纽内高架并行，在主客站旁设高架高速车场，与既有地面的客运车场横列布置。

这种引入方式对城市不产生重新分割。站房共用，便于旅客换乘，可充分利用既有客运设施和市政公用设施。但高速线穿越市区，与城市干道交叉，拆迁工程量较大，高速线在枢纽内的技术条件受到一定限制，将会影响高速列车在枢纽内的运行速度。

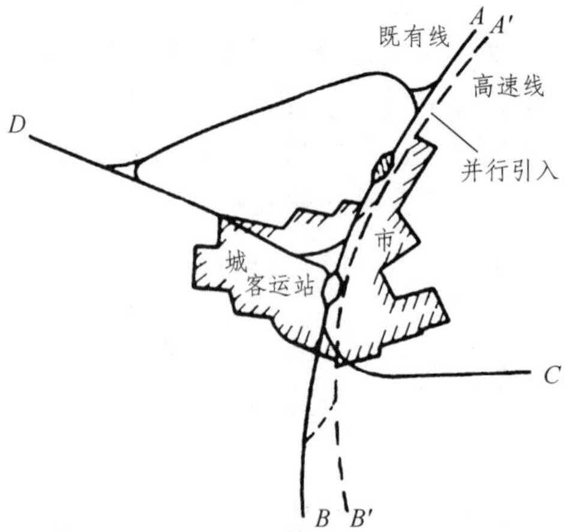

图 7.2.7 高速线与既有线并行引入枢纽示意图

2. 并线引入方式

图 7.2.8 所示为高速线在枢纽前方既有站（中间站或辅助客运站）与既有线合并后，再利用既有正线引入枢纽内主要客运站。

这种引入方式工程量小，节约城市用地，拆迁工程量也少，高速线对城市干扰小。但高速列车在枢纽内的合并区间需减速运行，且由于该区间客、货混跑，通过能力紧张，必须修建四线或多线方能满足需要。

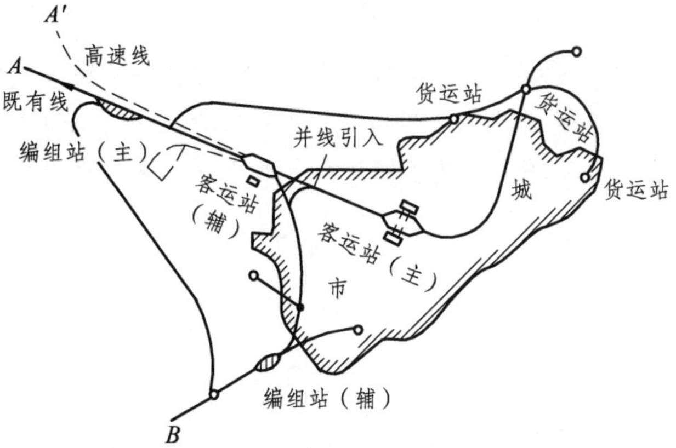

图 7.2.8 高速线与既有线并线引入枢纽示意图

3. 分线引入方式

图 7.2.9 所示为高速线在枢纽内的走向离开既有线，引入枢纽内适当地点的新建高速站。图中高速线 *A'B'* 进、出枢纽都与既有线 *AB* 分开，高速线在大江上游新桥过江后，并在枢纽南部城市边缘新建高速站。

这种引入方式对城市环境影响少，拆迁工程量小，有利于扩大枢纽的客运能力，高速线的施工不影响运营。但新建高速站远离城市中心，不利于吸引客流，且与既有主要客运站相隔甚远，不利于旅客换乘。

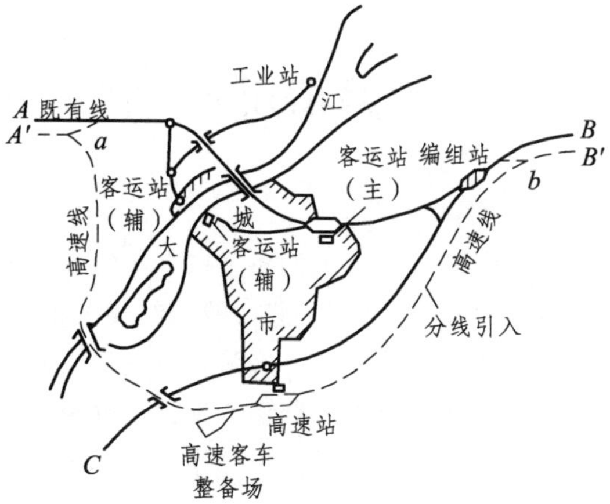

图 7.2.9 高速线与既有线分线引入枢纽示意图

项目八　铁路枢纽认知

【项目描述】

铁路枢纽是连接铁路干线和支线的中枢，是客、货流从一条铁路线转运到另一条铁路线的中转地区，是由各种铁路线路、专业车站以及其他运输服务设施组成的整体。铁路枢纽不仅为铁路网、所在城市、工业区或港湾区运输和作业服务，铁路设备也是铁路与其他国民经济部门联系的重要纽带。

【教学目标】

1. 知识目标

（1）了解铁路枢纽的分类。

（2）掌握各种枢纽的布置图。

（3）了解引入枢纽的铁路线路。

（4）掌握进出站线路疏解布置。

2. 能力目标

（1）分析各种枢纽的布置图的特点。

（2）分析引入枢纽的铁路线路数量和技术特征对整个枢纽的影响。

3. 素质目标

（1）培养学生具有良好的职业道德。

（2）培养学生勤于思考、做事认真的良好作风。

（3）培养学生具备分析问题的能力。

任务一　铁路枢纽布置图分析

【相关知识】

在铁路干、支线的交汇点或终端地区，由两条及以上干线、若干个车站（客运站、编组站、其他车站）、各种为运输服务的设施及其联络线等所组成的整体称为铁路枢纽。

铁路枢纽是连接铁路干线和支线的中枢，是客流、货流从一条铁路线转运到另一条铁路线的中转地区，也是城市、工业区客货到发和联运的地区。铁路枢纽是为城镇、工业区或港湾区服务、与国民经济各部门联系的重要纽带，也是交通运输枢纽的主要组成部分。

一、铁路枢纽分类

铁路枢纽按其功能和在铁路网上的地位，分为路网性枢纽、区域性枢纽和地方性枢纽。

1. 路网性枢纽

凡承担大量客、货运作业和车流组织任务涉及整个铁路网的枢纽都属路网性铁路枢纽。这种枢纽一般位于几条铁路干线交叉或衔接的大城市，办理大量的跨局通过车流和地方车流，一般配有路网性编组站或全国枢纽性客运中心，路网性枢纽规模大、设备全、能力强，如沈阳、北京、郑州、徐州、武汉、上海等。

2. 区域性枢纽

凡承担铁路客、货运量和车流组织主要为一定区域范围服务的枢纽都属区域性铁路枢纽。这种枢纽一般位于干线与支线交叉或衔接的大、中城市，办理管内的通过车流和地方车流，以服务区域内的中短程的客货运输为主，一般配有区域性编组站或区域性客运中心，设备规模不大，如太原、蚌埠、柳州等。

3. 地方性枢纽

凡承担的客、货运量和车流组织主要为某一工业区或港湾等地方作业服务的枢纽都属于地方性铁路枢纽。这种枢纽一般位于大工业企业和水陆联运地区，办理大量的货物装卸和小运转作业，以地方或地区内中短程的客货运输为主，一般配有地方性编组站和一般客运站，部分规模较小的枢纽可能仅配有客货运作业车场，如大同、秦皇岛等。

二、铁路枢纽的布置图

铁路枢纽的布置图形可分为一站式枢纽、三角形枢纽、十字形枢纽、顺列式枢纽、并列式枢纽、环形枢纽、组合式枢纽和尽端式路枢纽八种类型。

1. 一站式枢纽

一站式枢纽是铁路枢纽布置图形中最基本的图形，一般由一个综合性车站（兼办客、货、改编作业）和 3～4 条引入线路组成。

这种布置图的优点是所有作业集中在一个车站办理，不存在保证各车站间运输联系通道及作业量分配的问题，作业灵活、设备集中、管理方便、运营效率高。其缺点是由于作业集中，客货运作业互有干扰，通过能力及改编能力都较小。为此要求各线路引入方向能直接接入到发场，以保证各方向接发列车的独立性和机动性。

这种布置图一般适用于改编作业量较小、引入线路少、客、货运量和城市规模均较小的枢纽，如图 8.1.1 所示。

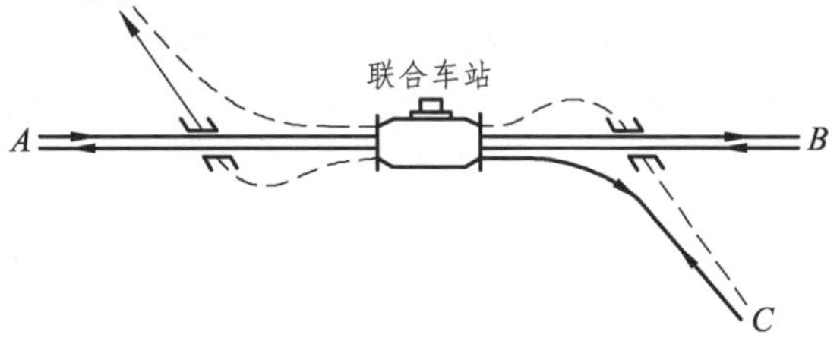

图 8.1.1　一站式枢纽布置图

2. 三角形枢纽

三角形铁路枢纽是引入枢纽的线路汇集于三点，并在三点间修建联络线而形成，一般各衔接方向间都有较大的客、货运量交流。在改编作业较大的线路上设置一个客货运共用的车站，其他方向的通过列车可经由联络线通行，以缩短列车行程，避免折角列车在车站变更方向运行，如图 8.1.2 所示。

如另有新线引入，可根据车流的发展变化将原有客、货共用站改为客运站，并结合新增线路方向在车流集中的线路上新建编组站，如图 8.1.2 中虚线所示。

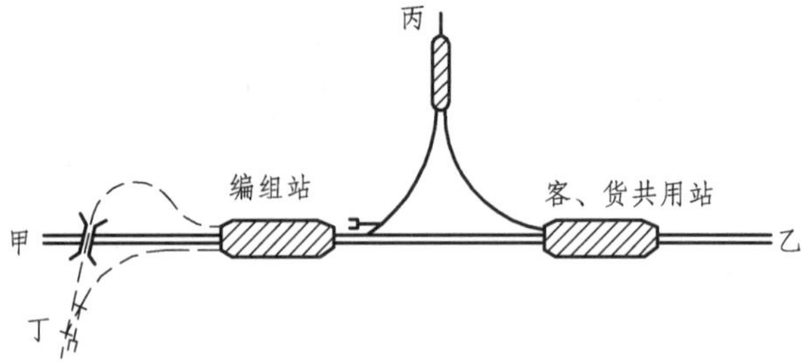

图 8.1.2　三角形枢纽布置图

3. 十字形枢纽

如图 8.1.3 所示，这种枢纽布置图的主要特征是在枢纽中心设有呈十字形的交叉疏解布置，车站设在各引入线上，根据车流状况和车站布置修建必要的联络线。它适用于相互交叉的衔接线路之间交换的客、货运量甚少，而直线方向具有大量的直通客、货流的铁路枢纽。

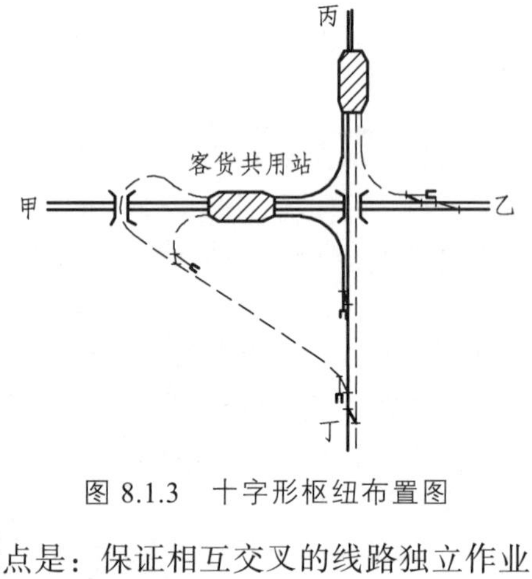

图 8.1.3　十字形枢纽布置图

十字形枢纽布置图的优点是：保证相互交叉的线路独立作业，并能沿最短径路方向放行通过本枢纽的直通列车。相交线路越接近直角，这种优势越明显。但随着相交线路间换乘的旅客、转线的货物列车等作业的增加，这种布置图的优越性将会越来越少。

4. 顺列式枢纽

如图 8.1.4 所示，顺列式枢纽的主要特征是枢纽内客运站与编组站顺序纵列布置在枢纽内同一条伸长的通道上。

顺列式枢纽的优点是进、出站线路疏解布置简易，客运站、铁路物流中心和编组站的布置有较大的灵活性，便于发展。其缺点是客、货列车及枢纽内小运转列车均集中运行在同一条通道上，随着行车量的增长区间通过能力不足，车站咽喉区负担过重。为增强枢纽的通过能力，可修建第三、第四线，以及复杂的线路交叉疏解布置。如枢纽两端的引入线路之间的折角车流较大时，不仅会给枢纽作业带来困难，并使折角车流在枢纽内重复走行距离增加，如图 8.1.4 中虚线所示。

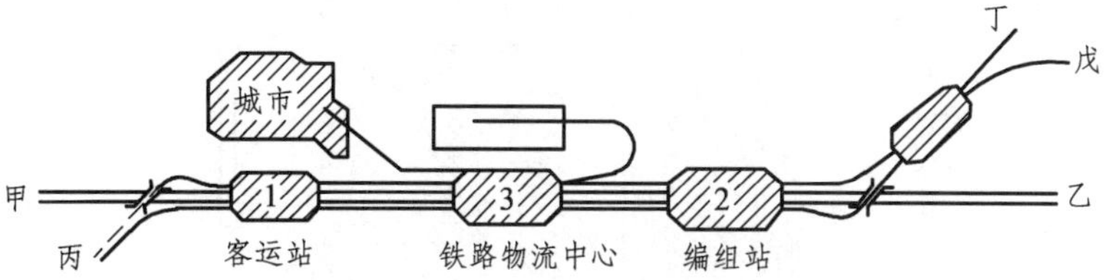

图 8.1.4　顺列式枢纽布置图

5. 并列式枢纽

如图 8.1.5 所示，并列式枢纽的特点是编组站与客运站并列布置。

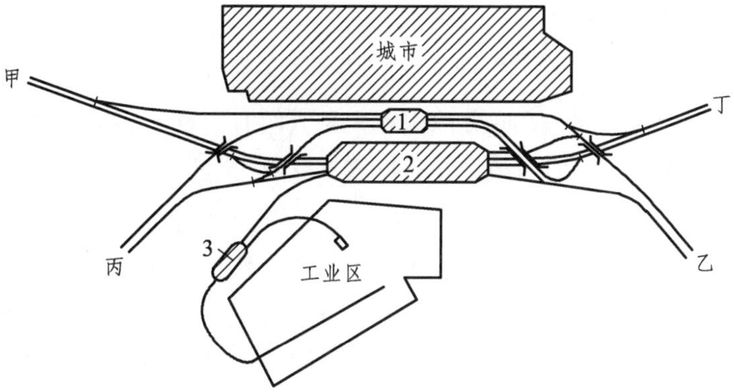

图 8.1.5　并列式枢纽布置图

1—客运站；2—编组站；3—铁路物流

并列式枢纽的优点是客、货列车运行径路在枢纽内完全分开，互不干扰，通过能力大，在当地条件受限制时，客运站与编组站位置的选择有较多的活动余地。其缺点是进、出站线路疏解布置较为复杂，引线工程较大，枢纽内线路的平、纵断面技术条件较差，增加了客、货列车的运营里程和费用，枢纽的分期过渡也比较困难。

并列式铁路枢纽适用于客、货运量都很大，而当地条件又适合并列布置两个专业车站的枢纽。

6. 环形铁路枢纽

环形枢纽布置图的主要特征是引入线路方向较多，用环形线路将所有引入线路方向连接起来形成一个整体，各种专业车站布置在环线、半环线上或自环线引出伸入城市中心附近，利用联络线将车站与环线连接。图 8.1.6 所示为环形枢纽各类车站设置示意图。

环形枢纽的主要优点是：避免了接轨点过分集中在编组站或枢纽两端带来的客、货列车互相干扰的缺陷；专业站的设置有更多的选择余地，能更好地结合城市规划使其布置在适当地点；便于各方向间大量车流（包括折角）的交换，通道灵活，环线能发挥平衡与调节的作用，枢纽通过能力大。其缺点是环线的修建工程费用大，有的方向的列车通过时需迂回接入编组站或客运站，增加了列车运行里程。

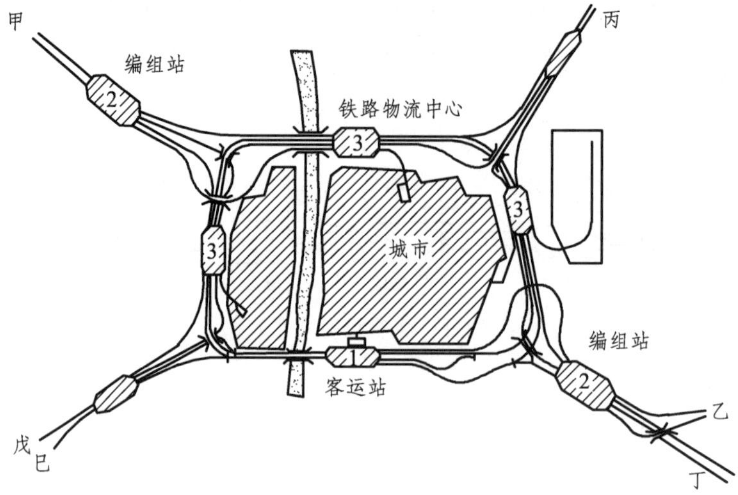

图 8.1.6　环形枢纽布置图

环形枢纽适用于有众多线路方向分散引入，且其间有大量的客货运量交流，并要求枢纽内的列车运行径路有较大的机动灵活性，需设置环线或半环线的大城市。

7. 组合式枢纽

组合式枢纽是路网发展、城市改建、车辆条件和自然条件等多种因素影响下逐步发展形成的。根据各枢纽的历史条件、地理环境、城市规划等发展过程，这种枢纽的结构是多种多样的。如图 8.1.7 所示，它是由三角形、顺列式以及环形枢纽组成的组合式枢纽。

当城市组成庞大，工业企业布置分散，客货运量大，引入线路多，地方和中转车流繁重，需设置多处客运站、铁路物流中心、编组站时，可参照组合式铁路枢纽进行总体规划。

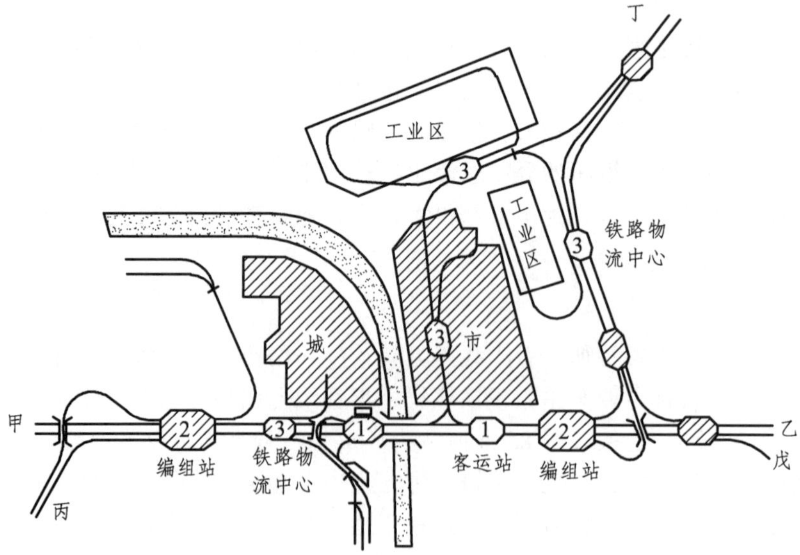

图 8.1.7　组合式枢纽布置图

8. **尽端式枢纽**

尽端式枢纽位于铁路网的起点或终点，一般设在大港湾、大工业区或采矿区等有大宗货流产生及消失的地区。按其分布地点的不同可划分为两大类，即位于滨海和位于内陆的尽端式铁路枢纽。

如图 8.1.8 所示为位于滨海地区的尽端式铁路枢纽，编组站布置在枢纽的出入口处，能有效地控制枢纽的车流。客运站布置在市区中心，与编组站顺序排列。

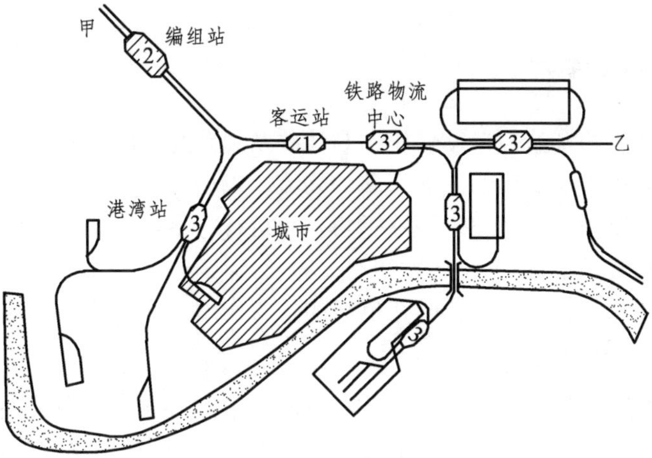

图 8.1.8　尽端式枢纽布置图

技能训练

训练任务：分析图 8.1.2 三角形枢纽布置图中甲—丙方向折角车流在枢纽内的行车路线。

训练要求：尽量缩短列车行程和消除变更列车运行方向。

任务二　枢纽内主要线路的配置

【相关知识】

一、枢纽线路引入方式

当新线引入枢纽时，应尽可能使中转车流顺直地以最短路径通过枢纽，使地方车流顺利地送达枢纽内各装卸点，使折角车流无多余走行公里，不改变运行方向通过枢纽。

1. **直接引入**

线路直接引入枢纽内的客、货共用站或编组站，如一站枢纽。

2. **分歧引入**

当枢纽内编组站与客运站并列布置时，枢纽进、出站线路采取在枢纽前方适当地点按客、货列车种类分歧引入的方式，如并列式铁路枢纽。

3. **会合引入**

当枢纽内客运站与编组站顺列布置，且运量不大时，为了简化枢纽结构将两条线路在枢纽前方站、线路所或其他车站合并后引入编组站，如顺列式铁路枢纽。

4. **分散引入**

在设有环线或半环线的枢纽内，引入线的方向较多且分散，故一般都根据现有枢纽的条件，分散引入环线上的各专业站上，如环形铁路枢纽。

二、枢纽联络线

联络线是把枢纽内的车站与车站、车站与线路及线路与线路衔接起来的线路。联络线的主要作用是分散枢纽内主要干线及专业车站的列流，以增强枢纽的通过能力；缩短列车运行距离，使列车以最短路径通过枢纽；消除折角列车运行，尽可能地不改变列车运行方向；减轻车站的作业负荷和交叉干扰等。

根据联络线与干线的相对位置及其在枢纽的主要作用，联络线可分为以下三种：

1. **消除折角运行的联络线**

当枢纽内相邻干线间有一定数量的折角车流时，为保证不变更运行方向并以最短路径通过枢纽，可修建消除折角运行的联络线。如图 8.2.1 所示，A、C 间的联络线供折角直通列车运行。这样，折角列车可不进入枢纽内编组站 1，不仅可消除折角运行，还可减轻编组站的负荷，增加枢纽运营作业的灵活性。折角联络线可设在干、支线间的联络线（见图 8.2.1 中 *a*）、车站间的联络线（见图 8.2.1 中 *b*），以及车站与线路所之间的联络线（见图 8.2.1 中 *c*）等多种。

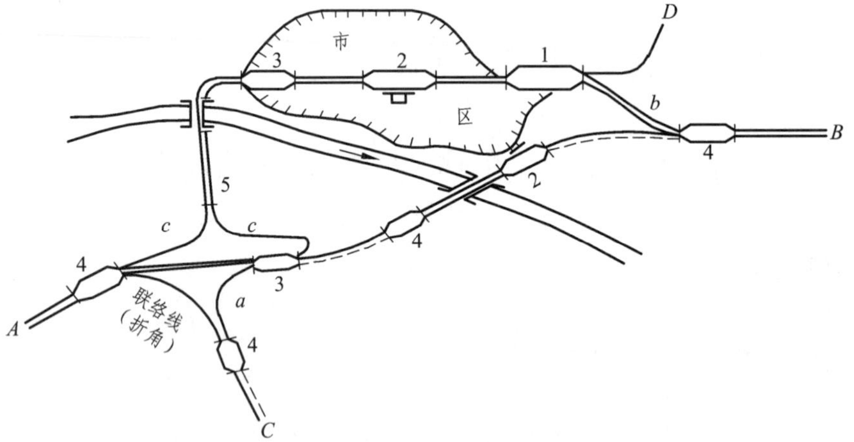

图 8.2.1　枢纽联络线示意图

1—编组站；2—客运站；3—铁路物流中心；4—中间站；5—线路所

2. **增强枢纽能力的联络线**

当枢纽内某一线路区间或某一车站通过能力紧张时，为了减轻负荷，可修建绕过这些线路区间或车站的联络线（迂回线），使中转车流由此通过，增强枢纽的通过能力，如图 8.2.2 所示。

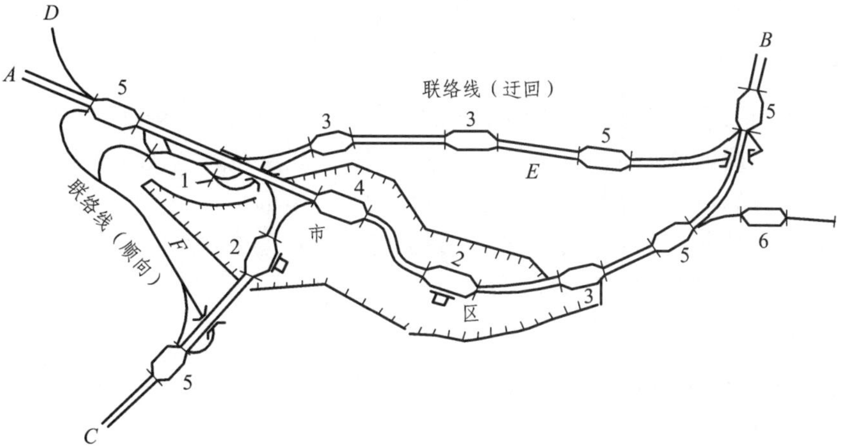

图 8.2.2　顺列式枢纽联络线示意图

1—编组站；2—客运站；3—铁路物流中心；4—客、货运站

3. 便于列车顺接的联络线

当枢纽内某干线的列车须从编组站一端接入，以利驼峰的改编作业时，须修建便于列车顺向接入枢纽的联络线，如图 8.2.2 所示。

三、枢纽环线和直径线

1. 枢纽环线

在大型或特大型铁路枢纽上，当枢纽的引入线路较多时，可修建环线或半环线。它的主要优点是便于各衔接线路方向间直通客、货列车运行；避免了各衔接线路引入线集中于少数汇合点而引起枢纽内通过能力紧张的状况；有利于各种专业车站在枢纽内合理分布及相互间的联系，通路机动灵活；客、货运设备易伸入市区，可为枢纽内客、货运作业提供较好的服务条件。在多数情况下，引入线路和各种联络线（包括迂回线）都是构成环线的主要部分。

对于引入线路较多的铁路枢纽，在条件许可时，可同时设置内环线和外环线。内环线主要为客运和地区货运作业服务（设置主要客运站和货运站）；外环线主要为分流各引入线路之间的直通中转车流服务（设置主要编组站）

2. 枢纽直径线

在大城市或特大城市环形或半环形铁路枢纽内，为便利客运作业，适应旅客快车高速通过铁路枢纽的需要，可修建连接两个以上客运站并穿越城市中心的枢纽直径线。

修建直径线的主要优点有：可缩短通过枢纽的旅客列车行程；便于城市旅客就近乘车，中转旅客原站换乘；可利用直径线将尽头式客运站改建成通过式或半通过式，以提高车站的通过能力；可增加枢纽内通道，提高枢纽的通过能力和作业的机动灵活性；可减少旅客乘坐市内交通工具换乘，以减轻城市交通的负荷；可为发展市郊铁路运输创造有利条件等。

四、枢纽进出站线路疏解布置

枢纽进出线疏解可根据行车量的大小、行车安全条件、列车按不同方向或不同种类分别运行的要求和当地条件，设计为平面疏解或立体疏解。

1. 平面疏解

新建枢纽和引入线路不多且为单线汇合的枢纽，其进出站线路可设计为平面疏解。

枢纽线路平面疏解最基本的方法是车站咽喉区平行进路疏解。当线路需要在枢纽内某处分歧或会合时，可以设置线路所来实现进站线路的平面疏解。

当各衔接方向的各条线路之间既有会合进路又有分歧进路时，可在线路所范围内铺设必要的平行进路以提高通过能力。

2. 立体疏解

枢纽线路采用立体疏解有以下几种方案：

（1）按行车方向别疏解。

枢纽进出站线路宜按行车方向别疏解。两双线铁路引入枢纽的正线相互位置按上、下行方向分区布置，枢纽两端各修建一座跨线桥，每座跨线桥可疏解两个列车进路交叉点，如图 8.2.3 所示。

该方法适用于两线路间相互交换的客、货行车量较大，其改编作业量也较大的铁路枢纽进出站线路。

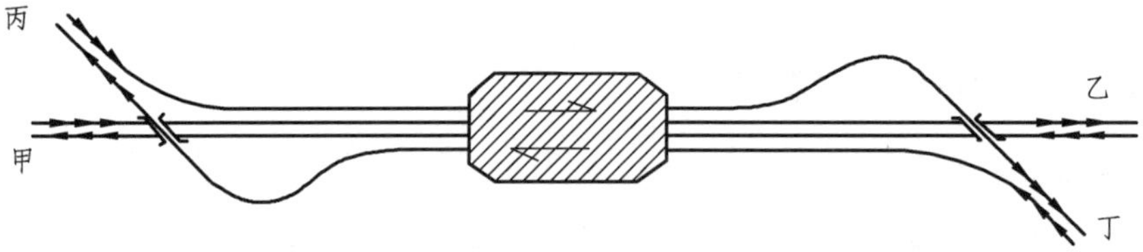

图 8.2.3　进出站线路按行车方向别疏解示意图

（2）按线路别疏解。

两双线铁路引入枢纽的正线相互位置与区间正线相互位置相同，枢纽一端修建一座跨线桥，可疏解进路交叉点 4 个，如图 8.2.4 所示。

该方法适用于两线路间相互交换的客、货行车量（转线车流）不大，单线铁路与双线铁路或两条单线铁路汇合的客、货共用站，其进出站线路可按按线路别疏解。

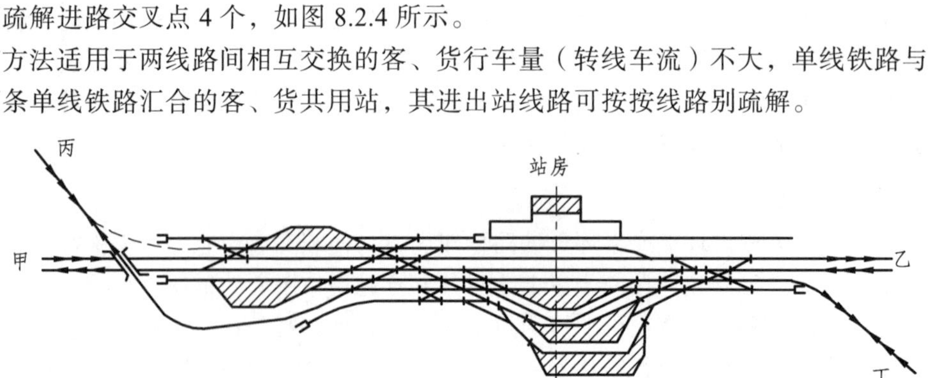

图 8.2.4　进出站线路按线路别疏解示意图

（3）按列车种类别疏解。

在枢纽内当旅客列车和货物列车的进、出站线路需要分开设置时，应采用按列车种类别疏解的线路布置方案。如图 8.2.5 所示，客运站与编组站并列设置的并列式枢纽，客、货专用正线采用外包式方向别疏解布置的基础上，再修建跨线桥，使客、货列车的进出站线路完全分开，使所有进路交叉点全部立体疏解。

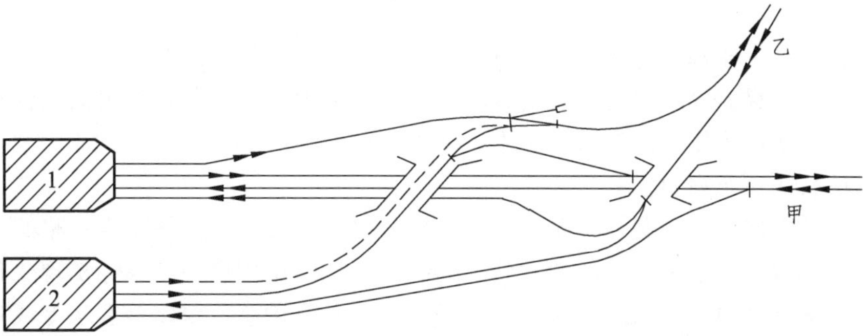

图 8.2.5　进出站线路按列车种类别疏解示意图

技能训练

训练任务：在图 8.1.2 三角形枢纽布置图中，若有丁方向引入，并与甲乙线路交叉，分析在什么情况下采用图中立体疏解方案。

复习思考题

1. 什么是铁路枢纽？
2. 铁路枢纽按其在路网上的地位和作用分为哪几类？
3. 铁路枢纽布置图有哪些种类？
4. 铁路枢纽线路的引入方式有几种？并说明各自特征。
5. 什么是联络线？有几种？具有哪些作用？
6. 什么是枢纽环线和直径线？各有什么作用？
7. 枢纽进出站线平面疏解有哪些类型？说明其适用条件。
8. 枢纽进出站线立体疏解有哪些类型？说明其适用条件。

【拓展知识】

我国铁路枢纽简介

我国铁路枢纽约有 500 多个，一般也是全国或者省区的政治、经济、文化中心或工业基地和水陆联运中心等，具有代表性的铁路枢纽有：

1. 北京铁路枢纽

北京铁路枢纽是联结八个方向的全国最大的铁路枢纽，有京广、京沪、京九、京沈、京包、京通等铁路呈辐射状通向全国，并有国际列车通往朝鲜、蒙古和俄罗斯。

北京铁路枢纽属环形铁路枢纽，核心区形成内环（北京—北京南—广安门—比京西）和外环（丰台、丰西—东南环—双桥—东北环—西北环—丰沙一丰台、丰西）二重环线。通过环线连接京广、京山、京包、京原、京九、京承、京秦、京通、丰沙等 9 条铁路干线。北京铁路枢纽是以特大型客运站北京站、北京西站和路网性编组站丰台西站为主，辅之以北京南站、北京北站等客运站和枢纽辅助编组站丰台站、双桥站，以及广安门、大红门、百子湾、石景山南站等货运站组成的中国最大的铁路枢纽。

北京西客站是一座现代化客运站，占地 51 万平方米，建筑面积为 17 万平方米，是京九铁路的龙头工程，最高客运能力可达每日 90 对列车 60 万人次，是世界最大的铁路客运站之一。目前北京西客站出发的列车覆盖华南、西南、西北地区的主要城市，成为北京向全国、全世界传递信息的重要窗口。

北京南站是中国最大的客运特等站，客流量名列世界第三，被誉为“亚洲第一站”。北京南站作为京津城铁以及京沪高铁的始发站和终到站，也是中国第一座高标准现代化的客运专线大型客站，承担京津城际铁路列车的到发任务，以及京沪高速铁路等客运专线列车在北京到发的客运站。

2. 上海铁路枢纽

上海铁路枢纽是东部沿海地区最大的枢纽站，既是京沪线和沪杭线的终点，又是我国远洋航运和沿海南北航线的中心，客流量和货运量极大。

上海铁路枢纽有京沪、沪杭两大干线引入，并有南何、何杨、真西、淞沪、新日、金山、新阅、吴泾 8 条支线，共有车站 35 个，其中设有上海、上海南、上海西 3 个客运站，南期、新龙华一主一轴编组站，北郊、桃浦、上海西、新龙华、南浦、洋浦 6 个主要货运站。

上海铁路枢纽呈环状加放射线的大型枢纽，已形成以上海、虹桥、上海南和浦东站为客运站的客运系统。

3. 广州铁路枢纽

广州铁路枢纽是我国华南的水陆交通中心，京广、广深铁路与珠江航运在此汇合。黄埔港是广州的外港，经这里的海内外旅客和进出口货物流通量很大。

广州是华南地区最大的铁路枢纽，我国《中长期铁路网规划（2008 年调整）》中八个重点建设的铁路枢纽之一，是《铁路“十一五”规划》确定的六大枢纽性客运中心。武广客运专线、广珠城际铁路和广深城际铁路分别接入新广州站，形成以新广州站为核心，与广州流花站、广州东站共同形成广州铁路客运枢纽。

4. 郑州铁路枢纽

郑州铁路枢纽地处我国中原地带，陇海、京广两大干线在此相交，沟通了东西南北十几个省的货物，周围还有京九、焦柳、月石、平阜线通过，形成三纵三横干线框架。郑州北站是亚洲最大的铁路编组站，是全国铁路网的“心脏”。郑州站位于市中心，是全国最大的客运站之一，连接徐兰高铁、京广高铁、郑渝高铁、郑合高铁、郑济高铁、郑太高铁。郑州东站是全国最大的零担货运站，2014 年 7 月 1 日全国铁路大调整之后，郑州东站又开启了逢车必停的新篇章。

新郑州东站是高速铁路新客站，位于国家南北交通大动脉京港高铁（京广高铁客运专线）和国家东西交通大动脉新欧亚大陆桥 ——徐兰高铁（陇海高铁客运专线）的十字交汇处，是世界上第一座速度超过 350 km/h 高速铁路十字交通枢纽，也是世界上规模最大的速度超过 350 km/h 高速铁路十字交通枢纽，为国家重要的政治、经济、军事战略综合交通枢纽。

新郑州东站是高速铁路新客站综合铁路枢纽，也是继上海虹桥综合交通枢纽之后国家规划建设的国内第二座特大型综合交通枢纽，把国家高速铁路网、国家客货运铁路网、国家高速公路网、国家公路网、中原经济区城际高速铁路、城市地铁、城市公共交通等连为一体、方便换乘的现代化、高效便捷的交通中心。

郑州高速铁路综合交通枢纽的建设，为郑州铁路枢纽打造成为世界上规模最大的“双十字”铁路综合交通枢纽做出贡献，为国家中部崛起战略服务，为河南省中原经济区、中原城市群的复兴而具有重大的战略意义。

5. 武汉铁路枢纽

武汉铁路枢纽是京广、襄汉、汉九（江）铁路和长江、汉水航运交汇的交通中心，素有“九省通衢”之称，以水陆中转联运为其特色。武汉铁路枢纽为我国铁路八大枢纽之一、六大客运中心之一和四大机车客车检修基地之一。京广线、京广客运专线贯通南北，武九线、汉丹线和沪汉蓉客运通道承东启西，成为全国铁路通道的交会点。

武汉铁路枢纽依靠完善的场站、发达的线路以及繁忙的物流车流，形成了功能强大的铁路枢纽体系，并与武汉境内公路、水路运输一起成为华中地区经济发展畅通的“血管”和强劲的“传送带”。

2013 年，武汉铁路旅客发送量首次超越北京和上海，达到 1.2 亿人次，位居全国第一，成为全国最大的铁路运输中转站。2014 年 7 月 1 日，随着宜万铁路正式通行动车，沪汉蓉大通道全线驶上“快轨”，以武汉为中心，以沪汉蓉与京广线交会的十字架为支撑，中国高铁稠密的“米”字网正式形成，武汉升级成为我国的“高铁之心”，是中国中部地区最大的铁路枢纽。

6. 西安铁路枢纽

西安铁路枢纽是联结陇海、西康、宁西、包西、侯西、成铜和西户等铁路线，以及货车北环线的大型环形枢纽，是西北地区主要的客、货集散地和中转中心，也是联结华北、华东、中南等地区与西北、西南各省的纽带。

已运营的西安北客站是国家特大型铁路旅客站，亚洲最大高铁站之一，是徐兰客运专线、西成客运专线、大西客运专线、西银客运专线及关中城际铁路网的中心枢纽车站。西安铁路枢纽将形成以西安北站、西安站、新西安南站为主，纺织城火车站、阿房宫火车站为辅的“三主两辅”的客运格局。

关中城市群城际铁路网已纳入全国中长期铁路网规划调整方案。关中城际铁路线网的初期建设以西安为中心，经阎良向铜川、蒲城两地辐射，呈现城际铁路主骨架，主要改善铜川、高陵、阎良、富平、蒲城等城镇与西安的交通现状。关中城市群城际铁路网与客运专线和既有铁路有机衔接，并兼顾城市地铁，远期规划范围西起宝鸡、东至华阴、南临秦岭、北到铜川和蒲城，建设规模 1 200 多千米，可以使城际铁路真正实现“公交化”，建成后将惠及关中地区 5 市 1 区 54 个县的城乡群众。

7. 兰州铁路枢纽

兰州是我国东西合作交流和通往中亚、西亚、中东、欧洲的重要通道。兰州铁路枢纽属环形铁路枢纽，通过环线连接陇海铁路、兰新铁路、包兰铁路、中太铁路、兰渝铁路、成兰铁路、青藏铁路、兰新客运专线、徐兰客运专线等 9 条铁路干线，以及兰合、兰张、兰天 3 条城际铁路，形成一环十二射的枢纽格局。兰州铁路枢纽是以特大型客运站兰州站、兰州西

（客）站和路网性编组站兰州北（编组）站为主，辅之以秦川站、榆中站等客运站和兰州西（编组）站、河口南站等枢纽辅助编组站，以及集装箱中心、青白石站、大沙坪站、兰州东站等货运站组成，是中国西北最大的路网性铁路枢纽。形成多方向互通、大运量保证、现代化设施、高效率运输的特点，具有重要的军事战略意义。

8. 重庆铁路枢纽

重庆铁路枢纽是中国《中长期铁路网规划（2008 年调整）》提出八个铁路重点建设的铁路枢纽之一，在成渝、襄渝、川黔、遂渝、渝怀五条铁路干线以及长江和嘉陵江航线的交汇处，是西南地区最大的水陆联运中心，已形成“三个主客运站、两个辅助客运站、一主一辅解编系统”的枢纽系统。

附　录

（一）单开道岔主要尺寸表

单位：mm

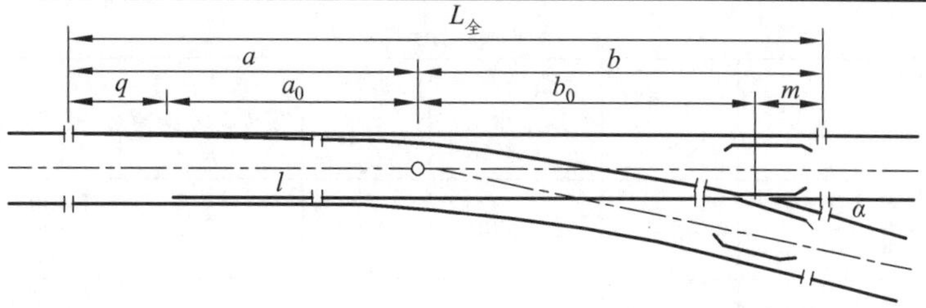

<table>
<tr><th>道岔号数</th><th>钢轨类型/(kg·m⁻¹)</th><th>图号</th><th>辙叉角度 α</th><th>导曲线半径（线路中心）R</th><th>道岔全长 $L_全$</th><th>道岔前部实际长度 a</th><th>道岔后部实际长度 b</th><th>尖轨前基本轨长度 q</th><th>辙叉趾长 n</th><th>辙叉跟长 m</th><th>尖轨长度 l</th><th>附注</th></tr>
<tr><td>18</td><td>50</td><td></td><td>3°10′12.5″</td><td>800 000</td><td>54 000</td><td>22 667</td><td>31 333</td><td>3 866</td><td>2 836</td><td>5 400</td><td>12 500</td><td></td></tr>
<tr><td rowspan="2">12</td><td>50</td><td rowspan="4">TB399—75</td><td rowspan="2">4°45′49″</td><td rowspan="2">330 000</td><td rowspan="2">36 815</td><td rowspan="2">16 853</td><td rowspan="2">19 962</td><td rowspan="2">2 650</td><td rowspan="2">1 849</td><td rowspan="2">2 708</td><td rowspan="2">7 700</td><td rowspan="2"></td></tr>
<tr><td>43</td></tr>
<tr><td rowspan="2">9</td><td>50</td><td rowspan="2">6°20′25″</td><td rowspan="2">180 000</td><td rowspan="2">28 848</td><td rowspan="2">13 839</td><td rowspan="2">15 009</td><td rowspan="2">2 650</td><td rowspan="2">1 538</td><td rowspan="2">2 050</td><td rowspan="2">6 250</td><td rowspan="2"></td></tr>
<tr><td>43</td></tr>
</table>

（二）双开道岔主要尺寸表

单位：mm

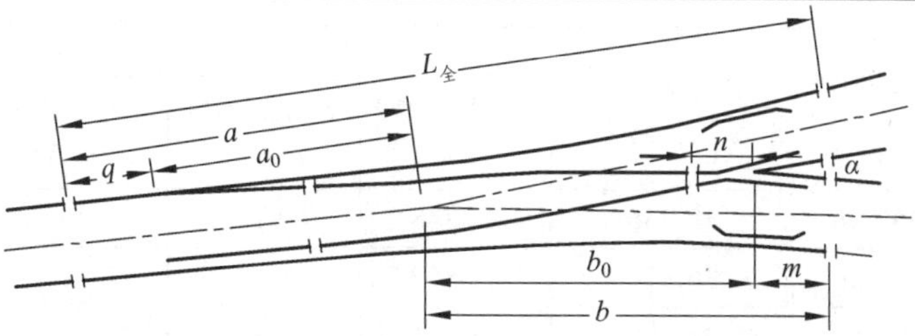

<table>
<tr><th>道岔号数</th><th>钢轨类型/(kg·m⁻¹)</th><th>图号</th><th>辙叉角度 α</th><th>导曲线半径（线路中心）R</th><th>道岔全长 $L_全$</th><th>道岔前部实际长度 a</th><th>道岔后部实际长度 b</th><th>尖轨前基本轨长度 q</th><th>辙叉趾长 n</th><th>辙叉跟长 m</th><th>尖轨长度 l</th><th>附注</th></tr>
<tr><td colspan="13">（一）标 准 设 计</td></tr>
<tr><td>6</td><td>43</td><td>叁标线 5806</td><td>9°27′44″</td><td>180 000</td><td>17 457</td><td>7 437</td><td>9 994</td><td>1 300</td><td>1 220</td><td>1 321</td><td>4 500</td><td></td></tr>
<tr><td colspan="13">（二）旧 型 道 岔</td></tr>
<tr><td>$6\frac{1}{2}$</td><td>43</td><td>岔 1102</td><td>8°44′46.18″</td><td>179 282.5</td><td>20 008</td><td>8 717</td><td>11 268</td><td>1 014</td><td>1 119</td><td>1 882</td><td>4 207</td><td></td></tr>
<tr><td>6</td><td>43</td><td>专线 5800</td><td>9°27′44″</td><td>180 000</td><td>17 457</td><td>7 437</td><td>9 994</td><td>1 373</td><td>1 220</td><td>1 321</td><td>6 250</td><td></td></tr>
<tr><td>9</td><td>43</td><td>线 4082—57</td><td>6°20′25″</td><td>300 000</td><td>25 354</td><td>10 329</td><td>15 008</td><td>1 280</td><td>1 538</td><td>2 050</td><td>5 500</td><td></td></tr>
</table>

（三）复式交分道岔主要尺寸表

单位：mm

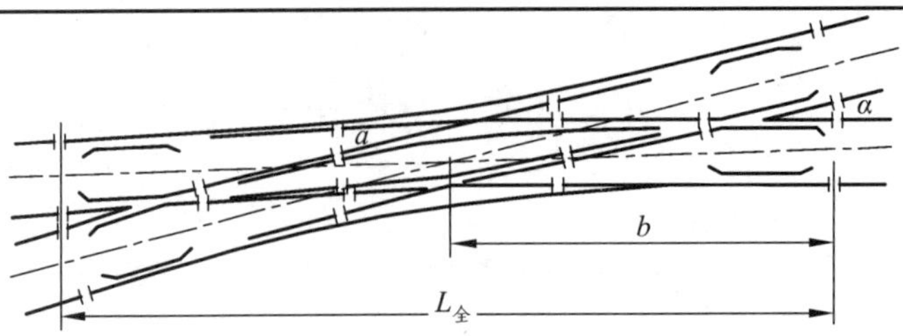

单位：mm

道岔号数	钢轨类型/(kg·m^{-1})	图　号	辙叉角度 α	导曲线半径（线路中心）R	道岔全长 $L_{全}$	道岔中心至辙叉跟端距离 b	尖轨长度 l	活动心轨长度	附注
12	50	叁标线 6019	4°45′49″	380 000	39 950	19 962	7 400	4 200	
	43	叁标线 6025					7 405		
9	50	叁标线 6016	6°20′25″	220 000	30 050	15 009	5 250	3 700	
	43	叁标线 6022					5 265		

（四）两相邻单开道岔岔心间最小长度表

单位：mm

名　称		两顺向单开道岔			两对向单开道岔		
道岔配列		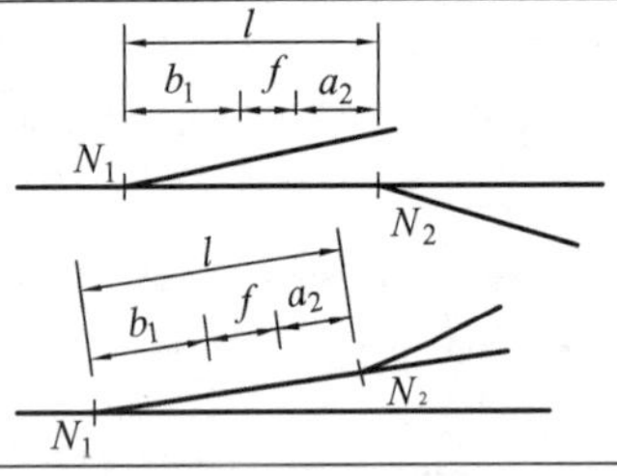			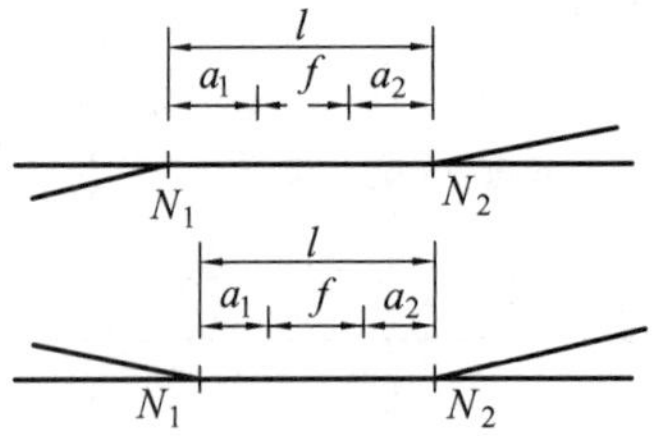		
道岔号数		l					
					有列车从一侧线进入另一侧线时		
N_1	N_2	正线在正常情况下	正线在困难情况下、到发线	其他站线	正线在正常情况下	正线在困难情况下、到发线	其他站线
9	9	35.106	33.356	28.848	40.186	33.936	27.678
9	12	38.120	36.370	31.862	43.200	36.950	30.692
12	9	40.059	38.309	33.801			
12	12	43.073	41.323	36.815	46.214	39.964	33.706
9	18	43.934	42.184	37.676	49.014	42.764	36.506
18	9	51.430	49.680	45.172			
19	18	48.887	47.137	42.629	52.028	45.778	39.520
18	12	54.444	52.694	48.186			
18	18	60.258	58.508	54.000	57.842	51.592	45.334

注：① 表内 l 值已包括钢轨接缝在内，每个钢轨接缝按 8 mm 计；
② 上述标准适用于两相邻道岔的轨型相同者；
③ 铺设不同类型钢轨的两相邻道岔间，应各铺一节与道岔同型的钢轨；
④ 在其他站线上，当三组单开道岔顺向毗连布置时，其中两组道岔间应根据道岔结构考虑插入短轨。

（五）辙叉倍角圆曲线表

单位：m

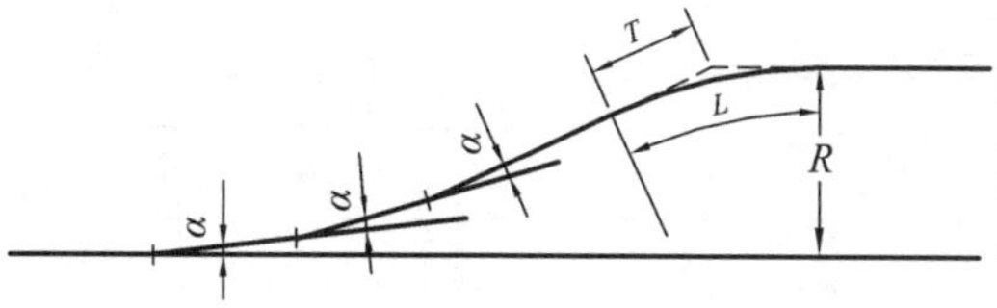

α—辙叉角
R—曲线半径
T—切线长度
L—曲线长度

辙叉号	辙叉角倍数	辙叉倍角角度	R = 180			R = 200			R = 250		
			T	L	2T − L	T	L	2T − L	T	L	2T − L
9	1	6°20′25″	9.969	19.918	0.020	11.077	22.131	0.023	13.846	27.664	0.028
	2	12°40′50″	20.000	39.837	0.163	22.222	44.263	0.181	27.778	55.329	0.227
	3	19°01′15″	30.155	59.755	0.555	33.505	66.395	0.615	41.882	82.994	0.770
	4	25°21′40″	40.500	79.674	1.326	45.000	88.526	1.474	56.250	110.658	1.842
	5	31°42′05″	51.106	99.592	2.620	56.785	110.658	2.912	70.981	138.328	3.639
	6	38°02′30″	62.052	119.511	4.593	68.946	132.790	5.102	86.183	165.998	6.378
	0.5	3°10′12.5″	4.980	9.959	0.001	5.534	11.065	0.003	6.917	13.832	0.002
	1.5	9°30′37.5″	14.973	29.877	0.069	16.637	33.197	0.077	20.796	41.497	0.095
	2.5	15°51′02.5″	25.058	49.796	0.320	27.842	55.329	0.355	34.803	69.161	0.445
	3.5	22°11′27.5″	35.299	69.714	0.884	39.222	77.461	0.983	49.027	96.826	1.228
	4.5	28°31′52.5″	45.766	89.633	1.899	50.851	99.592	2.110	63.564	124.491	2.637
			R = 300			R = 500			R = 400		
	1	6°20′25″	16.615	33.197	0.033	19.385	38.730	0.040	22.154	44.263	0.045
	2	12°40′50″	33.333	66.395	0.271	38.889	77.461	0.317	44.445	88.526	0.364
	3	19°10′15″	50.258	99.592	0.924	58.635	116.191	1.079	67.011	132.790	1.232
	4	25°21′40″	67.500	132.790	2.210	78.751	154.922	2.580	90.001	177.053	2.949
	5	31°42′05″	85.178	165.988	4.368	99.374	193.652	5.096	113.570	221.317	5.823
	6	38°02′30″	103.420	199.180	7.655	120.657	232.383	8.931	137.893	265.580	10.206
	0.5	3°10′12.5″	8.301	16.598	0.004	9.685	19.365	0.005	11.068	22.131	0.005
	1.5	9°30′37.5″	24.955	49.796	0.114	29.114	58.095	0.133	33.274	66.395	0.153
	2.5	15°51′02.5″	41.763	82.994	0.532	48.724	96.826	0.622	55.684	110.658	0.710
	3.5	22°11′27.5″	58.833	116.191	1.475	68.638	135.556	1.720	78.444	154.922	1.966
	4.5	28°31′52.5″	76.277	149.389	3.165	88.990	174.287	3.693	101.703	199.185	4.221
12			R = 350			R = 400			R = 450		
	1	4°45′49″	14.558	29.099	0.017	16.637	33.256	0.018	18.717	37.413	0.021
	2	9°31′38″	29.166	58.198	0.134	33.333	66.512	0.154	37.499	74.826	0.172
	3	14°17′27″	43.876	87.297	0.455	50.144	99.768	0.520	56.412	112.239	0.585
	0.5	2°22′54.5″	7.275	14.549	0.001	8.315	16.628	0.002	9.354	18.706	0.002
	1.5	7°08′43.5″	21.852	43.648	0.056	24.974	49.884	0.064	28.096	56.119	0.073
18			R = 800			R = 700			R = 600		
	1	3°10′12.5″	22.137	44.263	0.011	19.370	38.730	0.010	16.603	33.197	0.009
	2	6°20′25″	44.308	88.526	0.090	38.770	77.461	0.079	33.231	66.395	0.067
	0.5	1°35′06.25″	11.066	22.131	0.001	9.683	19.365	0.001	8.299	16.598	0.000
	1.5	4°45′18.75″	33.216	66.395	0.037	29.064	58.095	0.033	24.912	49.796	0.028

（六）不同线间距离斜边直边长度表

单位：m

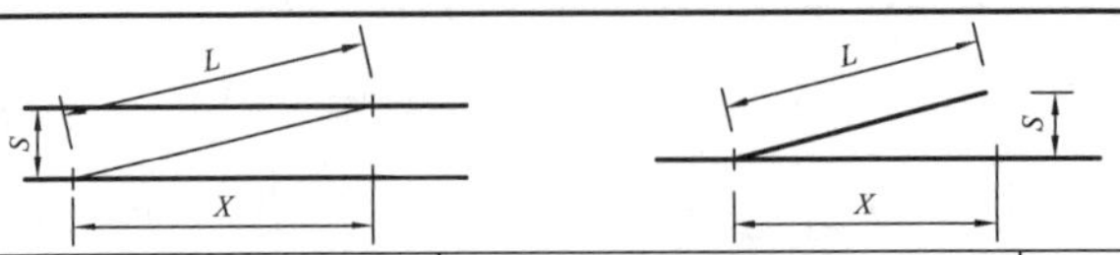

辙叉号数		9		12		18	
辙叉角 α		6°20′25″		4°45′49″		3°10′12.5″	
直边、斜边长		X	L	X	L	X	L
线间距离(S)	1	9.000	9.055	12.000	12.042	18.055	18.083
	2	18.000	18.111	24.000	24.083	36.110	36.166
	3	27.000	27.166	36.000	36.125	54.165	54.248
	4	36.000	36.221	48.000	48.167	72.221	72.331
	5	44.999	45.276	60.000	60.208	90.276	90.414
	6	53.999	54.332	72.000	72.250	108.331	108.497
	7	62.999	63.387	84.001	84.292	126.386	126.580
	8	71.999	72.442	96.001	96.333	144.441	144.662
	9	80.999	81.497	108.001	108.375	162.496	162.745

计算公式：$X=\dfrac{S}{\tan\alpha}$

$L=\dfrac{S}{\sin\alpha}$

用法举例：

设 $S=7.50\quad \alpha=6°20'25''$

则 $L=63.387+4.527=67.914$

$X=62.999+4.499\,9=67.499$

（七）警冲标至道岔中心距离表

单位：m

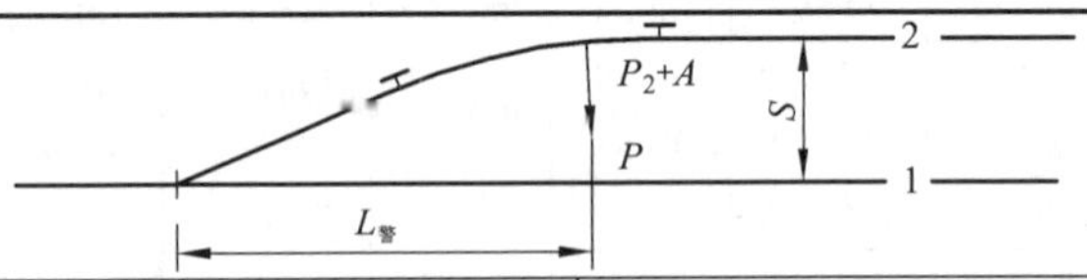

道岔号		9					12				18	
辙叉角		6°20′25″					4°45′49″				3°10′47″	
连接曲线半径		200	250	300	350	400	350	400	500	600	800	1 000
警冲标位置		$L_全$										
线间距	5.0	38.051	38.437	38.931	39.596	40.425	49.574	49.857	50.560	51.576	73.230	74.007
	5.2	37.485	37.825	38.230	38.739	39.404	49.053	49.280	49.825	50.573	72.711	73.254
	5.3	37.259	37.575	37.951	38.404	38.991	48.854	49.055	49.544	50.185	72.528	72.983
	5.5	36.897	37.166	37.486	37.862	38.320	48.550	48.704	49.090	49.588	72.277	72.581
	6.0	36.366	36.522	36.721	36.964	37.254	48.170	48.232	48.415	48.686	72.064	72.126
	6.5	36.159	36.227	36.330	36.469	36.648	48.085	48.095	48.148	28.263	72.058	72.058
	7.5	36.110	36.110	36.113	36.129	36.166	48.084	48.084	48.084	48.084	72.058	72.058
	8.5	36.110	36.110	36.110	36.110	36.110	48.084	48.084	48.084	48.084	72.058	72.058
	9.5	36.110	36.110	36.110	36.110	36.110	48.084	48.084	48.084	48.084	72.058	72.058
	10.5	36.110	36.110	36.110	36.110	36.110	48.084	48.084	48.084	48.084	72.058	72.058
	11.5	36.110	36.110	36.110	36.110	36.110	48.084	48.084	48.084	48.084	72.058	72.058
	12.5	36.110	36.110	36.110	36.110	36.110	48.084	48.084	48.084	48.084	72.058	72.058

注：图中 P_1 及 P_2 为警冲标至两侧线中心的垂直距离，均为 2 m。

（八）高柱色灯信号机至道岔中心距离表

单位：m

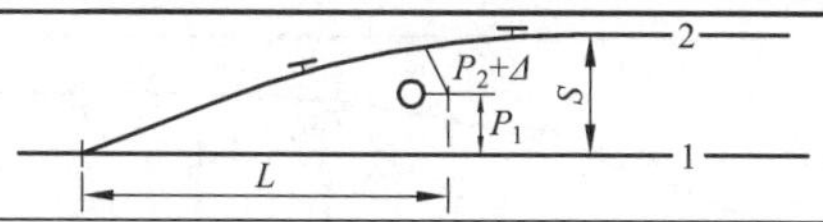

道岔号数	辙叉角度	连接曲线半径	信号机至岔心距离	线路使用情况	线间距离 S									
					5.0	5.2	5.3	5.5	6.0	6.5	7.5	8.5	9.5	10.5
9	6°20′25″	200	L	═══	49.116	46.683	45.902	44.864	43.352	42.645	42.256	42.249	42.249	42.249
				——— —○—	62.737	53.517	51.558	49.209	46.697	45.598	44.901	44.859	44.859	44.859
				—○— —○—	/	/	64.296	55.898	50.464	48.756	47.611	47.485	47.485	47.485
		300		═══	51.125	48.284	47.334	45.937	44.033	43.078	42.341	42.249	42.249	42.249
				——— —○—	66.635	55.820	53.545	50.789	47.555	46.170	45.062	44.861	44.859	44.859
				—○— —○—	/	/	68.029	58.155	51.660	49.478	47.869	47.502	47.485	47.485
		350		═══	52.470	49.426	48.369	46.770	44.477	43.365	42.428	42.251	42.249	42.249
				——— —○—	68.720	57.240	54.882	51.920	48.192	46.536	45.196	44.875	44.859	44.859
				—○— —○—	/	/	70.045	59.594	52.571	49.964	48.058	47.539	47.485	47.485
		400		═══	53.967	50.711	49.551	47.759	45.084	43.703	42.550	42.264	42.249	42.249
				——— —○—	70.867	58.837	56.369	53.195	48.995	46.979	45.369	44.909	44.859	44.859
				—○— —○—	/	/	72.129	61.155	53.635	50.596	48.291	47.602	47.485	47.485
12	4°45′49″	350	L	═══	62.644	60.200	59.443	58.396	56.990	56.432	56.258	56.258	56.258	56.258
				——— —○—	78.894	68.014	65.956	63.594	61.135	60.166	59.739	59.738	59.738	59.738
				—○— —○—	/	/	81.119	71.269	65.725	64.111	63.253	63.230	63.230	63.230
		400		═══	63.452	60.796	59.935	58.743	57.186	56.523	56.258	56.258	56.258	56.258
				——— —○—	80.352	68.921	66.754	64.179	61.408	60.314	59.746	59.738	59.738	59.738
				—○— —○—	/	/	82.514	72.139	66.119	64.327	63.284	63.230	63.230	63.230
		500		═══	65.377	62.301	61.244	59.689	57.663	56.770	56.268	56.258	56.258	56.258
				——— —○—	83.408	71.022	68.658	65.664	62.081	60.685	59.794	59.738	59.738	59.738
				—○— —○—	/	/	85.459	74.223	67.205	64.848	63.396	63.230	63.230	63.230
		600		═══	67.587	64.106	62.866	60.977	58.287	57.113	56.317	56.258	56.258	56.258
				——— —○—	86.603	73.422	70.846	67.450	63.054	61.166	59.901	59.738	59.738	59.738
				—○— —○—	/	/	88.557	76.603	68.621	65.550	63.583	63.234	63.230	63.230
18	3°10′47″	800	L	═══	91.480	88.448	87.475	86.183	84.746	84.345	84.308	84.308	84.308	84.308
				——— —○—	112.207	98.893	96.499	93.559	90.605	89.720	89.528	89.528	89.528	89.528
				—○— —○—	/	/	115.796	103.831	97.059	95.329	94.756	94.756	94.756	94.756
		1 000		═══	94.145	90.432	86.160	87.329	85.183	84.472	84.308	84.308	84.308	84.308
				——— —○—	116.369	101.915	99.127	95.511	91.337	90.004	89.528	89.528	89.528	89.528
				—○— —○—	/	/	119.817	106.812	98.412	95.835	94.754	94.754	94.754	94.754

注：P_1及P_2在通过超限货物列车的线路为 2.440 + 0.190 = 2.630（m）。不通过超限货物列车的线路为 2.150 + 0.190 = 2.340（m）；Δ为曲线加宽值。

（九）矮柱色灯信号机二、三显示并列至道岔中心距离表 单位：m

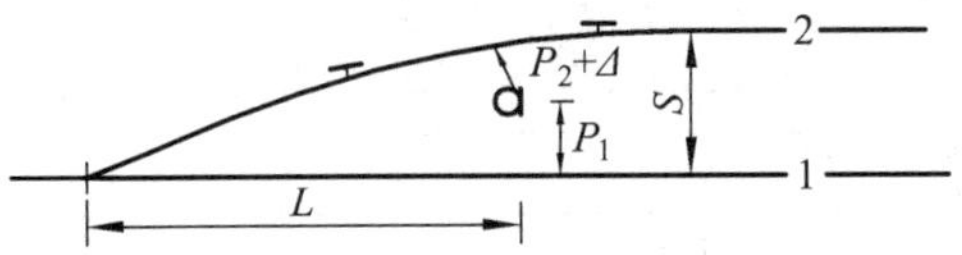

道岔号数	辙叉角度	连接曲线半径	信号机至岔心距离	线间距离 S											
				5.0	5.2	5.3	5.5	6.0	6.5	7.5	8.5	9.5	10.5	11.5	12.5
9	6°20′25″	200	L	43.518	42.402	41.987	41.331	40.343	39.896	39.703	39.703	39.703	39.703	39.703	39.703
		250		44.090	42.853	42.395	41.694	40.587	40.032	39.710	39.703	39.703	39.703	39.703	39.703
		300		44.948	43.499	42.960	42.128	40.880	40.208	39.736	39.703	39.703	39.703	39.703	39.703
		350		46.002	44.350	43.715	42.715	41.225	40.428	39.788	39.703	39.703	39.703	39.703	39.703
		400		47.203	45.355	44.629	43.458	41.636	40.693	39.869	39.706	39.703	39.703	39.703	39.703
12	4°45′49″	350	L	56.176	55.085	54.686	54.069	53.218	52.921	52.868	52.868	52.868	52.868	52.868	52.868
		400		56.687	55.440	54.997	54.322	53.351	52.969	52.868	52.868	52.868	52.868	52.868	52.868
		500		58.030	56.417	55.822	54.934	53.689	53.120	52.868	52.868	52.868	52.868	52.868	52.868
		600		59.685	57.734	56.983	55.805	54.133	53.352	52.882	52.868	52.868	52.868	52.868	52.868
18	3°10′47″	800	L	90.948	88.043	87.107	85.862	84.473	84.089	84.056	84.056	84.056	84.056	84.056	84.056
		1000		93.516	89.983	88.752	86.977	84.899	84.211	84.056	84.056	84.056	84.056	84.056	84.056

注：Δ 为曲线加宽值，当信号机设在弯股曲线部分时，信号机中心至弯股线路中心的距离为 $P_2+\Delta$，按 $P_1=P_2=2\ 199$ mm 进行计算。

（十）电气集中高柱色灯信号机（基本宽 380 mm）、警冲标、绝缘缝至岔心距离表 单位：m

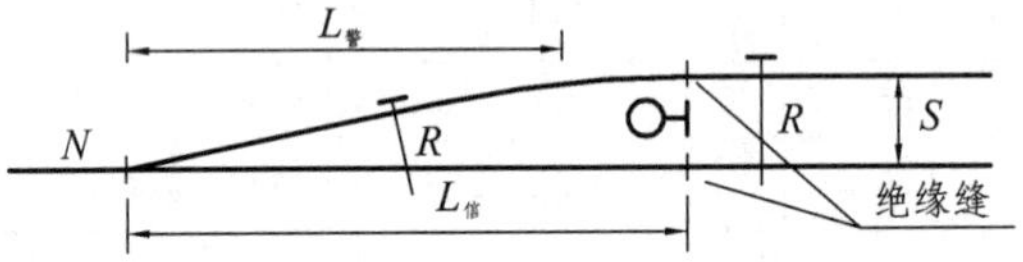

S ＼ 股道使用 ＼ L ＼ R ＼ N		9(6°20′25″)						12(4°45′49″)						18(8°10′12.5″)		
		300			400			350			400			800		
		信	警	绝	信	警	绝	信	警	绝	信	警	绝	信	警	绝
5.0	—— ——	51.2	44.0	48.0	54.0	48.5	52.5									
	—○— ——	66.7	61.0	65.0	71.3	67.3	71.3	78.9	72.3	76.3	82.5	78.5	82.5	112.2	102.4	106.4
5.2	—○— ——	55.7	48.5	52.5	60.5	56.5	60.5	70.0	66.0	70.0	70.0	66.0	70.0	99.2	89.9	93.9
5.3	—○— —○—	68.0	61.0	65.0	73.0	69.0	73.0	82.5	78.5	82.5	82.5	78.5	82.5	114.8	108.6	112.6
5.5	—○— —○—	58.8	54.8	58.8	61.2	54.8	58.8	71.3	61.5	65.5	72.2	66.0	70.0	104.1	97.9	101.9
6.5	—○— ——	46.3	42.8	46.3	48.0	44.5	48.0	60.2	54.0	57.5	60.3	54.0	57.5	90.0	85.9	89.4
	—○— —○—	49.4	42.8	46.3	52.5	48.5	52.5	65.5	61.5	65.5	65.5	62.0	65.5	95.6	90.4	93.9

续表（十）

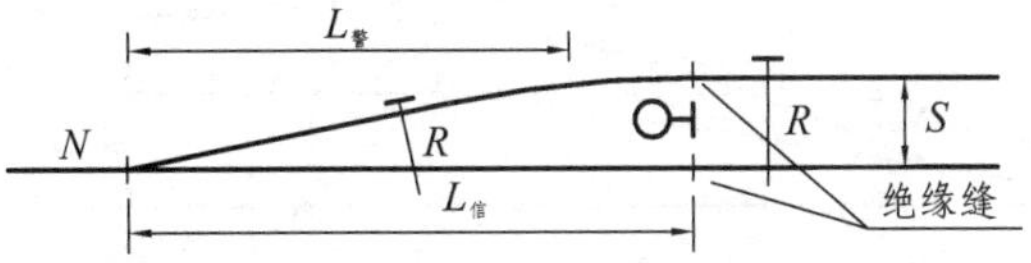

S \ 股道使用 \ L \ R \ N		9(6°20′25″)						12(4°45′49″)						18(8°10′12.5″)		
		300			400			350			400			800		
		信	警	绝	信	警	绝	信	警	绝	信	警	绝	信	警	绝
7.5	—○— / ———	46.3	42.8	46.3	46.3	42.8	46.3	59.8	54.0	57.5	59.8	54.0	57.5	89.8	85.9	89.4
	—○— / —○—	48.0	44.5	48.0	48.2	44.5	48.0	63.7	60.2	63.7	63.7	60.2	63.7	95.1	90.4	93.9
8.0	—○— / ———	46.3	42.8	46.3	46.3	42.8	46.3	59.8	54.0	57.5	59.8	54.0	57.5	89.8	85.9	89.4
	—○— / —○—	48.0	44.5	48.0	48.0	44.5	48.0	63.7	60.2	63.7	63.7	60.2	63.7	95.1	90.4	93.9

注：① 本表信号机、警冲标、绝缘缝安设位置系按《规范》第 8～63 条及第 8～66 条有关规定设置；

② 绝缘缝至岔心距离系用拼凑一节短轨办法计算，其短轨长度为 8 m、6.25 m、4.5 m 三种。

（十一）电气集中矮柱色灯信号机、警冲标、绝缘缝至岔心距离表

单位：m

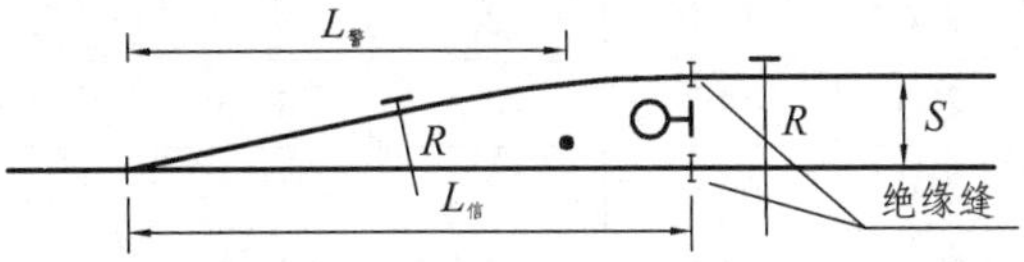

机构 \ S \ L \ R \ N		9(6°20′25″)									12(4°45′49″)					
		300			350			400			350			400		
		信	警	绝	信	警	绝	信	警	绝	信	警	绝	信	警	绝
一、机构	5.0	44.5	41.0	44.5	44.5	41.0	44.5	44.5	41.0	44.5	53.0	49.5	53.0	57.5	54.0	57.5
	5.2	44.5	41.0	44.5	44.5	41.0	44.5	44.5	41.0	44.5	53.0	49.5	53.0	53.0	49.5	53.0
	5.5	44.5	41.0	44.5	44.5	41.0	44.5	44.5	41.0	44.5	53.0	49.5	53.0	53.0	49.5	53.0
	6.5	40.0	36.5	40.0	40.0	36.5	40.0	44.5	41.0	44.5	53.0	49.5	53.0	53.0	49.5	53.0
	7.5	40.0	36.5	40.0	40.0	36.5	40.0	40.0	36.5	40.0	53.0	49.5	53.0	53.0	49.5	53.0
	12.5	40.0	36.5	40.0	40.0	36.5	40.0	40.0	36.5	40.0	53.0	49.5	53.0	53.0	49.5	53.0
二、三显示并列	5.0	44.8	41.0	44.5	45.8	41.0	44.5	47.0	42.8	46.3	56.0	49.5	53.0	57.5	54.0	57.5
	5.2	44.5	41.0	44.5	44.5	41.0	44.5	45.2	41.0	44.5	54.7	49.5	53.0	55.1	49.5	53.0
	5.6	44.5	41.0	44.5	44.5	41.0	44.5	44.5	41.0	44.5	53.7	49.5	53.0	54.0	49.5	53.0
	6.5	40.1	36.5	40.0	40.2	36.5	40.0	44.5	41.0	44.5	53.0	49.5	53.0	53.0	49.5	53.0
	7.5	40.0	36.5	40.0	40.0	36.5	40.0	40.0	36.5	40.0	53.0	49.5	53.0	53.0	49.5	53.0
	12.5	40.0	36.5	40.0	40.0	36.5	40.0	40.0	36.5	40.0	53.0	49.5	53.0	53.0	49.5	53.0

注：见附录（十）之注。

（十二）电气集中倍角信号机、警冲标、绝缘缝至岔心距离表

单位：m

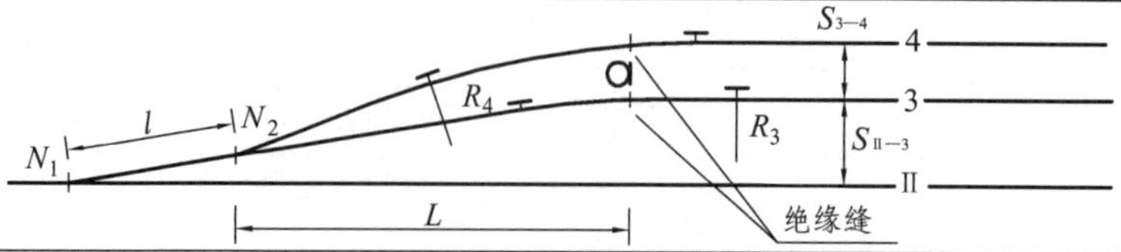

$N_1-12(4°45'49'')$　$N_2-9(6°20'25'')$　$l-38.309$

$S_{Ⅱ-3}$	S_{3-4}	R_3	R_4	矮柱一机构色灯信号机			矮柱二、三显示并列色灯信号机		
				信号机	警冲标	绝缘缝	信号机	警冲标	绝缘缝
7.50	5.00	400	200	46.0	42.5	46.0	52.3	48.3	52.3
			250	51.8	47.8	51.8	56.8	52.8	56.8
		500	200	46.0	42.5	46.0	47.8	44.3	47.8
			250	47.8	44.3	47.8	52.3	48.3	52.3
		600	200	44.3	40.8	44.3	46.0	42.5	46.0
			250	46.0	42.5	46.0	52.3	48.3	52.3
	5.20	400	200	46.0	42.5	46.0	47.8	44.3	47.8
			250	47.8	44.3	47.8	52.3	48.3	52.3
		500	200	44.3	40.8	44.3	46.0	42.5	46.0
			250	46.0	42.5	46.0	52.3	48.3	52.3
		600	200	44.3	40.8	44.3	46.0	42.5	46.0
			250	46.0	42.5	46.0	47.8	44.3	47.8
8.50	5.00	400	200	44.2	40.7	44.2	44.2	40.7	44.2
			250	44.2	40.7	44.2	47.7	44.2	47.7
			300	46.0	42.5	46.0	56.7	52.7	56.7
		500	200	44.2	40.7	44.2	44.2	40.7	44.2
			250	44.2	40.7	44.2	47.7	44.2	47.7
			300	47.7	44.2	47.7	52.8	44.2	47.7
		600	200	44.2	40.7	44.2	44.2	40.7	44.2
			250	44.2	40.7	44.2	47.7	44.2	47.7
			300	46.0	42.5	46.0	52.2	48.2	52.2
	5.20	400	200	44.2	40.7	44.2	44.2	40.7	44.2
			250	44.2	40.7	44.2	45.9	44.2	45.9
			300	46.0	42.5	46.0	52.2	48.7	52.2
		500	200	44.2	40.7	44.2	44.2	40.7	44.2
			250	44.2	40.7	44.2	45.9	42.4	45.9
			300	46.0	42.5	46.0	52.2	48.7	52.2
		600	200	44.2	40.7	44.2	44.2	40.7	44.2
			250	44.2	40.7	44.2	46.0	42.5	46.0
			300	46.0	42.5	46.0	48.9	42.5	46.0

（十三）线路平行错移表（反向曲线表）

单位：m

曲线半径 R = 250

直线段 d = 10

u	φ	T	L	x
0.50	1°39′40″	3.624	7.248	24.489
1.00	2°39′18″	5.793	11.585	33.151
1.50	3°26′19″	7.504	15.003	39.971
2.00	4°06′24″	8.963	17.919	45.782
2.50	4°41′57″	10.257	20.504	50.928
3.00	5°14′13″	11.433	22.851	55.596
3.50	5°43′59″	12.518	25.015	59.897
4.00	6°11′45″	13.530	27.034	63.906

直线段 d = 15

u	φ	T	L	x
0.50	1°22′00″	2.981	5.963	26.921
1.00	2°17′32″	5.001	10.001	34.985
1.50	3°02′28″	6.636	13.269	41.506
2.00	3°41′16″	8.047	16.090	47.127
2.50	4°15′53″	9.308	18.608	52.141
3.00	4°47′28″	10.458	20.905	56.709
3.50	5°16′42″	11.523	23.030	60.932
4.00	5°44′0 土″	12.519	25.017	64.876

直线段 d = 20

u	φ	T	L	x
0.50	土°08′46″	2.500	5.000	29.995
1.00	1°59′46″	4.355	8.709	37.403
1.50	2°42′13″	5.899	11.797	43.563
2.00	3°19′23″	7.251	14.499	48.948
2.50	3°52′50″	8.469	16.932	53.793
3.00	4°23′32″	9.586	19.164	58.232
3.50	4°52′02″	10.625	21.237	62.351
4.00	5°18′47″	11.599	23.182	66.211

曲线半径 R = 600

直线段 d = 15

u	φ	T	L	x
0.50	1°05′10″	5.687	11.374	37.745
1.00	1°43′49″	9.060	18.118	51.224
1.50	2°14′13″	11.714	23.425	61.828
2.00	2°40′08″	13.976	27.947	70.859
2.50	3°03′05″	15.981	31.955	78.859
3.00	3°23′56″	17.801	35.592	86.116
3.50	3°43′09″	19.479	38.945	92.804
4.00	4°01′04″	21.045	42.073	99.040

直线段 d = 20

u	φ	T	L	x
0.50	0°57′18″	5.000	10.000	39.996
1.00	1°34′18″	8.229	16.458	52.905
1.50	2°03′54″	10.813	21.625	63.227
2.00	2°29′19″	13.031	26.059	72.083
2.50	2°51′55″	15.005	30.005	79.960
3.00	3°12′30″	16.802	33.596	87.126
3.50	3°31′30″	18.462	36.913	93.742
4.00	3°49′15″	20.013	40.011	99.919

曲线半径 R = 300

直线段 d = 30

u	φ	T	L	x
0.50	0°30′24″	13.266	26.533	83.064
1.00	0°47′53″	20.895	41.789	113.573
1.50	1°01′35″	26.870	53.739	137.469
2.00	1°13′13″	31.951	63.900	157.784
2.50	1°23′32″	36.449	72.894	175.766
3.00	1°32′53″	40.527	81.050	192.070
3.50	1°41′29″	44.286	88.566	207.093
4.00	1°49′31″	47.790	95.572	221.097

直线段 d = 40

u	φ	T	L	x
0.50	0°27′02″	11.795	23.591	87.176
1.00	0°43′54″	19.155	38.309	116.614
1.50	0°57′18″	25.002	50.003	139.991
2.00	1°08′45″	29.998	59.995	159.987
2.50	1°18′56″	34.442	68.882	177.746
3.00	1°28′11″	38.479	76.954	193.883
3.50	1°36′43″	42.203	84.40 土	208.776
4.00	1°44′42″	45.687	91.367	222.674

曲线半径 R = 400

直线段 d = 50

u	φ	T	L	x
0.50	0°22′33″	土 3.119	26.238	102.468
1.00	0°36′58″	21.506	43.012	136.011
1.50	0°48′28″	28.197	56.393	162.781
2.00	0°58′20″	33.937	67.873	185.730
2.50	1°07′06″	39.038	78.074	206.140
3.00	1°15′05″	43.683	87.363	224.702
3.50	1°22′27″	47.969	95.934	241.842
4.00	1°29′20″	51.974	103.944	257.844

直线段 d = 60

u	φ	T	L	x
0.50	0°20′30″	11.926	23.853	107.702
1.00	0°34′23″	20.003	40.006	139.996
1.50	0°45′36″	26.529	53.057	166.125
2.00	0°55′18″	32.172	64.344	188.669
2.50	1°03′57″	37.205	74.409	208.791
3.00	1°11′50″	41.792	83.581	227.136
3.50	1°19′08″	46.039	92.075	244.106
4.00	1°25′57″	50.006	100.007	259.969

直线段 d = 80

u	φ	T	L	x
0.50	0°17′11″	9.996	19.993	119.998
1.00	0°29′56″	17.414	34.828	149.662
1.50	1°40′33″	23.591	47.182	174.349
2.00	0°49′50″	28.992	57.983	195.948
2.50	0°58′11″	33.850	67.699	215.392
3.00	1°05′51″	38.311	76.619	233.218
3.50	1°12′58″	42.451	84.900	249.775
4.00	1°19′39″	46.340	92.676	265.299

（十四）辙叉倍角组合的三角函数表

辙叉倍角的组合	辙叉倍角角度之和	sin	cos	tan	cot	sec	csc
12×1	4°45′49″	0.083 044 95	0.996 545 80	0.083 332 80	12.000 077	1.003 466 2	12.041 671
12×2	9°31′38″	0.165 516 19	0.986 207 07	0.167 831 07	5.958 372 3	1.013 985 8	6.041 705 0
12×3	14°17′27″	0.246 843 98	0.969 055 24	0.254 726 43	3.925 780 3	1.031 932 9	4.051 141 9
9×1	6°20′25″	0.110 433 02	0.993 883 57	0.111 112 63	8.999 876 9	1.006 154 1	9.055 262 6
9×2	12°40′50″	0.219 515 12	0.975 609 10	0.225 003 16	4.444 382 1	1.025 000 7	4.555 494 8
9×3	19°01′15″	0.325 911 93	0.945 400 13	0.344 734 38	2.900 784 0	1.057 753 2	3.068 313 6
12+9	11°06′14″	0.192 588 57	0.981 279 59	0.196 262 69	5.095 212 0	1.019 077 5	5.192 416 1
12+9×2	17°26′39″	0.299 776 28	0.954 009 53	0.314 227 77	3.182 405 0	1.048 207 6	3.335 821 0
12+9×3	23°47′04″	0.403 296 87	0.915 069 19	0.440 728 28	2.268 971 70	1.092 813 5	2.479 563 0
12+9×4	30°07′29″	0.501 883 99	0.864 934 95	0.580 256 34	1.723 376 25	1.156 156 3	1.992 492 3

（十五）站场平面图图例（摘自《铁路线路图例符号》）

顺序	名称	图例	附注	顺序	名称	图例	附注
1	既有线路		线条粗 0.2 mm	14	单开道岔	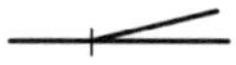	
2	设计正线		线条粗 0.7 mm	15	对称道岔		
3	设计站线		线条粗 0.5 mm	16	三开道岔		
4	远期预留线路		线条粗 0.5 mm	17	复式交分道岔	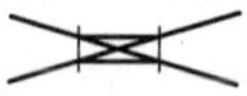	
5	近期拆除线路		线条粗 0.2 mm	18	单式交分道岔		
6	远期拆除线路		线条粗 0.2 mm	19	菱形交叉		
7	客货列车进路			20	交叉渡线	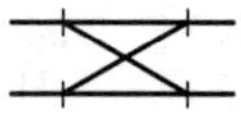	
8	旅客列车进路			21	铁鞋脱落器		表示方向为脱落方向
9	货物列车进路			22	脱轨器		表示方向为脱落方向
10	超限货物列车进路			23	驼峰		
11	机车入段线			24	减速器	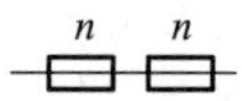	n 为减速器节数
12	机车出段线			25	减速顶		
13	线群与线群分束	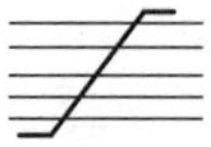		26	测速装置		

续表

顺　序	名　称	图　例	附　注	顺　序	名　称	图　例	附　注
27	测重装置			45	油　鹤		
28	停车器			46	水　塔		
29	转　盘		*d* 为直径	47	涵　洞	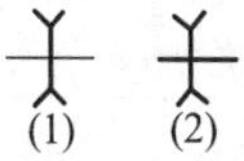	(1)既有 (2)设计
30	灰坑或检查坑	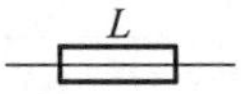	*L* 为长度	48	小　桥	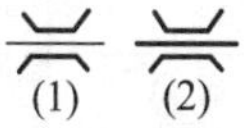	(1)既有 (2)设计
31	雨棚	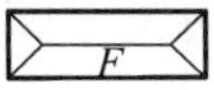	*F* 为面积	49	大中桥	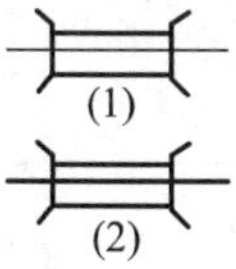	(1)既有 (2)设计
32	跨线雨棚	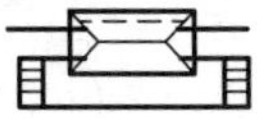	*F* 为面积	50	既有平交道口	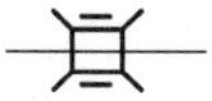	注明道口中心里程
33	仓　库	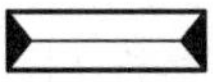		51	设计平交道口	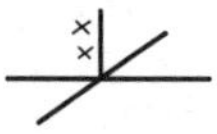	注明道口中心里程
34	轨道衡		*L* 为长度	52	消火栓		
35	限界架	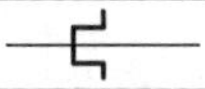		53	警冲标		
36	站房基坪及旅客基本站台	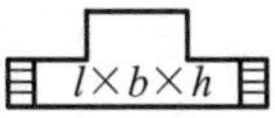	*l*，*h*，*b* 为长、宽、高	54	路基横向排水		
37	有雨棚的旅客或货物站台	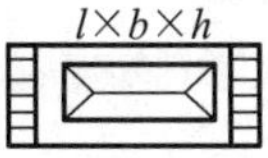	*l*，*h*，*b* 为长、宽、高	55	出站臂板信号机	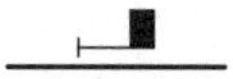	
38	旅客中间站台或货物站台	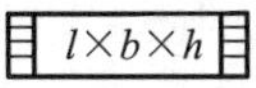	*l*，*h*，*b* 为长、宽、高	56	预告臂板信号机		
39	地　道	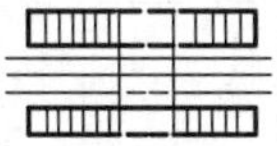	加注中心里程	57	进站臂板信号机		
40	天桥	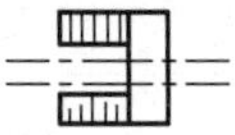	加注中心里程	58	高柱出站色灯信号机	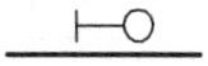	
41	铁路与道路立体交叉	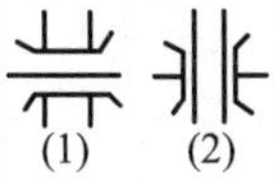	(1)铁路在上 (2)铁路在下	59	高柱进站色灯信号机	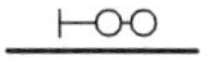	
42	铁路与铁路立体交叉	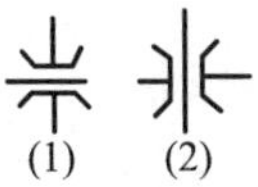	(1)设计线在上 (2)设计线在下	60	驼峰及复示信号机		
43	平过道	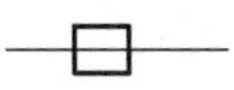		61	矮柱色灯信号机	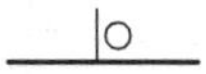	
44	水　鹤	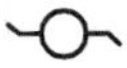		62	悬臂式色灯信号机	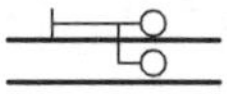	

续表

顺序	名称	图例	附注	顺序	名称	图例	附注
63	桥式色灯信号机	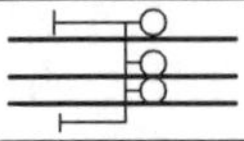		83	洗车机	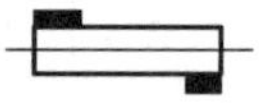	
64	悬吊式色灯信号机	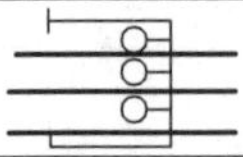		84	给沙塔	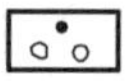	
65	照明灯			85	移动和拆除电杆		
66	木塔灯			86	更换电杆		
67	钢筋混凝土塔			87	发电厂	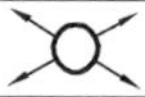	
68	铁塔灯			88	变电站	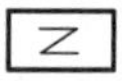	
69	设计车站	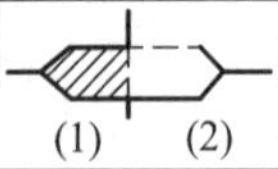	用于总图 1 近期，2 远期	89	低压电力线	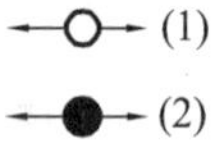	(1)木杆，(2)钢筋混凝土架
70	既有车站		用于总图	90	高压电力线	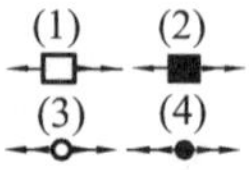	(1)木杆，(2)钢筋混凝土架，(3)木杆，(4)钢筋混凝土杆
71	既有电气化铁路		线粗 0.2 mm	91	通讯线	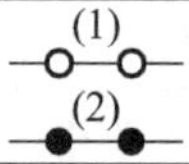	(1)木杆，(2)钢筋混凝土架
72	窄轨铁路		762 轨距	92	围墙		
73	煤台	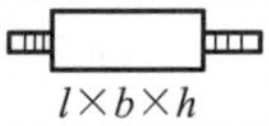	*l*，*h*，*b* 为长、宽、高	93	铁丝网		
74	机械上煤台	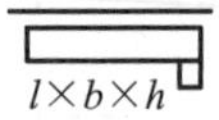	*l*，*h*，*b* 为长、宽、高	94	栅栏		
75	煤塔	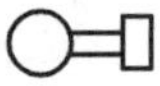		95	铁路既有用地界	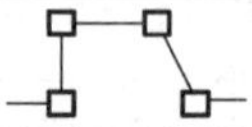	
76	高架煤斗			96	设计房屋	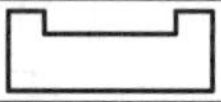	
77	竖墙高架卸煤线	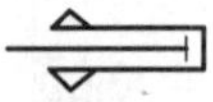		97	拆除房屋	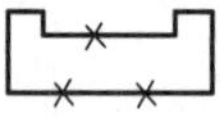	
78	边坡高架卸煤线	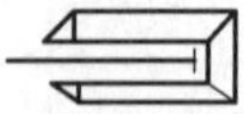		98	指北针		西方涂黑
79	栈桥			99	坡度标	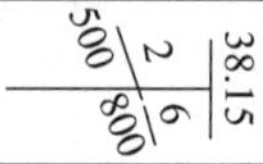	
80	贮煤厂			100	车站中心		
81	矩形车库	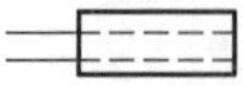		101	基线或中轴线		
82	扇形车库	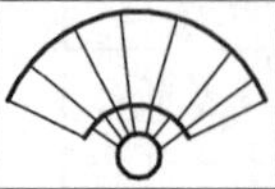					

参考文献

[1] 张大勇，牛红霞. 铁路线路与站场[M]. 北京：化学工业出版社，2017.

[2] 赵水仙，连义平. 铁路站场与枢纽[M]. 成都：西南交通大学出版社，2011.

[3] 中华人民共和国行业标准. 铁路车站及枢纽设计规范（TB 10099—2017）[M]. 北京：中国铁道出版社，2017.

[4] 中华人民共和国行业标准. 铁路线路设计规范（TB 10098—2017）[M]. 北京：中国铁道出版社，2017.

[5] 中华人民共和国行业标准. 高速铁路设计规范（TB 10621—2014）[M]. 北京：中国铁道出版社，2014.

[6] 中华人民共和国行业标准. 重载铁路设计规范（TB 10625—2017）[M]. 北京：中国铁道出版社，2017.

[7] 中华人民共和国行业标准. 铁路技术管理规程（普速铁路部分）[M]. 北京：中国铁道出版社，2014.

[8] 中华人民共和国行业标准. 铁路技术管理规程（高速铁路部分）[M]. 北京：中国铁道出版社，2014.